都築勉著

丸山眞男、その人　歴史認識と政治思想

世織書房

丸山眞男、その人

目　次

第Ⅰ部

丸山眞男、
その人

歴史認識
と
政治思想

丸山眞男、その人

第Ⅰ部

1 丸山眞男における政治と市民

●戦後思想の転換点

1　まえがき

二〇世紀日本の政治思想史を概観すると、「市民」という言葉が用いられ、その観念に新たな内容が盛り込まれたときが三度あった。少し数字合わせ的に言えば、一九三〇年代、六〇年代、そして、九〇年代の各時期である。これらの時代には実は共通点があった。革命思想としてのマルクス主義がその都度退潮を示したのである。もちろん退潮と言っても、そのあり方にはそれぞれで違いがあった。一九三〇年代のマルクス主義の後退は天皇制国家による思想弾圧のためであり、マルクス主義の側では国家権力の攻撃を避けるために、「ブルジョワ革命」「ブルジョワ社会」に代えて、「市民革命」「市民社会」の用語を用いた。たとえば平野義太郎の「ブルジョワ民主主義運動史」では「ブルジョワ社会」と「市民社会」は同じ意味で用いられている(1)が、その後は清水幾太郎も指摘する(2)ように、もっぱら「市民社会」の語が遣われることになる。それらの言葉遣いは必ずしも思想的カモフラージュのためだけではなく、「ブルジョワ」は改めて日本語で「市民」と規定されることによって、普遍的な人権や自由などの諸観念と結び付いた。「市民」にはフィレンツェのような自治都市の構成員という意味があることもこの時期に想起された(3)。そもそも幕末・維新期に、アクティブな政治的市民を意味するシトワイアンやシティズンの語は先人たちにより正しく「国人」(4)とか「士」(5)と訳されたけれども、昭和戦前期のわが国において「市民」という言葉は、改めてシトワイアンからブルジョワまでの広範な意味を獲得したのである。

一九三〇年代の日本におけるマルクス主義の退潮は、繰り返して言えば国家権力による思想弾圧の所産であった。転向が生じたにしても、権力による強制の契機が前面に出ていた。この時代の日本にソビエト共産党に深刻な疑問を抱いて『カタロニア讃歌』を著したジョージ・オーウェルのような人が現れたわけではない。思想弾圧を受けて、マルクス主義の思想そのものは沈潜して命脈を保ち、やがて敗戦を契機に復活することになった。

戦後約一〇年間のわが国において強い思想的影響力を発揮したマルクス主義に陰りが見えたのは、一九五〇年代後半であった。スターリン批判やハンガリー事件が画期的な出来事である。一方で日本経済の高度成長はすでに始まっていた。六〇年代に入れば、わが国でも「豊かな社会」の実感が次第に多くの人びとに共有されるようになる。この時期に、日本の民主化を支えた戦後の革新運動に大きな変化が求められたのは、当然と言わなければならなかった。元来敗戦直後の短い時期を除けば、戦後日本の革新運動はあくまでも革新運動であり、むしろ平和運動であって、革命運動ではなかった。そこでは、社会主義政党や労働組合のような左翼勢力が、国民主権や基本的人権の尊重や平和主義を掲げる日本国憲法擁護の姿勢を示していた。「市民的自由」の担い手は、「市民」であるよりは「労働者」だったのである。経済的社会的変化に伴って、そのような政治的主体の表象の仕方に変化がもたらされたのは一九五〇年代末から六〇年代始めのことであり、政治的出来事で言えば警察官職務執行法改正問題や六〇年安保の経験を通じてのことであった。

本章は、戦後日本の知識人を代表する一人である丸山眞男が、まさにこの時期に前述のような時代状況の一大変化を認識して、わが国の民主主義の確立のためにいかなる論陣を張ったかを考察するものである。その過程は、時代状況の側においてのみならず、丸山においても、それまで彼が持っていた歴史観や政治学の概念装置に重大な変更を迫るものであった。この文章は、その間の経緯を明らかにすることによって、二〇世紀の日本では二度目に、そして戦後においては初めて本格的に、「市民」という象徴が政治の舞台に登場した思想史的背景を分析する。

ちなみに、ベルリンの壁が崩壊し、冷戦が終焉した一九八九年以降、改めて新しい市民社会論が内外に台頭して来たことは周知の事実に属する。わが国の「市民」思想史において三度目に重要なこの出来事は、今度は社会主義国家を標榜した旧ソビエト連邦の解体消滅という劇的変化を伴っていた。そのために、この時期の新しい市民社会論は、ラディカル・デモクラシー論のように、それ以前のどの時代にもまして、マルクス主義からバトンを渡された既成体制批判の役割を鋭く自覚するものであったように思われる。今日において丸山眞男を読み直そうとする多くの人びとがこの見地に立つのもゆえなしとしない(6)。しかしながら、本章は、先に述べたわが国の「市民」思想史の第二の局面に固有の問題に照明を当てるものである。そしてその作業を通じて、まさに第三の局面に当たる今日的な問題状況の意味が背後から浮かび上がれば、筆者の幸い、これに過ぎるものはない。

2 決定論への懐疑と政治の論理

ここに一つの謎がある。なぜ丸山眞男は、一九五九年発表の「開国」論文において、カール・ポパーの「開いた社会」という概念装置を導入したのであろうか。いかにも言葉のうえからは「開国」は「開いた社会」を要請するように見える。しかしポパーの言う「開いた社会」とは、要するにプラトンやヘーゲルやマルクスのいない社会、換言すれば歴史法則主義的な思考から自由な社会のことなのである。歴史法則主義とは、世界史の発展を唯一の真理の自己実現の過程と見るような考え方のことで、いわゆる発展段階論的歴史観の別名である。ポパーはそのような思考様式を彼に独特の用語で「歴史主義」(historicism)と呼び、それを厳しく批判した。これに対してポパー自身は「部分工学」と「試行錯誤」の観点を強調する(7)。彼はプラトンのイデア論にも「歴史主義」の弊害を見出す。

こうしたポパーの「開いた社会」の要請は、そもそも封建社会が近代国家に変貌しようとするときに直面する課題と何ら関係を持たない。むしろポパーも指摘するように、近代国家の建設過程は彼の言う「開いた社会」の敵が育つ温床である(8)。近代国家はその「離陸」にあたり、自明とされる国家目標の設定とそれを達成する強力なリーダーシップを求めるからである。その意味では丸山が「開国」論文の冒頭でポパーとともに紹介したベルクソンの見解の方が、「開国」から近代国家の建設へと向かうプロセスが抱える問題の考察には即していると思われる。すなわち、ベルクソンによれば、国家は人類一般に比べればどう頑張っても「閉じた社会」たらざるをえない(9)。それが国家的独立ということの意味である。そこには第一次世界大戦での独仏相互の憎悪の応酬を見せつけられたベルクソンの経験が生きている。これに対してポパーの認識がその後のナチズムの台頭と第二次世界大戦の経験に基づいていることは言うまでもない。

このように、それぞれの文脈をあえて無視して、丸山は「開国」がいわゆる「開いた社会」をもたらす所以を説いた。諸外国との交流は人、物、情報の相互浸透を盛んにして、社会を流動化させる。それについては、戦国時代も幕末・維新期も敗戦直後も、そして今日も、事情は変わらない。しかし今日まさに問題になっているように、開きっぱなしでは困るのであって、国家的独立と国民的統一のためにはそれをいずれにせよどこかで閉じる必要が生ずる。これがベルクソンのモチーフである。丸山の論文にもこのモチーフは見え隠れしていて、それを深く読み込めば、最近のカルチュラル・スタディーズの諸研究が描くような「国民主義者」丸山の像が浮かび上がる(10)。丸山が執筆にあたっておそらくは意識したであろう和辻哲郎の大著『鎖国』の大部分が実は戦国時代の「開国」の話であるのとは対照的に、丸山の「開国」はいったんは流動化した社会をその底辺から頂点に向けて統合する必要を呼び覚まさずにはいない。これは自由と統合の背理である。

丸山が日常用語としてではなく明確にポパーに由来する概念として「開いた社会」という言葉を用いたことは、同時代的にはいかに読まれたのであろうか。ポパーはアンチ・マルクスの思想家であるとともに反ナチの思想家であり、亡命者であったから、彼の作品は言うまでもなく権力に対する抵抗の証しであった。たとえば、一九六一年にポパーの『歴史主義の貧困』を翻訳した久野収と市井三郎は、ポパーが一面で（特に制度分析の領域で）マルクスを高く評価している事実に注意を促している(11)。当時の日本でのポパー理解には、やはり亡命者で、左右の全体主義に対する批判を展開したハンナ・アレントに対するそれと似たものがあったと思われる。マルクス主義の影響が強かった時代にはもちろん今日のようなアレント・ブームは考えられなかった。ちなみに、丸山眞男が一九七六年に刊行した『戦中と戦後の間』（みすず書房）の「あとがき」でアレントを「尊敬する思想家」と書いたことも、アレントがフランスやソ連に比べて高く評価した他ならぬアメリカにおけるマッカーシズムの犠牲者ハーバート・ノーマンを悼む文章のすぐ後にそれが来るだけに、ある種の意外性を伴ったと思われる。それはともかく、『日本政治思想史研究』に見られるように青年期にあれほど深くヘーゲルの影響を受け、敗戦直後においてもバートランド・ラッセルのヘーゲル理解を鋭く批判した丸山であってみれば、ポパーのヘーゲル批判に何か一言あってもよかったのではないだろうか。

ところで、丸山にポパーの書物を教えたのは、戦前から丸山と交際があり、『日本における近代国家の成立』の著者のかのノーマンであった。ノーマンはポパーの特にプラトン批判を興味深く読んだ感想を病気療養中の丸山に書き送っている(12)。プラトンの理想国家ならばソクラテスに弁明の機会はそもそも与えられなかったであろうというポパーの皮肉たっぷりの指摘は、大いにノーマンを喜ばせたに違いない。青年期におけるマルクス主義への傾倒のゆえに、そして政治犯の釈放などの局面で占領初期に日本の民主化に寄与した役割のために、ノーマンに対するマッカーシズムの攻撃が次第に強まろうとしていたちょうどその時期に、彼がポパーの書物を学問的に高く評価する手紙を残しているのは胸を打つ。

いささか大胆な推測をすれば、一九五〇年代後半の丸山には、ポパーの「歴史主義」批判に耳を傾ける下地がすでにできていたのではなかろうか。それはすなわち歴史の決定論的な見方、もしくは普遍的な発展段階論のモデルで歴史を認識する方法に対して、深刻な疑問が丸山のなかに育っていたことを意味する。おそらく一つの契機は一九五六年のハンガリー事件であったと思われる。当時のソビエトが反革命の弾圧を名目にハンガリーに干渉するのを見た丸山は、「革命か反革命かを基本的に決定するものは、その国内の人民なんだ」と考えた。そうした判断のさらに奥には、共産党の独裁を二〇世紀の「哲人政治」の一形態と彼が見なして、そこに明らかな政治における「真理の支配」という大前提について、深い疑いを抱くようになったという事情も存在した(13)。

観念論であれ唯物論であれ、真理が歴史の進路を一義的に決定するという見方への丸山の批判は、一九五七年に有名な「日本の思想」と前後して発表された「反動の概念」という論文のなかで、より周到に展開されている。そこで彼は「反動を第一義的に革命的状況にたいするものとして規定することの意味はやはりもう一度考慮されねばならぬ」(14)と述べている。これはすなわち何が革命であり何が反動であるのかは決して先験的に決まるものではなく、そうした方向性自体が状況のなかで流動的であり、また多義的でもあるということを意味する。この見方が一九六〇年の「忠誠と反逆」における西郷隆盛の再評価につながり、さらにその西郷に「日本国民抵抗の精神」を見出した福沢諭吉への共感に通じていることは言うまでもない(15)。

ここで見逃しえないのは、丸山におけるこうした決定論的な歴史観からの離脱が、同時に政治に固有の論理の認識となって現れることである。換言すれば、歴史の進路が一義的には決定されないからこそ、人間の選択と決断の契機が重要になるのであり、それがまさしく政治の働く余地であって、自由と責任の原理が機能する領域なのである。

丸山自身が繰り返し述べているように(16)、「日本の思想」や「開国」や「忠誠と反逆」などを執筆した一九五〇年代後半という時期は、彼にとって『現代政治の思想と行動』に結実したような問題関心が改めて日本政治思想史の研究へと向けられた時期に当たっていた。これ以後は、同時代の日本の政治に対する狭義の意味での政治学的分析よりも、思想史研究の比重が再び高まるということである。しかし重要なのは、狭義の政治学関連の論文は確かに減るけれども、実はそのようなジャンルの違いを超えて、この時期の丸山の作品には右に述べたような意味での政治に固有の論理の指摘が目立つという点である。一九五六年の「「スターリン批判」における政治の論理」がそのうちの最大のものであるが、その他にも同年の「戦争責任論の盲点」や一九五九年の「近代日本の思想と文学」などのなかに、このテーマに関するまとまった叙述が見られる。

たとえば「戦争責任論の盲点」では、明治憲法体制のもとにおける元首としての天皇の戦争責任が追及されるとともに、結果責任という観点から日本共産党のファシズムに敗北した責任が問われる。非転向の事実はいわば心情倫理の次元の問題であって、責任倫理の基準に照らして高い評価を受けるものではないというのである(17)。共産党に限らず、戦後の日本の左翼が一方で社会主義という客観的真理の実現を信じて疑わず、他方で自らの政治指導を受け入れない人びとに対してはもっぱらモラリズムで迫るという傾向に対しては、この頃の丸山は一貫して鋭い批判を投げかけている(18)。それは「進歩派」を貶めるためではなくて、彼らの「政治感覚」の欠如を憂えたゆえであった。つまり社会主義を標榜する国家においても個々の社会主義者においても、歴史の進む方向を知る根拠をもっぱら科学に求めることは、もともと左右両翼を問わずに交渉や説得の場面において発揮されるはずの政治的技術というものを、それ自体として認識し鍛練する機会を見失わせるという批判である。これが政治における予測不可能な非合理的要素の存在を告げる指摘であり、そこにこそ政治的主体の決断の契機が働くことの強調であった(19)。

さて元来、丸山眞男の政治認識の特徴は、政治を政治として、すなわち他の宗教や道徳や経済などの要因に還元されることのない人間の独自の営みとして理解しようとするところにあった。そうした問題意識は、さかのぼれば戦時中の「近世儒教の発展における徂徠学の特質並にその国学との関連」において、「政治の発見」の功労者として徂徠をマキアヴェリに匹敵せしめたときにすでに存在していた。「政治の発見」は歴史を作る「人間の発見」であり、他ならない秩序の作為という政治的営みを自覚的に行う試みが、丸山において「近代的思惟」として把握されたのであった。そのように政治そのものの本質に迫る丸山のアプローチは、敗戦直後においてもたとえば「人間と政治」などのなかできわめてダイナミックな形で示されていた。したがって、政治に固有の論理の指摘は決して一九五〇年代後半になって突如として出て来たものではない。しかしすでに述べたように、普遍的な発展段階論のモデルで歴史を見るという認識の枠組みが丸山において弱まったために、逆にそれだけ政治的決断の契機が従来よりもクローズ・アップされることになったのである。

けれども、そうは言っても、丸山の認識する「政治」は、それ自体が文化の創造に匹敵するような高い価値を有する人間の肯定的な営みではなかった。すでに敗戦直後の「人間と政治」においても、マックス・ウェーバーにならって政治の悪魔的性格を承認する記述があった。リアルな政治認識はしばしば性悪説的な人間観の上にこそ成立する(20)。政治には毒をもって毒を制するような性質がある。「「スターリン批判」における政治の論理」において丸山は政治を福沢諭吉の言葉によって「「悪さ加減」の選択」と見なすのである(21)。

丸山の政治認識はしたがって、ものごとの全体のうち三分を捨てて七分を取る（「泥棒にも三分の理」）ような政治的行為の本質にどこまでも迫ろうとする(22)ものであるけれども、それはいわば政治を外側から、換言すれば政治以外の領域から囲い込むような試みであって、政治はあくまでも人間の多様な営みの一部でしかないのである。このような考え方は、ハンナ・アレントのように政治を人間にとって最高の価値を持つ「活動」として位置づける政治観と、まったく異なる規定の仕方と言わざるをえない。二〇世紀の思想家として同じようにファシズムの経験をくぐりぬけるなかで、丸山とアレントとはあたかも対極的な政治観を形成したと言ってよい。アレントにおいてはファシズムは逆説的にも政治ではないのである。

要するに丸山においては、人間にとり必要悪としての政治の性格を徹底して究めようとする学問的態度とともに、現実の世界においては自らは学問や文化のような非政治の領域にどこまでも止まろうとする確固とした決意が同時に存在する。それではそうした彼によって、すべての人びとがなにほどか政治に参加する民主主義のもとでの政治の担い手は、どのように構想されたのであろうか。これが六〇年安保前後の日本の状況において、丸山だけではないにしても彼が有力な発信者の一人となって提出された「市民」という観念の政治思想史的な意義にほかならない。

3 精神的貴族主義と民主主義

丸山眞男の思想と学問において、「市民」という観念は決して初期の頃から一貫して重視されたものではない。トータルに考えて、丸山の築いた政治学を「市民の政治学」と呼ぶことは必ずしもまちがいではないけれども、それは彼が終生この観念を追い続けたということを意味しない。

たとえば処女論文とも言うべき「政治学に於ける国家の概念」で、丸山が「市民社会の制約」(23)について論じているのは有名な事実である。学生時代のこの論文において、彼は「市民社会」をまさにヘーゲルの言う「欲望の体系」の意味で用いている。その意味での「市民社会」は、経済における資本主義や思想における合理主義の確立に見られるように、中世的な社会からの決定的断絶をもたらしたが、そうした土台の上に築かれた「個人主義的国家観」もしくは「市民的国家観」はやがて変貌を余儀なくされた[24]。土台の変化とは独占資本と帝国主義の時代への突入である。それに見合って、また階級対立の進展とともに、市民層の間に強力な国家を待望する意識や自民族中心主義のような非合理主義が広まる。「市民層が市民社会の最近の段階に於て、中間層イデオロギーを摂取する必要に迫られてファシズム国家観を開化せしめた」[25]というのが研究生活に入ったときの丸山の「所与」の考えであった。

　ファシズムの担い手を中間層に求める丸山の見方は、敗戦直後の「日本ファシズムの思想と運動」でも保持されている。すなわち「日本におけるファシズム運動も大ざっぱにいえば、中間層が社会的な担い手になっている」と述べて、それを本来のインテリと「擬似インテリ」の二つに分け、後者を日本ファシズムの積極的な推進者と見なしたのである[26]。後年この論稿を『現代政治の思想と行動』に収めたとき、彼は補註を付けて「両グループの文化的断層はかなり連続するようになった」[27]と述べていて、それは本章の関心にとってきわめて重要な指摘であるけれども、戦争中から戦後少なくとも一九五〇年代前半までの丸山が中間層もしくは「小ブルジョワ層」の政治的行動に期待と信頼を寄せていなかったのは事実である。

　その代わり、たとえば「労働組合こそは現代社会における大衆の原子的解体に抵抗する最も重要な拠点でなければなりません」[28]という信念が語られる。このような丸山の見通しは、戦後の日本では「大衆的規模における自主的人間の確立が、西欧社会と比べて相対的に「左」の集団の推進力を通じて進行する」（傍点原文、以下同様）[29]というプラグマティックな判断に基づいていた。それに関連して「日本社会のどこに「防衛」するに足るほど生長した民主主義が存在するのか。……それは何も「ソ連型民主主義」のことをいうのじゃなく、まさに西欧の市民的民主主義の意味でいうのだ」(30)という一九五〇年の「ある自由主義者への手紙」の一節は興味深い。ここで言われている「市民的」はこれまで見て来たような丸山の用語法の枠内にあり、ブルジョワ的というのに等しい。けれども、西欧では歴史的にブルジョワジーが獲得してきた自由と平等の諸権利を、第二次世界大戦後の日本を含むアジアの国々ではより左翼的な運動が実現すると見るのが、この時期の丸山の基本的な認識であった。

一九五〇年代前半の丸山が「市民社会」という言葉をいかなる文脈で遣っていたかを示す一例は、一九五二年発表の「福沢諭吉選集第四巻解題」にもある。この年は彼が結核療養後小康を得た時期であるが、『政治の世界』を書き下ろし、戦時中の論文を集めて『日本政治思想史研究』を出すなど、充実した年であった。福沢についてのこの論文はちょうどその間に発表されている。さらに言えば、丸山の福沢論のなかでも、敗戦直後の二論文とも、後年の『「文明論之概略」を読む』とも異なり、福沢の政治論に焦点を当てている点でユニークである。このなかで、福沢は丸山によってもっとも相対化されていると言ってよい。そこでは、福沢の国際政治論における「自然法から国家理由への急激な旋回」(31)が鋭く指摘されている。

丸山は最初にミルやトクヴィルやスペンサーらの福沢への影響を論じているが、特にスペンサーについて「政府と市民社会・およびその各々の内部における機能の分化と精密化を社会進化の基本方向とし、しかも政府から市民社会（産業社会）への価値の移動を説いた」と述べて、その考えがそのまま福沢に受け継がれたと見ている(32)。この「市民社会」の用法もまた基本的にヘーゲルにならったものである。そして福沢が「自主的なブルジョワジーの成長に対する期待」を持っていたことが指摘され、「福沢はティピカルな市民社会の発展を我国にも予測していた」と言われる。しかも「ここにも亦、日本資本主義の性格に関する把握の甘さが窺われる」という批判が続くのである(33)。つまりこのような論述の仕方において、丸山の用いる「市民社会」の概念は自由主義段階の資本主義に固有のものとして理念型化されているとともに、その近代日本での確立に関してはほぼ講座派マルクス主義と同様の見地から不徹底の事実が認識されていると考えてよい。

以上に見たような丸山の「市民社会」ないしは「市民」の用語法に大きな修正が加えられるのは、一九五〇年代後半になってからである。それには、先にも少しふれたように、かつてはファシズムの担い手とされた中間層を構成する二つの類型（インテリと擬似インテリ）の間に相互浸透が進むと同時に、彼らが膨大な新中間層として改めて台頭して来た五〇年代後半の時代状況が注目されなければならない。丸山が詳細な追記や補註を施した『現代政治の思想と行動』の出版が、松下圭一の大衆社会論や加藤秀俊の中間文化論の発表と同時期であったことを念頭に置く必要がある。さらに重要な資料は、丸山の著作のなかでも特に有名な一九五九年の「『である』ことと『する』こと」であるが、それを検討する前に、この時期における丸山の問題関心の変化を示すもう一つの論点にふれなければならない。それはトクヴィルが丸山に与えた影響である。

丸山が「ちかごろはもっぱらトクヴィル一辺倒」(34)と書いたのは一九五六年のことである。最初は福沢の思想との関係を解明するために読んだトクヴィルの著作は、結果として丸山に強い印象を残した。その一つの形跡は、彼が、『現代政治の思想と行動』の「後記」（増補版では「旧版への後記」）の前に、トクヴィルの『回想録』から「ひとが必要欠くべからざる制度と呼んでいるものは、しばしば単に習慣化した制度にすぎないこと」云々の言葉を選んでエピグラムとして書き付けていることにも示される。そして、今日丸山論を展開する多くの論者が一様に、トクヴィルの影響下で丸山のいわゆる中間団体の役割に対する評価が一九五〇年代後半に変化したことを指摘しているのは、周知の事柄に属する(35)。この点については、六〇年安保前後の時期に丸山の思想と学問において「市民」という観念が浮上する前提を知るためにも、若干の考察が必要であろう。

中間団体もしくは仲介勢力は、歴史的には教会やギルドのような封建勢力として存在した。だからそれらは封建社会における特権の象徴であり、それらを打破することで市民革命は成立した。そうした事実を丸山はすでに「政治学に於ける国家の概念」で指摘しており、「個人主義的国家観はまさにこの仲介勢力の否定をその核心とする」(36)と述べられていた。敗戦直後のある文章でも、「近代国家は……仲介的勢力(pouvoirs intermédiaires)を一方、唯一最高の国家主権、他方、自由平等な個人といふ両極に解消する過程として現はれる」(37)ことが強調された。そこでは明らかにそういう形での封建社会の打破、すなわち近代社会の成立に肯定的評価が与えられていた。しかし、見方を代えれば、そうした中間団体は絶対主義が果たした権力の集中に対しては有力な抵抗の拠点であった。もし市民革命後の近代国家が絶対主義による権力の集中（主権の成立）の課題を受け継いでいるとすれば、そうした国家の対極に析出された個人の側には抵抗の基盤がないことになる。そして、そのような中央集権国家の成立という観点から、フランス革命以前と以後の政治体制の連続性を指摘したのがトクヴィルであった(38)。

そうであるならば、平等な個人の誕生は逆に権力の集中を強化する。トクヴィルは「平等は、人々をしっかりと結束させる共通の紐帯のないままにして、人々をばらばらに引離すのである。専制政治は、人々の間に障壁を築きあげて、人々を別れ別れに引離すのである。平等は、人々にその同類者たちのことを考えさせないようにする。そして専制政治は、人々のために無関心という一種の公徳をつくる」(39)と言う。あるいはさらに有名な言葉。「いわば、専制は人々を私生活のなかに閉じこめるのである。人間の孤立化の傾向がすでにあって、専制がそれを促進する。人々はすでに相互に冷淡になっていて、専制が人々の心を凍らせる」(40)。

では、どうすればよいか。トクヴィルによれば、「社会状態が民主的である諸国ほどに、政党の独裁や君主の専断を防止するために、団体が必要なところは他にどこにもない」。貴族がいれば、彼らが抵抗の母体となるであろう。いなければ、「諸個人がこの貴族団に似たものを人為的に、そして一時的につくることができないならば、どのような圧制もとても防ぎきれるものではない」(41)。アメリカがなぜそのような専制を免れているのかと言えば、「市民たちに対して、一緒に行動する機会を、そして彼等が相互に依存しあっていることを、彼等に毎日感じさせる機会を限りなくふやす」ことが重要だと考えられているからである。そのためには、「彼等に国の大事を処理する政治に参加させること以上に、地区的な小公務を処理する行政を、彼等に負担させるようにすることが必要である」(42)。こうしてアメリカ人はいたるところにあらゆる種類の集団を作る(43)。

トクヴィルが見たアメリカの集団の原型は、ニュー・イングランドを発祥の地とする人口二、三千人規模のタウンシップであった(44)。果たしてそうした地域の共同体から企業や利益集団や宗教団体までを集団もしくは結社として一括し、それにさらにトクヴィルがフランスで知っていたような貴族や教会やギルドなどを含めて、一律に国家権力の集中に対する抵抗の基盤と考えることにどのような意味があるのだろうか。これは、今日の新しい市民社会論が解答を要求されている問題である。ユルゲン・ハーバーマスによる「もう一つの市民社会論」の立場からは、今日的な市民の団体の、政治のみならず経済からの自立が強調されている(45)。その場合には人びとを連帯させる絆を何に求めるのか。トクヴィルに即して見れば、彼が「アメリカ的法制が特に重視しているのは個人的利益である」点を強調していること、「各人は最もよく自らの私的必要を満足させうる者である」と考えていたことを忘れてはならない(46)。すなわち「信仰の共同体」と「利益の共同体」は、トクヴィルの文脈では別のものではなかったのである(47)。

さて、以上のようなトクヴィルの所論を念頭に置いて、一九五〇年代後半の丸山眞男の中間団体に関する言及を見てみよう。彼は「忠誠と反逆」のなかでこう言っている。


近代国家の主権観念が封建的身分・ギルド・自治都市・地方団体など「中間勢力」の自主性と自律性を剥奪することなしには成立しえないのは、どこの国でもそうであって、そうした歴史的形態そのままの「保存」を願ったところで、それは感傷趣味でしかない。けれどもそうした中間勢力の自主性

――それはもともと日本の場合弱かったけれども――の伝統が、近代日本においてなぜ自発的集団のなかに新しく生かされなかったのか、さらに日本ではなぜ絶対主義的集中が国家と社会の区別を明確に定着させる――それがまさに絶対主義の重要な思想史的役割であるのに――かわりに、かえって国家を社会に、逆に社会を国家に陥没させる方向に進んだのか、そこに含まれた意味を問うということになると、はじめて問題はたんなる歴史的「過去」の叙述をこえて、社会学的にもまた思考のパターンとしても、まさに現代につながるテーマとなる(48)。

ここで丸山の念頭にあるのは、西郷隆盛に率いられた西南戦争である。福沢はその西郷にこそ「日本国民抵抗の精神」を見出した(49)。土佐の板垣退助が一時この西郷の挙兵に呼応すべきか否か迷ったというエピソードは有名である。歴史の発展は一義的に決まるという見方に従えば、薩摩は「反動」で自由民権運動は「進歩」的になるが、両者は政府の圧制に対する抵抗という観点からは共通の精神を持っていた。「革命」と「反動」の区別が先験的にわかるという考え方に疑念を抱いたこの時期の丸山は、あらゆる集団や結社の政治的機能というものをそのときどきの状況のなかでよりダイナミックに把握しようとしたと言える。「明六社のような非政治的な目的をもった自主的結社が、まさにその立地から政治を含めた時代の重要な課題に対して、不断に批判して行く伝統が根付くところに、はじめて政治主義か文化主義かといった二者択一の思考習慣が打破され、非政治的領域から発する政治的発言という近代市民の日常的なモラルが育って行くことが期待される」(50)という同時期の「開国」論文の言葉にも、政治団体というよりも、むしろさまざまな領域に形成される自発的結社の政治的役割に対する丸山の関心と期待が窺える。

だが、西郷軍や明六社のメンバーをもって「市民」と考えることはいかなる意味を持つのであろうか。ちなみに、川崎修は丸山の描く政治的主体の像を武士のエートスに引き付けて、それをきわめて卓越的な存在と見なしている(51)。西郷は革命家と言ってもよい存在だし、福沢はもちろん森有礼にしても西周にしても第一級の知識人であった。そうした知識人たちのなかに丸山が言うような「近代市民」の要素があるのは確かだとしても、彼らの活動はそのような一般的な規定によって正しく認識されるのであろうか。それよりも明六社の活動は、たとえば大学の自治のような古典的な問題と関連させて考えるべきではないか。ここで議論は丸山が「『である』ことと『する』こと」で述べている主題と出会うことになる。

この有名な講演で丸山は「民主主義はやや逆説的な表現になりますが、非政治的な市民の政治的関心によって、また「政界」以外の領域からの政治的発言と行動によってはじめて支えられるといっても過言ではない」(52)と述べている。ここに登場する「市民」の語はまもなく生起する六〇年安保での運動参加者の行動様式をすでに暗示しているし、「『政界』以外の領域」というのは文字通りさまざまな職業領域をさすわけであるが、すぐ前に見た「開国」論文の内容からすれば、それはやはり典型的には学問や芸術のような文化の領域として考えられているという印象を禁じえない。実際丸山は「どうして学問や芸術といったそれ自体非政治的な動機から発するいわばいやいやながらの政治活動があっていけないのでしょうか」(53)と言うのみならず、政治は「する」価値で評価すべきだが、文化は「である」価値の世界に属する、すなわち「文化的創造にとっては……価値の蓄積ということがなにより大事」(54)と語るのである。彼は安易な「業績主義」には与していない。そして「もし私の申しました趣旨が政治的な事柄から文化の問題に移行すると、にわかに「保守的」になったのを怪しむ方があるならば」と断って、「現代日本の知的世界に切実に不足し、もっとも要求されるのは、ラディカル（根底的）な精神的貴族主義がラディカルな民主主義と内面的に結びつくことではないか」というあまりにも有名な一節が述べられる(55)。

なるほどこうした丸山の見解は「保守的」であり、しかもそのことが強く自覚されている。進んで知識人の政治参加を呼びかけるというよりも、よほどのことがない限り自らは非政治の領域もしくは文化の世界に止まろうとする姿勢が顕著である。それはもちろん当時の「革新」に対する「保守」ではないし、彼自身が日本国憲法に書き込まれた戦後的価値の新たな創造に携わっていたのは事実だが、大衆社会状況において多数者が示す画一化された行動様式には強い抵抗を感じていたことがわかる。要するに、大衆民主主義に対する丸山の評価はあくまでも両義的であり、そのような民主主義を補強するために、少数者の思想としての精神的貴族主義があえて持ちだされたのではないかと思われる。事情は精神的貴族主義にとっても同じであって、それだけでは政治と文化の対抗関係は生まれても、いずれもエリート主義であることには変わりはない。

ここで、再びトクヴィルが想起される。丸山が『現代政治の思想と行動』の「後記」の前にトクヴィルの言葉を掲げたことについては、すでにふれた。この言葉は丸山がさまざまな機会に述べているように(56)、制度の物神化を防ぎ、制度そのものよりも制度を作る精神、制度を運用する精神の重要性を指摘するものである。ただし、もともとのトクヴィルの『回想録』では、それは社会主義の将来における可能性を論じた部分にある。トクヴィルは社会主義の核心を所有権に対する攻撃に見出している。彼によれば所有権はフランス革命が獲得した最初の人権ではなくて、むしろ旧体制から続く最後の特権である。けれども、そのような所有権を廃棄して人間の平等を貫徹する社会主義の実現可能性については、トクヴィルは低く見ていた。にもかかわらず、従来の制度の枠組みのなかでも、「可能な領域というものは、各社会のなかで生きている人間がそれを想像するよりもはるかに広大なものなのだ」と言うのである(57)。社会主義者ではない、自由主義者トクヴィルにしてこの言葉ありきというところが重要である。

丸山は「トクヴィル一辺倒」と書いた文章のなかで、「思想家の党派性と思想や認識自体のなかに含まれる普遍的な要素とを見分ける眼だけは持ちたい」と述べている。それが現実に対して「detached（距離をおいた）な観察と分析のできる人」の精神である(58)。そのことを示す一例をあげよう。たとえば「フランス第一革命は国民のブルジョワ的統一をつくりだすために地方、領地、都市、州の分立権力をうちくだく任務をもっていたが、それは絶対王政が着手したことをさらに発展させないわけにはゆかなかった」としたうえで、ナポレオン三世の第二帝政が「フランス社会のもっとも数の多い階級、分割地農民（Parzellenbauer）を代表している」ことを見抜き、「分割地農民は、ぼう大な大衆をなし、その成員はおなじ情況のなかでくらしているが、それでいてたがいに何重もの関係でむすばれるということがない。かれらの生産方法は、かれらをたがいにむすびつけるかわりに、たがいに孤立させる」と述べたのはトクヴィルではなくて、『ルイ・ボナパルトのブリュメール十八日』を著したマルクスであった(59)。まことに立場は違っても、共通の同時代認識がもたらされることはあるものである。

トクヴィル自身は「私はおろかにも、自分の著書で成功したのと同じように、議会でも成功するだろうと思っていたのだ」と述べる率直な人で、政治家としては「私は尊敬をかちうるほどには勇気が足りず、またあまりに誠実で、その時すぐに成果を得るために必要とされた細かな実際的な処置のすべてに身を屈して従うことができなかった」のを欠点として認めていた(60)。しかしながら、パリの議会に群衆が押し寄せた二月革命のさなかにあって、「権力は私がこれまで敵対していた党派の手から落ちたが、今度はまた私とは敵対的な点ではほとんど変わることのないもう一つの党派の手に、間もなく握られることになろうと予測」する目を持っていた(61)。そして「革命というものは民衆の激情によって実現するもので、あらかじめ計画されるものであるというより、むしろ渇望されるもの」であること、さらに「それぞれの人は自分の目撃した偶発的な出来事を、これこそ革命の事態だと受け取る」ことまでも冷静に認識できる知性の人であった(62)。

六〇年安保はもちろん革命ではなかった。しかしそれは今日までの日本の戦後史において最大の政治的事件であった。激動のピークは岸内閣による衆議院での強行採決の後に来た。それが運動の指導者たちの想像をも超える規模で起こったこと、誰も事態の全体を見渡せるような位置にはいなかったこと、要するにすぐ前にトクヴィルの『回想録』から引いたような言葉はまた、一人の知識人としてこの出来事の渦中にいた丸山眞男のものでもあった(63)。そのなかで彼はいかに状況を規定し、出来事に意味を与えたのか。丸山は運動がピークに達しつつある時点ですでにマルクスの言葉を借りて「有頂点の革命的精神のあとには長い宿酔が来る」という覚めた見通しを示していた(64)。これは『ブリュメール十八日』にある言葉である(65)。果たしてその後の事態はどのように展開したのか。その過程で丸山によっていかなる政治の認識の仕方と制御の方法が語られ、またそれらを身に引き受ける担い手としての「市民」の像が描かれたのか。これらを簡潔に論ずることが本稿の残された課題である。

4　政治における言葉と経験

「市民」という言葉はいつ頃どのような経緯で戦後日本の政治史に登場して来たのか。すでに見たように、丸山の一九五九年の「「である」ことと「する」こと」には、「非政治的な市民の政治的関心」という形で民主主義のあり方を説明するキーワードとして現れていた。もちろん辞書に登録された言葉としての「市民」は以前から存在していたが、それにある種の時代の動きや政治の雰囲気を込めたシンボルとしては、一九五〇年代末に至るまで使用されてはいなかったのである。その意味で画期的だったのは、五八年一〇月の警察官職務執行法の改正問題であった。

警察官の職務権限の強化をねらった岸内閣の企図は、国会内では野党の社会党の、院外では総評などが結成した警職法改悪反対国民会議の強い抵抗に会い、結果的には挫折を余儀なくされた。このとき作られた国民会議の呼びかけは、「市民の皆さん、立上って下さい」という言葉で始まっている(66)。それが必ずしも当時の定型ではなかったことは、五九年三月に結成された安保条約改定阻止国民会議の呼びかけでは、「国民」や「労働者」の語はあっても「市民」は見当たらないことでもわかる(67)。前者の場合は総評とともに全労が加わっており、後者の場合はその全労が抜けて共産党がオブザーバーとして入っていることがそうした相違の一つの要因と考えられるが、ともかく警職法改正問題は革新勢力において従来にない運動の組み方をもたらしたのであった。その点は「デートを邪魔する警職法」というキャッチ・フレーズの浸透にも現れていた。

論壇ではやはり「中間文化論」を著した加藤秀俊が、増大する社会的中間層を「あたらしい市民層」と呼んだのが画期的である(68)。それは岸内閣が成立した一九五七年のことである。加藤の認識は週刊誌やテレビの普及、あるいは教育水準の一般的な上昇などの事実に基づいていた。松下圭一の大衆社会論の発表も同時期であるが、松下はこの新中間層の拡大という現象を労働者の「大衆」化とか労働者の「国民」への編入と呼んでいて、この時期はまだ「市民」という言葉は用いていない。これは彼がいわゆる「近代一段階論」を排して、大衆社会の現代性を協調したためであった。松下が改めて「『市民』的人間型の現代的可能性」を論ずるのは一九六六年になってからのことである(69)。

しかしながら、その松下においても、ちょうど警職法改正が争点に浮上した時期に、「現段階では、抵抗の思想は直接社会主義革命へと結合されるよりも、自由・民主主義擁護へと結合されて、はじめて政治的現実性をもつ」(70)と認識されていたことは注目に値する。このような課題の提示の仕方は当然に政治の担い手の性格規定の問題へと連動するからである。いずれにしても、当時もっとも若い世代に属した加藤や松下らが、自己認識を踏まえて一九五〇年代後半の日本社会の状況変化を鋭く洞察していたことは忘れられてはならない。

さて、丸山が安保改定問題について発言したのは、一九六〇年五月三日の憲法問題研究会の講演においてであった。それまでにも彼は雑誌『世界』に拠った国際問題談話会の二度の改定反対の声明などに加わっていたけれども、この問題に関する独自の論説を著していたわけではなかった。その点は終始改定反対の先頭に立っていた清水幾太郎と異なるところである。そして丸山はいまここで見る講演でも、直接安保問題にふれるというよりも、問題の本質を民主主義のあり方という点に求めているように思われる。丸山らの「市民派」は強行採決の後に「民主主義擁護」のスローガンを出して安保問題から大衆の目をそらしたというのが清水らの批判だが、丸山のアプローチはむしろ一貫していた。民主主義が対決すべき相手はファシズムである。

丸山はこの講演で、署名運動が思想調査の一面を持つこと、現代においては人びとは日常的に思想調査を受ける環境に置かれながら、それを嫌って意見を表明しないことも不作為として一定の方向へのコミットになること、したがってその責任を負うべきことを指摘している。不作為は相対的には現状の承認となる。彼はこの講演でも「非職業政治家の政治活動」がデモクラシーを支えると言っている(71)。これは繰り返して言えば「「である」ことと「する」こと」における「非政治的な市民の政治的関心」というのと同じである。逆説的表現のレトリックがもたらす魅力は感じられるが、一読(一聴)しただけではわかりにくいことも同様である。それが強行採決直後の「選択のとき」になるとトーンが変わる。

丸山はそこで必ずしも「市民」に対する直接的な呼びかけを行っているわけではない。またこの講演が活字になったのは後のことで、繰り返し吟味しながら読まれる文章として状況のなかを流通したのでもない。けれども、強行採決後の政治状況の明快な定義として、そして、短いなかにも肝心な論点が何度も反復されることによって、このスピーチはその場の聴衆を媒介にして大きな組織化の効果を発揮したと思われる。彼が言うのは、強行採決という暴挙によって「すべての局面は……一変した」ということである。「そうして問題はいちじるしく単純化され」た。この強行採決を認めるか認めないかの二つに一つである。それは権力が万能なのを認めるのか民主主義を認めるのかの間の選択である。裸の権力と民主主義の理念との対決が基本状況である。「未曽有の重大な危機はまた、未曽有の好機」とさえ丸山は言った。ここにこれまでの戦後の歴史が凝集されているのだ(72)。

「選択のとき」でも、安保問題そのものよりも戦後日本の民主主義の運命が強く案じられているのは明らかである。そうしたアプローチは、いま目の前で起こっているこの運動を歴史のなかでいかに位置づけるかという丸山の問題関心と無関係ではなかった。それがすぐ後の「復初の説」につながるのである。彼の状況規定が大きな影響力を持ったのは事実だとしても、岸政府に対する抗議行動それ自体は自然発生的に増大しており、そのことにいかなる意味を与えるかが重要な問題になったと言える。その点では、そうした意味付与を重視した丸山と、抗議行動の実力そのものに期待した清水とは異なる。

清水らに対する丸山たちの立場がなぜ「市民派」と呼ばれるようになったのかについては、実ははっきりした経緯はわからない。運動の二重構造の問題は当初からあったとしても、そのような類型化は激動の五月、六月のなかでよりもその後の「総括の季節」においてこそ行われたものかもしれない。逆に言えば、それほどに持続する対立点だったことにもなる。「市民としての抵抗」の名のもとにいちはやく緊急特集を組んだのは、『思想の科学』の一九六〇年七月号であった。鶴見俊輔、久野収らが中心であり、当時の二〇名の評議員には竹内好は入っているが、丸山の名前はない。久野によれば「〝市民〟とは、〝職業〟を通じて生活をたてている〝人間〟」であり、しかも重要なのは「職業と生活との分離」である(73)。この意味では、それを「市民主義」と呼ぶかどうかはともかく、確かに丸山にも共通する見方であった。東京大学の全学教官集会で、彼は「考えるべきことは、大学教授としてどうするかだけでなく、市民として行動する面もなければならぬ。私たちは大学教授という一つの役割に全人格を吸収されることはない」と述べているからである(74)。

丸山の「市民」像は、一九六一年に佐藤昇と行われた対談でもっとも詳しく述べられている。それは総論的には「民主主義の担い手としての市民と私がいった場合には、いろいろな民主的決定過程に参加してゆくシトワイアン的側面と、公権力その他上からの横からのあらゆる社会的圧力に抵抗してシヴィル・リバティーズを守ってゆく側面と両方を含めている」(75)と規定される。これでは十分過ぎてかえって特徴が出て来ない。彼はこの二つの側面のうち、どちらに重点を置いていたのであろうか。丸山によれば「思想的にはこの二つは別の系譜から来ているので、たとえばギリシャの直接民主制における「市民権」には前の契機はあったけれど、後の契機はなかった」(76)のである。この文脈でより重要なのは、「今までの社会主義革命運動には完全市民の想定があったんじゃないか」という指摘があることであり、「前衛としてのプロレタリアートというのは、ジャコバンの完全シトワイアンの現代版で、私利と公益が完全に合致している」と言われている点である(77)。要するに、丸山の「市民」は「公民」ではないのである。「圧倒的多数の人間は、私生活を持ち、その中で日常要求を持ちながら、同時にパブリックな関心を持ち、パブリックなことに参加している」のであって、それを受動的とみなして完全市民の能動性を賛美するのは、左右両翼の政治運動のいずれもにおいて個人の抵抗の契機を見失わせるというのが、彼の基本的な考え方である(78)。そこではあくまでも私生活に根拠地を持つことが、「市民」の政治参加のあり方として想定されている。そして組織労働者以外はすべて「マス」として否定的に見るのではなくて、「マス」の多面的存在形態を見るべきである。

「市民的というと、あちこちで、叱られたり、おこられたりしたけど、市民とは街頭市民とかなんとかいう実体的なんじゃなくて、日本じゃ組織労働者が他の国民と共有している民主主義の担い手という側面をいう」(79)というのが、丸山による「市民」の概念規定であった。

すなわち、大衆社会化によって膨らんだ新中間層の生活様式の多様性に注目しつつ、その共通項に連帯の基盤を求めて行くという思想である。そのような共通項を組織労働者やアクティブな活動家の線にまで高めて行くというのではない。総評も圧力団体なのである(80)。こうした丸山の認識は明らかに松下圭一や加藤秀俊らのそれと共通するものを持っていた。丸山の「市民」像はどこまでも理念的性格を帯びていたけれども、それをあまりに規範的なものと理解することは適当でない。そしてそのような「市民」像がただ大衆社会状況の認識からもたらされたのではなくて、やはり六〇年安保の経験をくぐるなかで形成されたことを忘れてはならない。その意味で、なるほど言葉は経験の冠である。

興味深いことに、丸山は六〇年安保のピークの直前に行われた高畠通敏との対談で、「現代はポリス的状況をちょうど裏返した状況ともいえる」(81)と述べている。古代ギリシアのポリスにおいては「公民としての人間しかない」状態であったのが、中世から近代にかけて統治機構(国家)と社会とが区別されて来た。ところが、現代はこの区別が再び曖昧になったと丸山は言うのである。それは政治が生活に浸透したという意味では「政治化の時代」の所産であるが、逆に政治的無関心を含めて国民の世論やムードが政治に大きな影響を及ぼすようになったという意味では「非政治化の時代」の特徴である(82)。公私の境界が存在しないという点で、古代と現代の政治生活は一致する。ただしそのあり方は反対で、前者が公優先であるのに対して、後者はまさしく私生活が公的領域を飲み尽くそうとしている。もちろん丸山はそうした私生活主義を礼讃しているのではない。あくまでも各自の私的領域もしくは職業生活に根拠を持ちつつ、そこから公的領域にパート・タイム的に参加するというのが彼の民主主義の担い手たるべき「市民」の姿であった。

この高畠との対談では、「市民の立場から状況を操作する技術としての政治学」の構築が課題としてあげられている(83)。六〇年安保の経験は戦後日本の歴史のなかで初めてそのような「市民」のイメージを確立させた出来事であったと言える。しかしながら、すでに述べたように、丸山自身はその後も引き続きそのような「市民の政治学」の構築に取り組んだわけでは必ずしもなかった。彼の学問的関心は、六〇年安保のエピソードをはさんで、再び一九五〇年代後半以来の日本政治思想史の研究へと向けられて行ったからである。丸山からバトンを受け継いで「市民の政治学」の確立に力を注いだのは、むしろこの対談の相手を務めた高畠通敏であった。

一九六〇年代以後の日本において、「市民」という言葉はますます多様な意味の広がりを獲得した。それを追うのは本稿の課題ではないが、「市民」概念の内包と外延を示すために一、二の例にふれてみたい。一つは言うまでもなく一九六五年のアメリカによる北ベトナム爆撃に対する抗議として始まったベ平連の運動である。この運動は六〇年安保のなかで生まれた「声なき声の会」のリーダーの一人であった前述の高畠の発案に由来するという意味では、明らかに六〇年安保の延長上にあった(84)。しかしまもなくベ平連の象徴的人物となった作家の小田実は六〇年当時は『何でも見てやろう』(85)の旅から帰国したばかりで安保を経験していないという点で、新しい発想にも裏付けられていた。小田たちは「ベトナムに平和を！」の最初の呼びかけで「私たちは、ふつうの市民です」と名乗り、「ふつうの市民ということは、会社員がいて、小学校の先生がいて、大工さんがいて、おかみさんがいて、新聞記者がいて、花屋さんがいて、小説を書く男がいて、英語を勉強している少年がいて、／つまり、このパンフレットを読むあなた自身がいて」というように規定している(86)。文字通り多種多様な人びとが「ベトナムに平和を！」という要求において連帯しようと言うのである。小田によれば、「私のいう戦後の、あるいは、戦後的な運動には、まず「私」があって、それに結びついたかたちで「公」の大義名分が存在する」(87)。こうした小田の思想はやはり六〇年安保の総括を彼なりに踏まえて出て来たものであろう。高畠が言うように、次第にベ平連には小田たちの個性が滲み出るようになり、また市民運動そのものも職業や地域に基づくものから生き方や自己表現の問題へと移って行った(88)けれども、ここにいったん「市民」概念の外延は極限にまで広められたと言える。

「市民」概念の定着を見るのにもう一つの興味深い事例は、一九七二年に発表された丸谷才一の小説『たった一人の反乱』が展開した主題である。この作品の主人公は「戦中派」の元高級官僚で、防衛庁への出向を断って民間へ天下った男である。その主人公に彼の友人が「なあ、馬淵、今の日本で市民というと、つまり何だろう?」(89)と問うことから話は始まる。そもそも主人公の曽祖父は自由民権運動の時代に「初期資本主義の精神」をもって士族に抗した実業家だったという設定である。曽祖父自身が資産家なのだが、そうした条件をもとにして明治の日本にも自由を求める「市民社会」の萌芽が存在したとされる。主人公にしても元高級官僚であり、家には昔からの家政婦がいて家事万端の面倒を見てくれるのだが、そのうえで「ぼくは革新でも反体制でもないんだから。もちろん保守党の政治家になる気もないけれど。ただ、市民社会の大前提としての自由を、自分のときはどんなことがあっても守りたい、他人のときはなるべく守りたい」(90)と考えるような人間である。全編を貫いて、「市民社会」が奴隷制や近代国家や帝国主義などの影の部分と結び付きながら、それでも「たった一人」でも自分の自由な判断に基づいて困難な状況を切り開いて行くような人間像がユーモラスに共感を持って描かれている。この「市民社会」を外側から脅かすのが一方で犯罪者であり他方で警察であるのは象徴的である。要するに丸谷は、常にその成長が危ぶまれながらもわが国においても「市民社会」の伝統が存在し、それは結局一人ひとりの人間が自ら直面する生活の問題を何とか自力でくぐり抜ける努力を通じてしか保たれないことを雄弁に小説化したと言うことができる。

べ平連の運動と『たった一人の反乱』の主題との距離は、一見したほど遠くないのではあるまいか。そして一九六〇年代から七〇年代にかけての時期に残されたこの二つの思想史的足跡は、さかのぼれば丸山眞男が意味を与えた六〇年安保の運動に、また下っては冷戦の終焉以降のわれわれの時代の「市民社会」論に、はるかに内面的に呼応するもののように思われる。

2　丸山眞男論の現在

1　課題と視角

　ここで行うのは、最近蓄積が進んでいる、多種多様な丸山眞男論の論点の整理である。この数年の間に発表された丸山論の量は夥しく、『日本政治学会年報』や『史学雑誌』の学界展望には丸山眞男研究の項が立つほどになっている。それだけでも驚くべきことだが、さらに特徴的なのは、それらの執筆者の専門がきわめて多岐にわたることである。むしろ思想史の専門家はともかくとして、狭義の政治学者の丸山論が少ないのが不思議なぐらいである。そしてかりに丸山眞男という同一対象を扱っているにしても、哲学、文学、歴史学、法学、経済学、社会学等々、専門分野を異にする多彩な執筆者の作品をまとめて論ずることは、慎重な研究者ならば誰しも避けようとするであろう。しかし一方では、あまりに多様な議論のランダムな簇生のなかで、何が真の問題かがかえって見えにくくなっている状況がある。そうしたなかでは、このような整理の試みが是非誰かによってなされる必要がある。あえて本章を草した所以である。

なぜ丸山論がこういう状況になるのかはそれ自体興味深い問題だが、ここでその問題を詳細に検討することはできない。ただ一言、丸山眞男を論ずることは戦後日本を包括的に論ずることになるという、かなり広く共有された認識(1)を、とりあえず私自身の見解としても示しておく。

前述のような知的生産状況を見るとき、どこからどこまでが丸山論であるかは、実は必ずしも自明ではない。日本政治思想史や狭義の政治学の分野における丸山の学問的業績に対して向けられた批判と、より広く丸山の思想をさまざまな角度から論じた文章とを、ひとまとめにして論ずることはできない。本章ではどちらかと言えば後者を扱うが、それでもそのような丸山論をもれなく網羅的に紹介しようとするものではない。そこには、私の能力と関心が介在している。まず、時期的にはほぼこの一〇年間に発表された論稿を対象とし、下限をおおよそ一九九九年前半までとする。なお、時間の都合で、海外の日本研究者の丸山論を取り入れることができなかった。また、著作集や講義録の「解題」として書かれているものは、考察の対象からはずした。以上について、読者の方々の御了承を得たい。

思想史研究を音楽の演奏にたとえる丸山の言い方に従えば、私も丸山の作品に対しては演奏家の端くれのつもりなので、その意味では本章は、一人の演奏者による他の演奏家たちの解釈に対する批評とならざるをえない。最後には自分の演奏を提出すべきであるが、それは本章の目的ではない。

音楽の比喩は特に丸山に倣ったわけではないが、私が丸山の著作から学んだ重要なことの一つは、自分の立場もしくは偏見を鋭く自覚せよということであった。そこで、最初に自分のことを述べて恐縮だが、私の関心の所在をなるべく簡潔に述べておきたい。

現在の私の問題関心は、丸山眞男の政治観の解明にある。広い意味では政治学者であり続けた丸山の政治観を改めて問題にするというのは、考えてみれば奇妙な話だ。しかし、今の私にとって彼の最大の魅力は、どんな文章にも表れているその政治認識の深さと鋭さにある。それは、人間観察が深く鋭いということである。このようなことは、思想史家としてはむしろ異例なのではあるまいか。だから、たとえば日本思想の「原型」論においても、「歴史意識の「古層」」よりも、たとえ十分な展開は見られなくても、「政事の構造」の方が丸山の面目躍如のように思える。

丸山の政治観や政治認識のあり方を知ろうとするとき、もっとも興味深いのは、六〇年安保に際しての彼の時事的発言である。それらは、彼の政治認識が純粋な学問的認識の形で述べられたのではなく、現実の政治状況のなかで、それを一定の方向に制御するためになされたものであった。丸山の政治認識はもともとその時々の政治状況と切り結ぶような志向を有していたけれども、日本の戦後政治史上最大の出来事であった六〇年安保においては、彼の政治認識のそうした特徴は特に際立った。そして、すぐれた政治認識とは本来そういうものであると思う。

しかし、六〇年安保についても、当時の丸山の状況的発言についても、それらをよく理解しようとすれば、そもそもの戦後日本の政治史及び思想史の出発点、場合によっては戦前、戦中のそれにまで遡る必要がある。六〇年安保とは、それに至るすべての前史がそこに流れ込み、そこからまた新しいものが流れ出るような、そういう事件であったからだ。私が、一九九五年に丸山について一書をまとめ、そのなかで一九三〇年代から話を始め、常に同時代の知識人たちとの比較という観点に立ちながら、彼の学問と思想を追体験しようと試みたのは、以上のような関心に基づいたものだった（『戦後日本の知識人——丸山眞男とその時代——』世織書房）。

この書物を書きながら、そしてそれを発表してからはなお強く、六〇年安保に先立つ一九五〇年代後半の時代に、丸山の問題意識や政治認識のあり方が大きく転回したことを知った。これは基本的には彼自身の回想に従ったものである。このことは、通常、六〇年安保の直後に起こったとされる戦後日本の精神的気候の一大変化が、すでに一九五〇年代後半から始まっていたことに対応する事実であり、丸山がそのような時代の変化の徴候をいちはやく認識した上で、当面する日本政治の課題を提起したことを示している。そういう意味で、六〇年安保には、古いものと新しいものが同時に渦を巻いていたのだった。

第3節で詳しく見ることになるが、一九五〇年代後半の丸山の転機においては、次の二つのことが同時に起こった。すなわち、第一に、ヘーゲルにもマルクスにも共通するような普遍的な発展段階論の歴史観からの離脱である。この点は、丸山自身が再三述べているように、それぞれの社会や国家に固有な発展の型への彼の関心を強めた。第二に、これもさまざまな事情がからんで、彼の学問的関心の中心が、日本ファシズム研究などの狭義の政治学から日本政治思想史の研究へ、もどった。敗戦から一〇年余りの間に書かれた論文を集めた政治論集とも言うべき『現代政治の思想と行動』を刊行した直後のことである。

つまり、丸山の主たる研究関心は、東大での講義を別にすれば、戦後一〇年余りのいわば中断を経て、戦争中の『日本政治思想史研究』（この書物の刊行は戦後）の領域に復帰したわけだが、その際に比較文化論的な新たなアプローチが投入されることになり、その成果が一九六〇年代の東大での一連の講義となって結実するのである（現在、講義録が刊行中）。しかし、本章にとっては、右の第二の事柄の裏側の事実が重要である。すなわち、この時期以降、丸山の現代日本政治への言及は少なくなるが、それにもかかわらず、右の第一の事柄の結果として前面に出た彼の本来の政治的思考が、その後も断片的な形ではあっても表明されることがあったということである。言うまでもなく、六〇年安保は、その最大の機会であった。六〇年安保において、丸山はリベラルな「市民派」知識人の有力なリーダーと見なされるようになり、それまでは共通の政治的立場に立っていた清水幾太郎らのラディカルな「革命派」知識人たちとの対立を深めるのだが、その背景には、こうした丸山の政治観の新たな確立があったのである。

本章が、最近数年間の多様な丸山論の整理を試みる場合に、もっとも力を注ぐのは、この一九五〇年代後半から六〇年代初めに書かれた丸山の作品に対する解釈であり、それを主題的に広く表現すれば、狭義の政治学か日本政治思想史かの区別を超えて、彼の政治認識の問題である。このような問題関心は決して私だけのものではない。それぞれ微妙に形を変えてではあるが、多くの論者に共有されており、この視角から対象の整理にかかっても、きわめて多くの論稿が視野に入って来る。その点は、以下の叙述が明らかにする通りである。

議論の順序は、次のように定める。まず、第2節で、丸山眞男の思想と学問を一個のシステムと見なして、それを内在的に検討し、再構成した研究を紹介する。今、システムと言ったけれども、丸山の生涯にわたる学問的考察や思想的活動は決して体系志向的なものではなく、その思想史研究にしてもすぐれて問題史的な考察であった。この点は、以下の叙述でも、複数の研究者の仕事を通じて明らかにされるであろう。そのような内在的な再構成の仕事のためには、優に一冊の書物が必要であり、それらは質量ともにおいて数ある丸山論の検討の出発点に置くのにふさわしい。そして、この節の後半では、丸山の考察が常に問題限定的なものであったことは、その反面で、認識論的にいかなる特徴を帯びることになったかを検討する。そこで主に言及するのは、今日のカルチュラル・スタディーズの見地から生み出された多くの丸山論である。

続く第3節では、一九五〇年代後半における丸山の政治観の転回を象徴する問題として、いわゆる中間勢力もしくは中間団体の役割評価に関する彼の認識上の変化の有無を検討する。この議論はまさに思想史研究と狭義の政治学とが交錯する地点に形成されていて、多くの丸山論の著者たちが一致して注目する問題である。なお、この節の後半では、丸山に触発された主に思想史の研究者たちによる、自我のあり方をめぐる今日的な議論を紹介する。

最後に第4節では、丸山眞男の日本論ないしは日本認識が基本的にどのような特徴を持ち、また、それが彼の生涯を通じていかに変化したか、あるいは変化しなかったか、という問題について、関連する論稿を集めて検討してみたい。そこでも、カルチュラル・スタディーズの立場からの論説が考察の対象となるが、それればかりでなく、およそあらゆる観点からの丸山研究が、結局はこの問題の周囲に集中して行く様子が、観察されることになるはずである。

2　問題設定と思想構造

比較的最近のまとまった丸山論の書物として、間宮陽介の『丸山眞男』（筑摩書房、一九九九年）がある。間宮は経済学史、経済思想史の専門家として多くの仕事をしているが、従来から丸山についての言及も多く、本書はいわばその集大成である。この本で、間宮が意外に思えるほど執拗に論駁しているのは、吉本隆明の『丸山眞男論』（初出は一九六二～六三年）である。

いくつかの意味で丸山とは対極的な位置から提出された吉本の丸山論は、丸山論の嚆矢とも言うべき存在であるが、そこで吉本が基本的に問題にしているのは、丸山は果たして思想家なのかということである。有名な一節。「ここには思想家というには、あまりにやせこけた、筋ばかりの人間の像がたっている。学者というには、あまりに生々しい問題意識をつらぬいている人間の像がたっている。かれは思想家でもなければ、政治思想史の学者でもない。この奇異な存在は、いったい何ものなのか」(2)。

吉本の批判ないしは苛立ちは、丸山が、分析の対象とする人間や社会を「実体」としてそのまま掬い取らないことに向けられる。丸山は現実に迫るのに常に問題を限定するし、吉本によれば、「空想された『箱』」を尺度として現実を測定する。分析の対象がファシズムである場合も、封建的忠誠である場合もそうである。この「箱」は実際はどこにも存在しないし、それを操る者の観点は「虚構の立場」とならざるをえない。これは明らかにマックス・ウェーバーの学問的方法、すなわち、理念型に基づく対象認識の手法を吉本の言葉で言い換えたものに他ならない。興味深いことに、吉本は決してそのような方法の有効性を否定するわけではない。ただその際の分析に賭けられた情熱と、吉本が「進歩的リベラル」と見る丸山の実際の政治的立場との間に、埋めようのないギャップが存在するのを指摘するのだ。ここで、本質的に重要なのは、われわれが現実を問題限定的に認識できるかどうかということである。そもそも現実をまるごと一挙に認識することはできないから、それをとりあえず部分的、問題限定的にとらえるのだという説明は、十分ではない。それでは、そのような部分的認識の相互の関係はどうなるか、ということが次の問題になるからである。

このようなテーマについての間宮陽介の見解を尋ねると、間宮もまた丸山の思想史研究が問題史的考察であることを認めるが、丸山には「大問題状況」と「小問題状況」があって、前者は「隠され」ているために、それを「発掘する」必要があると説く(3)。すなわち、間宮は丸山の生涯を貫く二つの「大問題」を指摘することによって、丸山の代わりに吉本の批判に答えようとするのである。それらは、一つは「主体と客体、自己と他者、私と公、要するにウチとソトとの二項対立が十分に「止揚」されず、そこに日本における近代的主体と近代的政治社会の成熟を阻害する要因があったのではないか」というものであり、もう一つは「日本人はなぜかくも変わり身が早いか」というものである。前者を丸山の「空間的視座」、後者を「時間的視座」と間宮は呼ぶ(4)。

要するに、間宮は、丸山の問題史的考察における問題の本来の幅と深さを最大限に解釈することで、「丸山においては学問と思想は交わらなければならない。学者は思想家、思想家は学者でなければならない」という結論を下すのだ。なぜならば、「思想は思想家が自らの問題と格闘し、混沌を形象化しようとする営為の果てに形成される」からである(5)。

「空間」と「時間」という呼称にもかかわらず、この二つの視座が完全に独立かというわずかな疑問を別にすれば、間宮の書物は、終始それらを軸に展開することにおいて、一貫している。間宮の言うように、彼の試みはあくまでも「丸山の思想の余白を考えること」である(6)。そうだとすれば、丸山の根本的な問題関心をこれとは違う形で再構成することも可能なはずだが、そのことは間宮の試みを決して無にするものではない。ただし、間宮が設定した問いに即して丸山の著作を検討する場合にも、特にその「空間的視座」からの考察の目的が最終的に「公共性」の追究というように規定されることについては、さらに議論の余地があると思われる。間宮は「公と私を結びつけるもの、それが公共性であって、そうだとしたら公共性こそは丸山が構想してやまない『政治』の中心概念だということになるはずである」と言う(7)。しかし、私の印象では、これは丸山をハンナ・アレントに近付け過ぎた解釈である。事実、間宮は「なぜ活動が公と私を媒介し、一つの空間を作るか、その理由については丸山はほとんど集中的な考察を行っていないが、アレントの『人間の条件』には一部示唆的なところがある」と述べている(8)が、それは当然そうであろう。

一般的にも、二〇世紀を代表する政治思想家であるハンナ・アレント、丸山眞男、ユルゲン・ハーバーマスの三者を、何らかの共通の思想的特徴のもとに位置づける試みはしばしば見られるし――その場合には、ハーバーマスの「市民的公共性」(Bürgerliche Öffentlichkeit)の概念が共通部分の中心になると思われるが、アレントの古代モデルとハーバーマスの近代モデルでは、同じ「市民」でもさしあたりは方向が正反対だ。丸山はどちらに近いかも興味ある問題である――、そのような試みがまったく無根拠だとは私も思わない。しかし、この三者の作る思想的営為の三角形はあくまでも一定の面積を持つのであって、一点に凝集するものではないと思われる。この問題は、第3節で中間団体の役割認識に関して丸山とハーバーマスを比較する文脈で、もう一度議論しよう。

ところで、間宮の書物についてもう一つ留保したいのは、彼が丸山の死後に刊行された手記である『自己内対話』（みすず書房、一九九八年）を頻繁に引用していることである。それが新資料であることは興味を引くし、また、間宮のアプローチから言っても丸山の内面世界を探る試みは必要だと思う。しかし、石田雄も言うように、「丸山眞男が完全主義者であって、作品を活字にすることに特別の注意をはらっていたという事実」(9)を想起するならば、この資料の取扱いにはあくまでも慎重な配慮が求められるのではないか。そのことは、たとえば『自己内対話』における丸山のハンナ・アレントへの断片的な言及を解釈する場合にもあてはまると思われる(10)。

さて、丸山の学問と思想を問題史的ととらえる場合、間宮陽介が言うのは「大問題」もしくは根本問題が終始丸山を貫いているという意味だった。次に、もっと一般的な意味で、その問題史的特徴を周到に指摘した笹倉秀夫の『丸山眞男論ノート』（みすず書房、一九八八年）を検討することにしたい。この書物を詳しく紹介することは紙数の制約でできないが、ここでは、その後今日までの一〇年余りの間に、さまざまな論者によって指摘、展開されて来た丸山論の主要なポイントが、論点としてはことごとくすでにこの書物で挙げられていたことを記憶すれば足りる。

笹倉はまず冒頭において丸山を、「多重性を持った自己の思想と思考方法を抽象的、一般的な形で呈示することをしない人」と規定する。同時に丸山は「時代状況や発言の場・対象に対応して視点や強調点の〝使い分け〟を行う」人であり、「具体的なテーマと状況に即して」思考する人である(11)。これは、かつて敗戦直後において丸山が福沢諭吉を論じて、その「一貫した思惟方法」――「哲学」――を問題にしながらも、福沢の著作が「その時々の現実的状況に対する処方箋として書かれて」(傍点原文。以下同様)(12)いることに注意を促したのと正確に一致する。すなわち、この点において、福沢と丸山の思考方法は相似形をなすと言える。それは、状況に応じた「価値判断の相対性の主張」(13)ともなり、換言すれば、「ものごとの反対の、あるいは矛盾した側面を同時に見」ながら、「決断としては現在の状況判断の上に立って左か右かどちらかを相対的によしとして選択するという態度」である(14)。笹倉の別の論文での表現を使えば、「相対立する両極の間でその両極を絶えず直視しつつ思考し行動する」(15)姿勢である。こうして笹倉は、丸山の知的な活動を、対象のなかの異質な要素の対立を常に際立たせながら、両者の「緊張関係」でもって現実をとらえて行く営みとして位置づけるのである。それはまさに「複合的な思考」(16)である。丸山の知的営為のなかにこのような特色を見出すことにおいては石田雄も同様であり、石田はそれを「二元的要素……の間の「緊張」(Spannung)を中心的視座にすえるという思考方法」(17)と呼んでいる。

笹倉はその著書を以上に述べた丸山の思考方法の特質にそって構成している。まず丸山の関心のなかの最大の両極的要素を「個人と社会」に設定した上で、第一章で「個人と社会の同一」、第二章で「個人の内的自立」という相反したベクトルを扱う。そして第三章では丸山における両者の「アンチノミーの自覚」が指摘され、それらを不断の運動として統一する観点として、「弁証法」や「バランス感覚」の存在が注目されている。それは、丸山における、民主主義原理と自由主義原理との動的な統合の問題でもあった。笹倉は、前述した間宮陽介の議論の仕方とは反対の道順をたどって、すべてを根本問題に還元するのではなく、「個人と社会」というような関心の源流から出発して、丸山が生涯において取り組んだ多くの個別的な問題に踏み入る形で、その思考方法のダイナミクスを明らかにしようとする。すなわち、丸山における、「個人と社会の関係づけ、個人と組織、道徳と権力、理論と実践、パトスとロゴス、心情倫理と責任倫理、宗教改革の精神と啓蒙主義の精神、ノミナリズム的・機能論的思考と原理論的・実体論的思考、イギリス精神とドイツ精神、等々」(18)の二項関係の具体的な処理の仕方を問題とするのである。

右のような検討をすませた後に、笹倉は「むすび」として丸山の思惟の構造を改めて要約しているが、むしろここで特に注目したいのは、それに続けて、彼が丸山の思惟の変化として指摘している以下のような論点である。すなわち、(イ)日本人の精神構造について、戦前の丸山は『日本政治思想史研究』に明らかなようにその変化に重点を置いていたのに対して、戦後は持続を問題にしている。(ロ)一九六〇年の「忠誠と反逆」論文を一つの契機として、日本の思想的伝統が見直された。(ハ)近代化を進める必要を言うだけでなく、現代の大衆社会化にも対処するために、やはり伝統の再評価の観点が導入された。(ニ)その他の変化の一例として、福沢研究の視点が戦前は「個人と国家」の関係というようにヘーゲル的だったのに対して、戦後は福沢のプラグマティズム的思考により注目している、以上の四点である(19)。これらの諸点は、まさにその後の一〇年間のさまざまな丸山論が多少とも言及するものに他ならない。ただし、笹倉の場合は、あくまでも慎重に、こうした変化の事実が指摘されるだけである。そして、トータルに言えば、丸山の思惟の変化がやはり一九五〇年代末に、つまり六〇年安保の以前に生じたとみなされていることが見落とさされてはならない。

もっとも、笹倉の整理の仕方にも問題がないわけではない。笹倉の議論はまことに周到であり、特に第二章の「個人の内的自立」において徹底していると言える。しかし、丸山の常に二正面作戦的、「複眼主義」的、あるいは「複合的な」思考をあまりに強調すると、いかなる問題でも丸山の思考の枠組みで説明のつかないものはないことになってしまい、結果として何も説明しないことになりはしないかという懸念を覚える。この点は、たとえば丸山における「緊張関係の意識とユーモア的余裕との間での緊張関係」[20]とか、「丸山の複合的な思考では、複合的な思考と一元的な思考との間でも複合的な思考が働いている」[21]というようなレトリックに端的に表れている。それでは、そもそも笹倉が丸山による闇斎学派の研究に基づいて述べるように[22]、およそ宗教が世界のすべてを説明しようとするために設定する「両極性の統一」という課題と同様なものを、他ならぬ丸山自身の思考のなかに認めることにならないか。

丸山研究をそうした世界のすべてを説明する教義学に終わらせないためには、やはり彼の著作や発言を、常にそのときの時代状況に関わらせて理解することが必要であろう。実際、笹倉も「むすび」において、「戦後初期から「安保」期にいたる、氏の〝実践〟への関わりを追うことが、きわめて重要な課題の一つとして残っている」と述べている[23]。笹倉の書物の後に刊行された拙著は、その点を追究したものであった。

以上においてわれわれは、丸山眞男のアプローチがすぐれて問題限定的である様子を見て来た。このような特徴は『日本政治思想史研究』を構成する戦前の三つの論文にすでに顕著であり、さらに典型的には、敗戦直後の「超国家主義の論理と心理」論文に始まる一連の日本ファシズム研究に明らかである。後者が戦後日本の政治学のパラダイムを創設した事実はよく知られている。トーマス・クーンが言うように、パラダイムの創設は、既存の思考の枠組みでは現実の諸困難の説明がうまく行かなくなることに発する(24)が、そのプロセスは、創設者の側から見て、完全な受け身の状況でもなければ、既成の問題に対する別な解答の提出でもない。そこでは、問題そのものが新しく発見されるのであり、その意味で、まさに問題設定的なのである。ここまでは、丸山の学問が現実に有した特徴として、つとに指摘されている事柄である。

しかし、突っ込んで言えば、問題設定的であることは、そこに決断と選択の契機が含まれることを意味している。換言すれば、認識に当たって現実の他の側面の捨象やそれに対する断念が伴っている。この点について丸山自身がきわめて自覚的であったことは、すでに広く知られている(25)。けれども、さらに進んで、その捨象されたものが同時代的にいかなる意味を持っていたか、逆に、選び取られた問題の今日的意味は何かということになると、そもそもそうした問いに答えるためには、かつての問題設定から時間的にも空間的にも距離を置くことが必要となるように思われる。この数年間にいわゆるカルチュラル・スタディーズの見地からなされた多くの丸山論は、そのような時間的、空間的隔たりがもたらした新しい問題設定の試みであると考えることができる。

カルチュラル・スタディーズの立場からの丸山論が最初にまとまった形で発表されたのは、青土社の

『現代思想』が一九九四年一月号で特集「丸山眞男」を編んだときである。これが丸山の生前に刊行されたことは興味深い。そこには丸山自身の「政事の構造」が『百華』から転載されているし、丸山と竹内好の交遊を描いた埴谷雄高の「時は武蔵野の上をも」が載っている。この二つの後に、カルチュラル・スタディーズを標榜する人びとが登場する。子安宣邦、中野敏男、米谷匡史、酒井直樹らの論稿が続くのである。ただそれらは特に方法的にカルチュラル・スタディーズをうたったものではない。その点では、丸山の死後になるが、新書館の『大航海』の第一八号（一九九七年）こそが特集「丸山眞男カルチュラル・スタディーズ」を組んでいる。しかし、この二つの雑誌の特集では酒井直樹、姜尚中といった有力な執筆者が重なっているばかりでなく、それぞれの論文の問題提起の衝撃から言っても、『現代思想』の特集の方がいちはやく今日の丸山論の一つの地平を切り開いたものと考えることができる。これらに、情況出版の『丸山真男を読む』（一九九七年。ただし、これはそれ以前に『情況』などの雑誌に掲載されたものの再編集である）を加えた三誌が、当面の考察の主な対象である。

これからここで検討するような動向を代表している論者は、やはり酒井直樹と姜尚中であろう。酒井は、先の『現代思想』の特集に寄せられた論稿で、丸山について、「彼の知的な闘争はあらかじめ日本の国民共同体の内部に設定された視座から構想されており、日本の社会の内在的な批判として展開されています。……つまり、丸山教授は終始国民主義者として仕事をされてきたわけです」(26)と述べている。さらにその後の『世界』の一九九五年一一月号に掲載された「丸山眞男と戦後日本」で酒井は、「彼の賭けた戦後民主主義は、何よりもまず、国民主義的民主主義だったのであり、彼の抱いた政治学も、あくまで、彼の国民主義を基盤においている」(27)と言う。丸山が日本の現実政治に対して積極的な発言を行っていた時代を通じて、たとえば当時の社会党一つを取ってみても、「階級政党」か「国民政党」かの自己規定に終始悩んでいた事実を想起すれば、この酒井の指摘が一挙に時空を飛び越えた見地からの発言であることがわかる。当時の左翼にとっては労働者を中心とする「国民」はまだ形成途上であり、丸山にしてもすでに自明の存在を自らの著作の読者として想定していたわけではないからだ。

私が見ても、丸山を「国民主義者」と見なすことは決して不可能ではないし、有意味でさえあると思う。たとえば、「近代主義者」というのは他から丸山に対して与えられた名称であるが、もし「近代主義」が政治学的に見て「近代国家主義」の側面を持つならば、それは当然に「国民国家主義」になるはずだからである。その点では、住谷一彦が、どちらかと言えば丸山は「市民社会」よりも「国民国家」にこそ注目したと述べている(28)のは興味深い。けれども、酒井のように、「戦後民主主義は、何よりもまず、国民主義的民主主義だった」と言うのは、相当に留保を付けなければ、丸山の言論の歴史的な理解としては誤る可能性がある。なぜならば、丸山のコミットした「戦後民主主義」を、まさに「占領民主主義」であるがゆえに「虚妄」と見なす「民族主義者」が当時は存在したからである(29)。少なくとも、丸山がある種の「国民主義」の主張に対抗して「民主主義」の一層の徹底を求めた側面を同時に強調しないと、皆が一様に「ナショナリスト」になってしまうのではないか。

酒井や、すぐ後で紹介する姜尚中らの視点は、丸山の言論の意図よりも機能に注目するものである。そうした視点の位置は、葛西弘隆の次のような言葉にもっとも明確に示されている。すなわち、「丸山という一人の研究者が主観的に国民主義者として自己同定するか否かという問題ではなく、彼の政治思想史の語りの構成が方法の水準において国民主義の言説として政治的に機能する、そのメカニズムを開示する」[30]というのがそれである。

この「主観的な意図はともかく、客観的な機能は云々」という言い方はかつてのマルクス主義者の常套文句であった。今日のカルチュラル・スタディーズの論者たちはいくらかそれを受け継いでいるところがある。そうしたアプローチの知的起源の一つは、エドワード・W・サイードの『オリエンタリズム』にあるように思われる。サイードは、「オリエンタリズムとは、オリエントを支配し再構成し威圧するための西洋の様式《スタイル》なのである。この点に関し、私は、ミシェル・フーコーの『知の考古学』および『監獄の誕生――監視と処罰』のなかで説明されている言説《ディスクール》概念の援用が、オリエンタリズムの本質を見極めるうえで有効だということに思い至った」[31]と述べている。フーコーもサイードも、解釈の対象とする言説を経済構造に還元するのではない。しかし、両者にはマルクス主義と同様の決定論的な色彩、あるいはイデオロギー暴露の傾向が濃厚である。それは、言説を発する者の固定された視点や、まなざしに還元する決定論とでも言えよう。そのためか、カルチュラル・スタディーズの立場からの丸山論には、「錯誤」「陥穽」「排除」「抑圧」「隠蔽」などの言葉があふれている。一つの視点に立ち、ある見方を取ることが、他を「排除」「隠蔽」するという趣旨である。そこに認められるのは決断や選択の契機ではなく、もっと宿命論的なトーンだと言うべきかもしれない。

さて、酒井直樹や姜尚中が丸山を「国民主義者」と見なすときに、彼らはそれによって具体的にいかなる論点を指摘するのであろうか。姜は、改めて次のように問う。「丸山は、国民が、それと非協約的な諸民族やエスニシティの記憶を忘却させる起源の暴力によってはじめて国民として成立しうることにどこまで気づいていたのだろうか」(32)と。とりわけ、「エスニシティとジェンダーの不可視化こそ、そうした国民国家の形成に孕まれた、おそらくは最も深刻な問題であった」(33)と、姜は指摘する。彼においては、国民の形成は、いわゆる垂直的かつ水平的な平等の実現ではなく、もっぱら多数者の文化による絶対的少数者のそれの抑圧を意味する。さらに言えば、姜から見れば、「国民主義」と「帝国主義」は連続していて、その間に断絶は存在しない。

姜が丸山を「国民主義者」と規定するときの有力な根拠の一つは、一九四七年の「陸羯南」論文である。このなかで、丸山は羯南の「日本主義」を論じた後に、「長きにわたるウルトラ・ナショナリズムの支配を脱した現在こそ、正しい意味でのナショナリズム、正しい国民主義運動が民主主義革命と結合しなければならない」(34)と述べている。この「国民主義」を成立させる地理的枠組みとして、当時の丸山が躊躇なく羯南の時代と同じ「本州、四国、九州、北海道が載せられているだけ」(35)の日本地図を念頭に置くのを、姜は次のように批判する。「おそらく丸山にとってポスト植民地主義の歴史的な光によって日本の戦後を照射し、そこから日本の近代化の歩みを検討し直すことはほとんど想像もつかない発想だったのかもしれない」(36)と。丸山の念頭にあったのは、ポツダム宣言の第八項に規定された日本領土の地図であった。しかし、彼が、ポツダム宣言の受諾をもって、日本の植民地主義の精算はもはや完了したものと、安易に考えたとはとても思えない。戦後とは、日本から見た場合、東アジア諸国との間の国交回復に費やした時間だとも言えるからである。

果たして、丸山にとって、日本や日本人の定義は先験的なものだったのであろうか。酒井や姜はそうだったと断定する。酒井は、丸山においては、「他である「西洋」に対照されて定立される自が全く無規定に「日本」として与えられてしまっている」と言う。「日本思想の「内」と「外」の区別が、区別そのものがいかに構成されてきたかという視点からではなく、いわば実体の「内」と「外」であるかのように、彼の思想史の枠組みとして受け入れられてしまっている」と(37)。

この間の複雑な事情を、江原由美子は次のように説き明かしている。「ポストモダン的思想において、「差異」とは「本質的」なものではなく、様々な言語的社会的実践が「構成」していくものである。……たとえ日本を批判的に考察しているとしても、日本／西欧という「差異」を前提とし、その「差異」を強調し、日本／西欧という対立軸を特権化するような思想もまた、「日本主義」なのである。この立場からは、「日本的特質」を立てるような図式そのものが批判の対象になる」(38)。

この文脈では、まず、何よりも丸山の「超国家主義の論理と心理」以下の一連の日本ファシズム論を想起すべきである。このテーマに取り組むときの丸山の学問的態度は、後年彼自身が述べているように、対象に関してきわめて「病理学的」である(39)。日本の戦争責任の自己批判的解明（知識人の「悔恨共同体」という丸山の自己規定を見よ）というモチーフが、それらの研究を貫いている。このときの丸山の学問的姿勢は、後に「歴史意識の「古層」」を著すときのそれとも、必ずしも同じではない。米谷匡史に言わせれば、日本ファシズム論が含まれる「初期丸山の歴史叙述」には「固有の《日本的なもの》は一切想定されていない」のに、一九五七年の「日本の思想」論文を境として、「ここにいたって、これまでの丸山の著述には全く見られなかった《日本的なもの》が、宣長の古代日本論をつうじて登場している」とされる(40)。ここまで言えるかどうかはともかく、敗戦直後の丸山が「日本的なもの」を決して不変のものとして述べていないのは確かである。

すなわち、丸山の日本ファシズム論は、一読して誰でもが身近に感じうる人間関係のあり方に対して変更を迫るような、ミクロな分析の積み重ねで構成されている。天皇制に対する批判にしても、天皇や皇室の戦争責任を追及することが第一の目的ではなく、「無責任の体系」を不断に再生産する行動様式が問題となる。政治体制論と言うより、むしろ政治過程論と言うべきであろう。だからこそ、それらの分析は、読者に終わりのない自己批判を促すのである。しかし、では、自己反省をするのは誰か。それを決めるのは、どのような条件か。日本の植民地支配を受け、一時期強制的に「日本」に編入されていた地域の人びとは「日本人」に含まれるのか。もしそのなかに進んで「日本人」になろうとした人がいたとしたら、彼はどうするべきなのか。

酒井直樹は、「自己反省性は転位された国民的連帯なのである」(41)とまで述べている。酒井が鋭く指摘するのは、自己反省を迫る丸山のメッセージはあらかじめ限られた名宛人に対してのみ送られるような性質のものだったのではないかという点であろう。「反省」と「連帯」が一つになるような自明の前提は存在していたのであろうか。確かに、丸山は基本的に日本語でものを書き、日本の大学に勤め、日本語で講義をしていた。文字通りの多民族国家におけるのと比べれば、丸山がそうした事実の根拠をそれほど疑っていなかったことは推測できる。言うまでもなく、言語の背後には伝統や文化があり、彼の学問の展開は、そうしたものに訴える「了解モデル」に基づいていた。私は、日本列島を主要な領域として、日本語の出版物の生産と流通と消費が可能になるほどの市場が成立する事実の意味を無視することはできないと思う。しかも、その範囲は、明治維新以来の政治的国家の領域とほぼ重なるという根本事情が存在する。この二つは、日本語を他の言語と区別する国家語として一定の領域で定着させ、国民的統合を促進する手段として用いるのに有利な条件である。逆に言えば、そのことを通じて「内」と「外」を区別できる。丸山がそうした背景に無知であったとは考えられないが、文化と政治もしくは国家との間にありうべきズレという問題に、必ずしも思考の優先順位を置いていなかったということは言えるかもしれない。

だが、それだけであろうか。一九六〇年代のある座談会で丸山は自分のことを、「けっして戦後、ナショナリズムぬきで普遍民主主義だけをいわなかったつもりです」(42)と語っている。この時期までの丸山は、自分から「陸羯南」などの論文を挙げて繰り返しアリバイを証明しなければならないほど、他からはナショナリストとは見られていなかったのである。けれども、戦後の丸山の発想と発言のなかに、政治的自己決定の単位を最終的に国民国家に求める傾向を見出すことは決して困難ではない。「国民」ばかりか「市民」の観念でさえ、今日のカルチュラル・スタディーズの見地からは、その均一化のプロセスに付随する、多数者による少数者の排除もしくは抑圧の側面が強調される。しかし、丸山における「国民」は本来多元的なものの多元性を残したままの統合であり、そこにこそ「政治」の意味がある。また彼において「市民」は、特定の場所と時間を超える普遍的な存在として描かれていたことを忘れるわけにはいかないであろう。

その点で注目に値するのは、區建英の主張である。彼女は、「アジアにおける丸山の意味を問うことによって、丸山の思想史学の本質に迫りたい」と考え、「丸山が説いた近代化は、国家の独立と資本主義化という意味にとどまるものではなく、むしろ主として民主・自由・個人の主体性というような、倫理的な判断を入れた近代化である」と述べている(43)。そして區は、丸山が明治の国家主義と昭和の超国家主義とを区別して、前者は後者のようにその帝国主義的膨脹に道徳的粉飾を与えるようなことはなかったと言うのに対して、「国家理由を倫理の制約と切り離し、道理の排除が堂々と通用する点こそ、日本が弱肉強食の論理にのめり込んだ根源の所在である」(44)と厳しく批判する。區にとっても、丸山と同じく、永久革命としての民主主義は、究極の課題としては、「国民国家の枠を超え」るものである。他方で區が、「私から見れば、アジア諸国のナショナリズムは、日本のそれと非常に違っているとはいえ、近代的市民社会の経験が欠けたという意味では、むしろ日本に共通するところがある」(45)と述べているのは、デモクラシーとナショナリズムを内面的に結び付けるという歴史的課題が、現代日本と等しく、建国後半世紀を経た中国においても、当面する切実な要請とみなされていることの証拠となるであろう。

3　中間団体の役割評価

カルチュラル・スタディーズの見地をしばらく離れて、最近の主に思想史の研究者たちによる丸山論を見ると、そこで今日もっとも注目されているのは、丸山の「忠誠と反逆」論文であろう。この論文は、一九五〇年代後半からの丸山の思想史研究への復帰の途上で発表された重要な一里塚というだけでなく、それまでの「近代主義者」丸山というイメージと異なるもう一つの丸山像を提供したものとして、多くの論者の関心を集めることになった。そのような問題状況の背景には、一九八〇年代から今日までのアメリカ合衆国における、いわゆる自由主義者と共同体主義者の論争などの影響も、及んでいるように思われる。そして、多くの人びとが、丸山がこの「忠誠と反逆」論文において、近代化のプロセスで果たすいわゆる中間勢力（pouvoirs intermédiaires）もしくは中間団体の役割について、それまでと評価を変えている事実に注意を促しているのである。

先にもふれたように、すでに笹倉秀夫もこの点を指摘していた。すなわち、笹倉は、「「市民社会の確立」の問題について言えば、丸山氏は、西欧において、近代市民社会が、〃中世的・共同体的なものの解体の上に成り立ち、したがってそれと断絶した、全く新しいものとしてある〃のではなく、まさに逆に、中世的な団体的自治の伝統、およびそれを担う中間身分のエートスの（新たな形での）活性化の上にも成り立っていると見る」(46)と述べている。笹倉においても、一九五〇年代後半における丸山のこのような新たな見方の背後にアレクシス・ド・トクヴィルの影響のあることが推定されているが、最近では、斎藤純一も、「五〇年代の半ばに傾倒したというA・トクヴィルが……集権化のもつ危険性に加え、大衆社会化が惹起する「民主的専制」や中間団体（「二次的権力」）の意義について丸山に豊かな示唆を与えたこと」(47)を重視している。同様の趣旨は、米谷匡史、平山朝治、間宮陽介らによっても指摘されている(48)。

特に、三宅芳夫は、戦前、戦中から敗戦直後にかけての丸山が、国民国家の形成を、封建的な中間集団の解体による、唯一最高の国家主権と自由平等な個人への両極分解の過程として考えていたのに対して、それを「「ジャコバン」モデル」と呼び、後年の丸山がそのような考え方から転換を遂げたという見解を示している(49)。ちなみに、「ルソー＝ジャコバン型民主主義」というのは、福沢諭吉の政治論を扱った論文で、福沢の思想と相容れない考え方として、丸山が使った概念である(50)。

これらの人びとが注目する丸山の「忠誠と反逆」の主要な部分は次の通りである。すぐ前の叙述と重複するし、少し長いが、念のために引用する。

> 近代国家の主権概念が封建的身分・ギルド・自治都市・地方団体など「中間勢力」の自主性と自律性を剥奪することなしには成立しえないのは、どこの国でもそうであって、そうした歴史的形態そのままの「保存」を願ったところで、それは感傷趣味でしかない。けれどもそうした中間勢力の自主性——それはもともと日本の場合弱かったけれども——の伝統が、近代日本においてなぜ自発的集団のなかに新しく生かされなかったのか、さらに日本ではなぜ絶対主義的集中が国家と社会の区別を明確に定着させる——それがまさに絶対主義の重要な思想史的役割であるのに——かわりに、かえって国家を社会に、逆に社会を国家に陥没させる方向に進んだのか、そこに含まれた意味を問うということになると、はじめて問題はたんなる歴史的「過去」の叙述をこえて、社会学的にもまた思考のパターンとしても、まさに現代につながるテーマとなる(51)。

ここに示されている問題は、もとより一筋縄では行かない。近代日本の歴史の中でもっとも古典的な例を探せば、自由民権運動の初期において、土佐の立志社が西郷隆盛の挙兵に呼応すべきか否かを迷ったケースが挙げられる。普遍史的な見方あるいは進歩主義の歴史観に立てば、西郷は反動勢力の代表であり、民権運動の立志社は進歩的であるが、明治政府の権力集中に抵抗するという意味では、両者の目的は一致する。このときに、板垣退助は結局踏みとどまったけれども、民権論者のなかには肥後の宮崎八郎のように西郷軍に身を投じた者もいた。それでは、西郷側に荷担した者は反動的であると一概に言えるか。丸山は、「忠誠と反逆」において、他ならぬ西郷にこそ「日本国民抵抗の精神」を見出した福沢諭吉の「丁丑公論」を引いて、「士魂」がまさに文明の精神や「人民独立の気象」を支えるという逆説を指摘したのであった(52)。このような視点の明確化が、単純な「近代主義者」丸山という理解に再考を迫るものであったことは言うまでもない。

こうした丸山の「複眼主義」的思考はどこから来たのであろうか。岩波新書『日本の思想』の「あとがき」には、「日本の思想」論文の執筆を節目にして、伝統のなかから将来の可能性を探る観点、すなわち、「「反動」的なもののなかにも「革命的」な契機を、服従の教説のなかにも反逆の契機を、諦観のなかにも能動的契機を、あるいはそれぞれの逆を見出していくような思想史的方法」の採択について書かれている(53)。しかし、従来の丸山が主に立脚していた「有意味な歴史的発展」を把握する見方(54)に加えて、こうした複雑な歴史認識の方法が導入されるようになったことには、やはりハンガリー事件などを目撃したことによって、一九五〇年代後半の丸山が、マルクス主義的な歴史観からさらに遠のいて行ったことが考えられる。詳細は別稿に譲るが、彼が「日本の思想」と相前後して著した「反動の概念」という論文のなかに、「反動を第一義的に革命的状況にたいするものとして規定することの意味はやはりもう一度考慮されねばならぬであろう」(55)という慎重な言葉があるのが、一つの転機を示す証拠となるのではないかと思われる。

ここでは、こうした丸山の歴史観の転換を、単に思想史研究の方法の問題にとどめないで、同時に、(その機会は減少したけれども)戦後日本の政治状況や社会状況を分析するときの彼の観点の変化という問題関心からも見て行きたい。というのは、それが六〇年安保における丸山の発言の意味を考えることにつながるからであり、また、時代を超えて、現代日本における「市民社会」の問題を検討する場合にも、重要な手がかりを与えてくれると思うからである。

まず、先に引用した「忠誠と反逆」の一節と並んで、しばしば参照される同時期の丸山の「開国」論文の結びに近い部分を見ておきたい。丸山によれば、「明六社のような非政治的な目的をもった自主的結社が、まさにその立地から政治を含めた時代の重要な課題に対して、不断に批判して行く伝統が根付くところに、はじめて政治主義か文化主義かといった二者択一の思考習慣が打破され、非政治的領域から発する政治的発言という近代市民の日常的なモラルが育って行くことが期待される」のだが、実際には日本では、明治政府の言論弾圧によって、「活発に社会的に活動する自主的結社は、ほとんど政党のような純政治団体に局限されていかざるを得なかった」。しかし、「政治団体が自主的集団を代表するところでは、国家と独立した社会の十全な発達は期待できない。むしろ本来的に闘争集団であり権威性と凝集性を欠くことのできない政治団体にたいして、開いた社会への垂範的な役割を託するということ自体に内在的な無理があるというべきであろう。政治と異なった次元（宗教・学問・芸術・教育等々）に立って組織化される自主的結社の伝統が定着しないところでは、一切の社会的結社は構造の上でも機能の上でも、政治団体をモデルとしてそれに無限に近づこうとする傾向があるし、政党はまた政党で、もともと最大最強の政治団体としての政府の小型版にすぎない。それだけにここでは一切の社会集団がレヴァイアサンとしての国家に併呑され吸収されやすいような磁場が形成されることとなる」と、丸山は述べている(56)。

右の趣旨が、前述の「忠誠と反逆」における中間勢力の役割の積極的な評価と重なるのは明らかであろう。そこには、この時期の丸山の問題意識が集中的に示されている。これに対して、斎藤純一は、「丸山の自主的結社がハーバーマスのいう「自律的公共圏」――政治システム、経済システム双方に対して相対的な自律性を維持する公共圏――に近いことは、かれが政党や企業に与えたネガティヴな評価にも窺われる」(57)と述べている。今日的に言えば制度上はＮＧＯに分類される政党(58)を丸山が、「政府の小型版」と見ているのは、彼が戦前日本の政党のみならず戦後日本の自民党や、あるいはソビエト共産党などを想定していたからかもしれない。この問題の考察ももちろん簡単にはすまず、丸山も一九六〇年度の東大における政治学の講義で、政党を政治的システム（国家）と社会の媒体と見る立場から、詳細な検討を行っている(59)。ちなみに、政党と同じくＮＧＯと言うべき利益集団ついては、この時期の丸山には直接的に言及したものはほとんどない(60)。しかし、彼がそれを政治過程の構成要素としてどのように位置づけていたかは、すぐ後で述べるように一つの興味ある問題である。

以上のような議論の前提を踏まえて考えれば、斎藤のように、特に今日的な問題関心から、丸山とハーバーマスの間に自主的結社の役割に関して共通の認識を見出すことは、決して根拠がないわけではない。斎藤は、先の引用のすぐ前で、丸山の認識を彼と同時代のアメリカ政治学におけるシュンペーターやダールの「多元主義」と比較して、「この多元主義がなおも「欲求の体系」としての市民社会（bourgeois society）への評価に依拠しているとすれば、丸山が展望しようとするのは、利益集団の多元性というよりも公共圏の多元性を条件とする、もう一つの市民社会（civil society）である」(61)と論ずる。

「忠誠と反逆」及び「開国」に加えて、やはり同時期の有名な「「である」ことと「する」こと」を読むと、丸山が文化創造の自立性、言い換えれば、文化的価値（これは「である」価値に属すると丸山は考える）と政治的価値（これは「する」価値である）の相違を繰り返し強調していることがわかる(62)。そして、「もし私の申しました趣旨が政治的な事柄から文化の問題に移行すると、にわかに「保守的」になったのを怪しむ方があるならば、私は誤解をおそれずに次のように答えるほかはありません」と前置きして、「現代日本の知的世界に切実に不足し、もっとも要求されるのは、ラディカル（根底的）な精神的貴族主義がラディカルな民主主義と内面的に結びつくことではないか」と、丸山は言うのである(63)。

このように見て来ると、丸山による自主的結社の重視は、すぐ前に引用した「「である」ことと「する」こと」の要請では、どちらかと言えば、精神的貴族主義の自覚の方に属する事柄のように思われる。大学の自治のようなものを考えれば、わかりやすい。ただし、私は、こちらの精神史的系譜においても、丸山の言うような「士魂」はまた決して「商才」とも無縁でなかったことに注目したい(64)。丸山が学生時代から日本資本主義の発達史に関心を抱いていたのは確かであり、それはむしろその「「政商」的性格」(65)の批判という形をとっていた。しかし、逆に言えば、そうした批判の根拠として、産業資本の働きや「ものを作る精神」の尊重が彼のなかに存在していたことは、マックス・ウェーバーの『プロテスタンティズムの倫理と資本主義の精神』に基づいた『日本政治思想史研究』の一節(66)以来、明らかだったのである。丸山の福沢論の根底にも終始そうした問題関心が流れていたことは言うまでもない。

かつて内田義彦は、昭和の戦前期に青春を送った知識青年たちに対して「市民社会青年」という世代論的な範疇を作り、大塚久雄や木下順二らとともに丸山眞男をそのなかに含めた(67)が、それにはやはり一言で言ってウェーバー的関心の共有という問題意識が働いていた。私は、このような背景を持つ丸山の「市民社会」的関心を、斎藤純一のように、直ちにハーバーマスの「もう一つの市民社会」に結び付けるよりも、あえていったん歴史的な「ブルジョワ社会」そのものに対する関心にもどして理解した方が、丸山の思想的源泉をより明確に把握できるのではないかと考える。もちろん、そこには、かの「封建的忠誠」の観念の場合と同じように、「ブルジョワ的精神」の輝きがあるがゆえに学問や芸術の独自性が維持されるという逆説のメカニズムが存在している。これを、いわゆる市場主義と混同してはならない。

なお、念のために言えば、丸山自身が「市民社会」という文字通りの言葉を彼の学問的展開の重要な礎石としていた事実はない(68)。石田雄は、この事実と、「「市民社会」という視角が、その構成員の内的多様性を捨象してしまうことを十分に警戒する必要がある」(69)という理由から、この日本語を丸山の学問や思想の内容規定に使うことに反対する。しかし、そうすると、丸山がかつて六〇年安保期に他ならぬ

「市民派」（これも名称そのものは他称である）知識人のリーダーと目されたばかりか、彼の方でも、また、石田その人も、この「市民」という言葉を権力に対する抵抗の象徴として用いていた事実は、いかに説明されるのであろうか。かつての「市民」と今日の「市民社会」という用語の意味内包は異なると言うべきであろうか。

私見を述べれば、自主的結社の役割だけで丸山の戦後民主主義論を考えるのは、不十分であると思う。それが一本の支柱を成していることはまちがいないが、しかし、丸山において、ラディカルな精神的貴族主義は、ラディカルな民主主義と結びつかなければならなかった。民主主義の担い手を描き出す場合に、学問や芸術に携わる者の団体のみを典型とすることはできない。それは、丸山も述べているように、政治の領域ではむしろ「保守的」な機能を果たす。だから悪い、と言うのではなくて、そこに価値がある。一方、マルクス主義に基づく社会認識の階級モデルが一般的通用力を失いつつあった一九五〇年代後半から六〇年代にかけての日本においては、民主主義の担い手をもっぱら組織労働者に求めることにも、次第に限界が生じつつあった。こうして、各々の職業に根差しながら、同時に、あらゆる職業と所属の違いを超えて、人びとが連帯する意識と行動の象徴として、「市民」という言葉が安保反対運動のなかで選ばれたのであった。

丸山が言うように、この「市民」は決して実体的な存在ではない。興味深いことに、当時の丸山は、「現代はポリス的状況をちょうど裏返した状況」(70)だと述べていた。大衆民主主義の政治においては、すべてが政治化するとともに、すべてが非政治化するのである。そのような政治状況に直面しつつ、「市民の立場から状況を操作する技術としての政治学」を構築するというのが、六〇年安保をくぐり抜けるなかでの、丸山のもう一つの問題関心であった[71]。『丸山眞男集』の第八巻を開くと、一九六〇年のところは、「忠誠と反逆」のすぐ後に、「拳銃を……」、「この事態の政治学的問題点」、「現代における態度決定」等々と続く。われわれは、このことに、何度でも驚いてもよいのではなかろうか。

ところで、「忠誠と反逆」論文から、主に思想史の研究者たちが抽き出すのは、中間団体や自主的結社の歴史的意義の問題だけではない。それに優るとも劣らず重要だと思われるのは、自我のあり方をめぐる問題である。もともとこの丸山の論文は、「自我と環境」という共通テーマの一環をなすものであったが、それからきわめて現代的なテキスト解釈を行う試みがいくつか見られる。

たとえば、斎藤純一は、すでに何度か言及したのと同じ論文で、丸山の「忠誠の相剋」のテーマにふれて、「しばしば「近代的個」なるものの擁護者と目される丸山は、この論脈で（も）、一義的に統合された自己（unitary self）ではなく、多義的で抗争を含みもつ自己（adversary self）を擁護している」[72]と述べている。日本における封建的主従関係の変容を分析したこの丸山の論文に繰り返し現れる重要なライトモチーフは、「君、君たらずとも、臣、臣たらざるべからず」という命題である。この至上命令があるがゆえに、武士はときに絶対的服従と諫争の間で身を引き裂かれることになる。すなわち、丸山のとらえる自我は分裂しているのである。斎藤は、そのような内面の葛藤を、「容易には離脱しがたい関係性のうちに被縛されながらも、自己が、そうした関係性をいかに自ら自身によって選び直されたもの、欲し直されたものとしてとらえてゆくか」[73]という問題状況として、的確に説明している。斎藤の念頭にあるのは、マイケル・J・サンデルの言う「負荷をおう自己」ないしは「位置づけられた自己」の概念である(74)。丸山もサンデルも、まったく負荷のない無前提な自己の存在を否定する点で共通するが、サンデルが最終的に共同体との調和を求めるのに対して、丸山の人間像の方がよりダイナミックな相剋にさらされていると、斎藤は見る。

川崎修も、すでに自我が問題になるからには、そこに自我と役割、もしくは内面と外面の分裂が前提されているという観点から、幕末・維新期の変革の担い手たちに「思い出された」戦闘者のエートスとは、「意識的自覚的に再選択された、きわめて近代的な意識構造だというべきである」という注目すべき見解を述べている(75)。川崎によれば、そうした役割の選び直しが行われるのはそもそも例外状況においてであり、近代日本はむしろそのような例外状況を、「市民」や「市民社会」という観念の定着にまで「軟着陸」させることに失敗したとみなされる(76)。これは、まことに興味深い、丸山の描く人間像についての「卓越主義」的な解釈と言うべきではあるまいか。ここからは「市民主義者」丸山というイメージは容易には出て来ない。

自我のあり方をめぐるこうした考察は、「忠誠と反逆」における丸山の人間像が、かつて敗戦直後に「福沢に於ける「実学」の転回」論文などで述べられた、主観と客観の明確な対比、換言すれば、一方、主体的人間と、他方、その環境としての自然や社会という認識の枠組み(77)から、複雑に変化したことを示している。さらに、ずっと後年になると、丸山は敬愛する指揮者のフルトヴェングラーについて、「フルトヴェングラーというのは、非常に複雑で、自己分裂している人で、そういう意味でも現代人なんだ、と思います」(78)と述べたりしているから、「近代主義者」という丸山の一義的なイメージは、よほど疑ってかからなければならないと思われる。

この点で示唆に富むのは、大澤真幸の指摘である。大澤は、『日本政治思想史研究』における丸山の分析の枠組みにふれて、「作為が可能であるためには、第一に、作為の対象となる自己がまさにそうであるところ（自然）の視点とは全的に異なる、超越的な他者の視点が想定されていなくてはならない。……その上で、第二に、作為の論理は、自己自身が、この超越的な他者の視点をみずからの内に固有化することを要求する。こうして、作為の論理は、自己自身の内に超越的な外部性を含む自己分裂を要求することになるはずだ」(79)と、言っている。大澤の主張の重点は、後年の「歴史意識の「古層」」論文の段階になると、この「超越的な他者の視点」がむしろ丸山から消失するというところにある(80)のだが、右に引用した部分だけを見れば、分裂する自己のイメージは、実は戦前から丸山のなかに存在したことになる。

そうだとすると、敗戦直後の丸山が、「客観的情勢の激変にも拘わらず」、「日本に於ける近代的思惟の成熟過程の究明に愈々腰をすえて取り組んで行きたい」と述べた(81)ことについて、そうした思考様式をかりに「啓蒙主義」とか「合理主義」などと呼ぶにしても、それを自己が有する対象操作の能力への全幅の信頼のように受け取ることは、必ずしも当時の丸山の意図に即した理解とは言えないことになるであろう。

4　日本論の視座

丸山眞男が、広くは古代以来の、より身近には近代以降の日本の歴史的発展をどのようにとらえていたかというのは、実はかなりむずかしい問題である。たとえば、彼が日本の「超国家主義」というときにも、それはどこかで「国家主義」の段階を経てから確立されたものなのか、あるいは、それは最初から「超国家主義」として完成したのか。

青年期における丸山の歴史観や日本認識の形成に大きな影響を与えたのは、日本資本主義論争であった。若き日の丸山が「労農派」よりも「講座派」の分析に圧倒的な感銘を受けたことについては、彼自身の証言がある(82)。けれども、「講座派」の理論と言っても、それをどのように解釈すべきか。単純に考えて、それは日本社会の「後進性」のテーゼなのか、それとも「特殊性」のテーゼなのか。ちなみに、大塚久雄のなかに影響が見られる「講座派」の解釈は、前者に近い。これだと、ある意味では、話は早い。要するに、近代以降の日本は、「近代以前」的である。このような見方でいかに戦後日本の高度成長を説明するかという問題もあるけれども、それよりも発展段階論のパラダイムにはより忠実だと言えるこの見方では、日本の近代化に特有のダイナミックなプロセスを見失うおそれがある。大塚と比較すると、丸山には「講座派」のみならず「労農派」の要素もある。そうした言い方が不正確であるとすれば、丸山の見方は、両者の観点を含んで、日本社会の個性ないしは特殊性を解明するものである。このいわば日本における進んだ要素と遅れた要素の独特な結合の仕方を見る観点こそ、そこに両義性と曖昧さの生ずる余地はあるものの、丸山の学問をきわめて魅力的なものにしている理由の一つと考えられる。

『日本政治思想史研究』収録の諸論文を著したときの丸山の執筆意図が、徂徠や宣長の思惟のなかに近代的なものの萌芽を見出そうとしたものであったことは、いまさら言うまでもない。そこに姿を見せた作為的な秩序観が、その後ついに社会契約説的な思想にまでは至らなかったという結論が出されたとしてもである。しかし、戦後の日本ファシズム研究になると、一転して、今度は日本における政治的主体の意識や責任の未成熟こそが問題となる。さらに、そのような未成熟を生む精神構造がどうしたら克服されるのかが、将来に向けた課題となるのである。このときに、普遍史的な発展段階論の認識枠組みがどこまで作用を及ぼすかに、議論の一つのポイントがある。

第2節で紹介したように、米谷匡史は、敗戦直後の丸山においては「可能性としての日本の近代からの退行として超国家主義が批判されてい」たのに、やがて「日本の思想」論文を境にして「日本的なもの」が想定されるようになったと述べている(83)。「退行」というのは、かつてはあるところまで行ったものがもどったという意味だが、いずれにしても、米谷は丸山の超国家主義論を普遍的な近代化のリニアな尺度の上で考えている。これに対して、「日本の思想」以後になると、丸山自身の日本文化の固有の型への関心が働くために、彼の日本社会の特殊性についての認識は、確かに、より宿命論的な響きを持つようになるのである。けれども、丸山の日本ファシズム論が当時から日本社会の「封建性」や「前近代性」の指摘に終始していたかと言えば、必ずしもそうではないように思われる。このことが、本節の最初に述べた、日本論を著すときの丸山の視座をわれわれが把握することのむずかしさにつながるのである。

以下においては、三つの論点に絞って、すなわち、近代日本論、戦後日本論、そして最後に古代以来の日本文化論、という順序で、丸山の日本論の視座を要約的に検討してみたい。まず、丸山の近代日本観、端的に言って、明治維新の評価である。

「超国家主義の論理と心理」を『現代政治の思想と行動』に収めたときの「追記」で、丸山は、一方「天皇制的精神構造の病理が「非常時」の狂乱のもたらした例外現象にすぎないという見解（たとえば津田左右吉博士によって典型的に主張されている）に対しては、私は当時も現在も到底賛成できない」ということと、他方「私が明治以後の日本国家の発展、ないしはイデオロギーとしてのナショナリズム思想における進歩的なモメントや世界的共通性を無視し、「前近代性」と「特殊性」で一切をぬりつぶす論者だったと断定しないで戴きたい」ということの、二つを言っている(84)。後者の観点について、この論文と同時期の「明治国家の思想」と「陸羯南」とを、自ら証拠として挙げるのである。同時代的な丸山解釈としては、右の二つの観点のうち、前者にウェイトを置くものが圧倒的に多かったが、今日的には、前者と後者を表裏一体と見なす見地から、「国民主義者」丸山の像を描き出す試みが多いことは、カルチュラル・スタディーズの研究成果にふれて、すでに紹介した。いずれにしても、近代日本についての丸山の見方のなかに、この二つの契機、換言すれば、特殊性と普遍性の双方に対する認識が緊張を保って存在することは確かで、第2節で見た笹倉秀夫の言葉によれば、丸山の「バランス感覚」もしくは「複合的な思考」として、そこからダイナミックな歴史解釈がもたらされるわけである。

もし丸山の近代日本論をもう少し整理して述べるとすれば、幕末・維新期から明治二〇年前後までの建国期については その進歩的な側面を重視しつつ、逆に明治憲法と帝国議会だけでなく教育勅語ができて天皇制国家の制度が完成して後は、指導者の精神から次第に政治的リアリズムが失われて行くという評価になるであろう。佐藤誠三郎によれば、「明治期（とくにその前半期）にたいしては、留保をつけつつも高い評価を与えながら、それ以後の時期についてはきわめて批判的なこと」(85)が丸山の特徴として挙げられる。この点は保守派の論客が注目するところで、佐伯啓思も「奇妙なことに彼は、決してアンチ・ナショナリストではなかった。……だから明治について書くときに、彼はもっとも精彩を放った」(86)と述べている。丸山の近代日本観のこういう側面は、司馬遼太郎の歴史小説のモチーフにさえ通じている。と言うよりも、丸山と、それから一方「維新の精神」を著し、他方「或る歴史的変質の時代」を書いた藤田省三(87)らがもともと確立した歴史観と言ってもよいのではなかろうか。すでに古典的な著作であるハーバート・ノーマンの『日本における近代国家の成立』についても言えるが、これらの作品は決して一方的に日本の後進性のみを指摘したものではない。そして、その反面で、丸山の大正デモクラシーに対する評価は低く（そもそも言及自体が回顧的なものを除くと少ない）(88)、その理由としては、それが結局昭和のファシズムの台頭を阻止しえなかったことと、丸山自身の父親の世代に対するいわば心理的距離の問題があったように思われる。

以上のような近代日本の初期に関する丸山の評価を凝縮しているのが、彼の福沢諭吉論であろう。したがって、丸山の近代日本論を今日的に再検討する場合には、彼の福沢論をいかに読むかが一つの鍵になる。

以前から、丸山の福沢論に対しては、たとえば家永三郎のように、それが福沢を高く評価し過ぎることを批判する者がいた(89)。福沢は、丸山が言うほど徹底して普遍的な文明主義者ないしは合理主義者でありえたか、と言うのである。丸山の評価を見るには、主なものでも敗戦直後の二論文に加えて、福沢の政治論を扱った一九五二年の論稿、及び一九八六年の『「文明論之概略」を読む』などを併せ読む必要がある。

中野敏男は、敗戦直後の丸山の福沢論は、昭和の超国家主義の確立以前に近代化を始める「健康な」時代が日本にあったのを人びとに思い起こさせる試みだと、理解する(90)。すなわち、明治一五年前後からの福沢に、特に国際情勢の認識をめぐって「自然法から国家理由への急激な旋回」(91)が見られ、それがその後の日本の進路を暗示するとしても、デモクラシーとナショナリズムが結び付いた最初の「原点」に復帰せよという主張として、丸山の福沢論を読むのである。中野によれば、こうした丸山の見方は、前述のような福沢の「転向」の原因を、本来の彼の思想の「功利主義」的性格というような「精神の内奥」に求めるのではなく、もっぱら国際情勢という「環境」の変化に帰するものである(92)。後年の丸山は、『文明論之概略』のみを福沢の「原理論」と見なし、他の論説を「時事論」としてそれから区別する立場を、より明確に打ち出す(93)。再び中野によれば、そうした「原理論」と「時事論」の区別は、「およそあらゆる議論の正当化を可能にするもの」であり、しかもそのような「使い分け」の精神こそが、福沢と丸山に共通する「啓蒙」の特徴、換言すれば、国家目標を自覚するエリートとそれに動員される大衆の分離の思想だということになる。この中野の指摘は、「原理論」を久野収や鶴見俊輔が言う天皇制国家の「密教」に、「時事論」を「顕教」に対応させるという性急さが見られるものの、それ自体は鋭い問題提起であると思われる(94)。

ここで話は近代日本を離れて、戦後日本にまで飛ぶ。周知のように、多くの論者によって明治の福沢と戦後の丸山は重ねて理解されているけれども、丸山自身においても敗戦直後の日本の「第三の開国」の時代は、幕末・維新期の「第二の開国」の時代と重複して見えるものだった。それでは、丸山の目に、戦後日本の政治史的展開は、果たしてどのようにとらえられていたのか。明治日本の場合と同様に、戦後日本の発展もまた諸制度の確立とともに次第に敗戦直後の生き生きとした精神を失って、行き詰まりの状況を呈したと、丸山によって受けとめられたのであろうか。

こうした問題についての丸山の認識を探る試みは、現在までのところまだあまりない。この問題についての丸山の立場は、純粋に思想史研究者としてのそれではなく、少なからず時代にコミットした者としてのそれである。『現代政治の思想と行動』の増補版を刊行した一九六四年の時点で、「大日本帝国の「実在」よりも戦後民主主義の「虚妄」の方に賭ける」(95)と述べたのは、丸山であった。私は、このときの丸山の選択は、あえて言えば、「政治的」なものだったと考える。彼は、冷徹な政治学者として、それが何であれ、自分の思想がそのまま実現するとは思っていなかったし、悲観するよりも楽観する方を選んだのである。六〇年安保の総括においても、「やはりこの大きな経験は経験です」とか、「今後の「資産」となるものをひき出したい」という考え方を示していた(96)。そして、そのために役立つ状況規定や思想的意味付与の仕事に携わった。

ところで、米谷匡史は、「超国家主義の論理と心理」が書かれた時代状況を克明に検討することを通じて、丸山と戦後日本の誕生との関わり方に照明を当てている。米谷が言うには、丸山がこの論文を執筆したのは、日本政府がGHQの草案に基づいて憲法改正草案要綱を発表した（一九四六年三月六日）後のことであり、「丸山は、戦中から戦後への決定的な転換を戦後初期には自覚することができず、占領軍の民主化政策をいわば後追いする形で自覚し、それを八・一五における〈断絶〉としてさかのぼらせて提示した」。丸山の試みは、「占領軍によってあたえられた秩序を、日本国民の手で主体的につくりかえられてゆく秩序へと転換させる」ものだったけれども、それは、占領軍と日本政府の合作による「天皇を国民統合の象徴とする戦後日本国家」の成立に対して、有効な批判を提示することができなかった。丸山が「超国家主義」論文の末尾で新たな出発の日として選んだ八月一五日が、敗戦の日（ポツダム宣言の受諾は八月一四日）でも終戦の日（大本営による戦闘停止命令は同一七日）でもなく、昭和天皇の「玉音放送」の日だったのは、そのことを象徴する、と米谷は述べる(97)。

この米谷論文は、敗戦直後の日本中に渦巻いていた混沌を後世の観点から整理し過ぎた印象を与えるが、丸山が戦後日本の始まりに何としても出遅れたのは事実であろう。その間の事情は、彼自身が晩年に「昭和天皇をめぐるきれぎれの回想」で述懐したところでもある。我々は、この文章によって初めて丸山が「敗戦後、半年も思い悩んだ」経緯(98)を知った。また、憲法草案の発表については、彼を含む当時の東大の憲法研究会のメンバーが特に「第一条の人民主権」の規定に一様に驚いたという、これも一九八九年の時点での回想がある(99)。敗戦直後の思索についてそれまで丸山が述べたものとしては、一九五八年の「戦争と同時代」の座談会があった。そこで彼は、民主主義と天皇制は必ずしも矛盾しないと考えていたと述べている(100)。この考えと「超国家主義の論理と心理」の間には断絶があると私は思っていた。この座談会でも丸山は「そのころ書きちらしたノート」の一節を紹介しているが、それが彼の死後に公刊されたのが『自己内対話』であろう。そこには昭和二〇年一〇月二九日の日付で、民主制と君主制が矛盾しないとするのは「形式論」だという、先の発言とは反対の趣旨の言葉もある(101)。丸山によれば、天皇制の国家構造はそれを支える人びとの精神構造に起因するものだった。この結論が彼自身の経験と自己批判を通じて獲得されたものだったからこそ、それは読者に対して強い説得力を持ち得たのではなかったか。

丸山のみならず、当時の日本の知識人全体の、国民主権と基本的人権の確立に対する出遅れは、憲法改正草案要綱を待つまでもなく、哲学者の三木清を獄死(一九四五年九月二六日)の運命から救出できなかった事実に、すでに明らかであった。三木の死を知った知識人の衝撃は、その後まもなく『世界』の編集長として丸山に「超国家主義の論理と心理」の原稿を依頼する吉野源三郎の回想に示されている(102)。ただし、占領軍がもたらしたアメリカ民主主義を相対化するための知的財産も、当時の日本の知識人にまったくなかったわけではない。一つは言うまでもなくマルクス主義であり、もう一つはそれがどのような形を取るかは微妙な問題だったとは言え、占領下における日本のナショナリズムの思想だった。そして、それらの担い手の中心は丸山より年長の世代だった。彼らと新しい社会科学の創設者となる丸山たちとの、専門や世代を超えた知的共同体の形成が、遅ればせながら戦後日本の思想的再出発の土台となったのである。

米谷論文について一つだけ異論をはさめば、彼がこの論文で、「戦後民主主義」という言葉や観念が何か最初から一貫して存在していたかのように語っているのは、注意が必要だと思われる。この言葉（「戦後の民主主義」ではなくて）が使われ始めたのは一九五〇年代末の警察官職務執行法の改正問題あたりからであり、それが多くの人びとに共有される意味を獲得するためには、戦後一〇年余りの歳月とその間のさまざまな経験の蓄積が必要であった。それらは決して占領軍のイニシアティブによるものではなく、また、当時の保守党政権のリーダーシップの所産でもなかった。多くの場合、この両勢力の合作による「逆コース」に抵抗した、憲法擁護運動を始めとする革新運動の成果だったのである。丸山眞男がそのような経験を前提として「戦後民主主義」の誕生と成長の物語を制作し、その起点として一九四五年八月一五日を選んだのは、まさに「復初の説」などの講演を行った六〇年安保の最中のことであった。したがって、敗戦直後の始まりに対する立ち遅れだけで「戦後民主主義」の価値を決めるのは、早計であると私は思う。そして、先にも少し述べたように、「市民」を主体とするそのような「戦後民主主義」の創造の物語を制作した背景には、一九六〇年の時点における丸山の政治判断が存在していたと私は考えたい。

さて、丸山眞男の日本論の視座を見る最後のポイントは、彼のいわゆる「古層」論もしくは「原型」論である。多くの丸山論においてそれがすこぶる評判が悪いこと、しかも本格的に論ずるとなると、「歴史意識の「古層」」はあくまでも全体の成果の一部であって、その背後には現在『丸山眞男講義録』として刊行中の膨大な通史的研究があることは、改めて言うまでもないことかもしれない。考えてみれば、丸山の「本店」は長い間未刊のままだったという意味では「非公開」だった。しかも戦後しばらくは日本ファシズム論などとの兼業状態だったばかりか、病気療養をはさんで思想史研究に復帰したと思ったら六〇年安保に直面したり東大法学部の政治学の講義を担当したりで、その研究を進めることは、決して容易な作業ではなかったに違いない。それだけに、欧米滞在から帰国した後の、一九六〇年代の一連の講義は彼の研究の集大成になったと言える。四年次配当の科目で、一九六七年度までで中断したということは、純粋に戦後生まれの学生はほとんど聴講していないことになり、それは何か丸山が東大教授を務めていた時代を象徴する事実のように思える。

丸山の「古層」論に対する多くの論者に共通の批判は、それが先験的に「日本的なもの」を定立していること、宿命論的であること、を言うに尽きる。彼自身は繰り返し、認識して初めて克服の道が開けると言うけれども、それにしては「出口なし」の印象が強いのはどうしようもない。長年にわたって丸山の最大の研究協力者だった石田雄さえ、「われわれの「くに」が領域・民族・言語・水稲生産様式およびそれと結びついた聚落と祭儀の形態などの点で、世界の「文明国」のなかで比較すればまったく例外的といえるほど等質性《ホモジェニティ》を、遅くも後期古墳時代から千数百年にわたって引き続き保持して来た、というあの重たい歴史的現実が横たわっている」という「歴史意識の「古層」」の一節に対しては、「この一節は、近代日本の国民国家におけるつくられた伝統としての等質性の神話というものを後期古墳時代まで遡らせたという点で、明らかに丸山にとって勇み足であった」と述べているほどである(103)。

この問題について、ここでこれ以上他の論者の文章を紹介するつもりはない。私が思うに、多くの人びとも気付いていることと思うが、「歴史意識の「古層」」の手法は、一九六一年の『狂気の歴史』から七五年の『監獄の誕生』に至るミシェル・フーコーのそれに近い。つまり、それらは膨大な分量の原資料読破の上にトータルな説明図式として提出されているから、修正とか部分的な受容を許しにくいのである。丸山がフーコーの影響を受けた（そうした事実について私はまったく知らない）と言うよりも、遠く離れた二人の思想史家を包む共通の時代的雰囲気があったとしか思えない。また、丸山の一九六七年度の『講義録』によれば、「原型」論は歴史意識についてだけでなく、それに倫理意識についてと政治的諸観念について（これが「政事の構造」になる）とを加えた、いわば三次元の構造になっていることが、今後新たな議論を呼ぶのではないかと思われる。

最後に、一九六四年から四年間にわたる通史的な『講義録』の各論を見ると、丸山がたとえば親鸞の仏教思想をマックス・ウェーバーの言うプロテスタンティズムに近いものとしてきわめて高く評価していること(104)がわかるし、在地の勢力としての本来の武士のエートスについても、その主体的、能動的な側面に照明を当てている様子(105)が窺える。それらの点で、鎌倉時代に対する丸山の評価は高い。こういう部分と、全体を貫くはずの「原型」論との関係が、素朴な疑問として思い浮かぶ。さらに話を広げれば、「戦後民主主義」も、「原型」の執拗な持続の前に、ついには挫折を余儀なくされるのであろうか。思想史家丸山眞男は、冷徹な政治学者丸山眞男を呑み込んで、立ちはだかるのであろうか。けれども、これは、結局、『丸山眞男集』や『座談』や『講義録』などを繰り返し読んで、われわれ一人ひとりが考える他はない問題である。

3 政治社会の内部と外部
●丸山眞男の位置をめぐって

1 はじめに——政治社会と知識人

私は以前に九〇年代の丸山眞男論の整理を試みたことがある(1)が、本稿はそのいわば続編にあたる。ただし前稿がそうであったように、ここでの整理も決して網羅的なものではない。あくまでも私の問題関心に照らして注目すべきだと思われる論点に絞り、検討を加える。

前稿における論点は、(i)丸山の思想構造の特質、(ii)いわゆる中間団体に対する丸山の評価及びその変化、そして、(iii)古代以来、明治以後、戦後の三つの視点で見た丸山の日本論、などに限られた。論点の整理を行う際に常に私の頭にあったのは、広い意味での政治学者丸山の政治認識の特徴を明らかにするということだった。ここでもそうした基本的な問題関心は変わらない。ここで取り上げるのは、二〇世紀の総力戦論の観点から丸山の思想と学問を戦時動員の一翼を担うものと位置づける山之内靖や中野敏雄らの議論と、思想家としての丸山の役割を戦後日本の政治社会の再出発の物語のなかに位置づけようとする小熊英二の議論である。

これらはいずれも、評価は異なるが、丸山の立場を国民主義者としてとらえる点で共通している。しかもそこでの国民主義の概念は、九〇年代のカルチュラル・スタディーズのようにこのレッテルを貼ることで一種のイデオロギー暴露を試みる段階のものから、その政治社会の構成原理としての妥当性を論ずるためのものにまで社会科学的に深められている。そもそもわれわれの政治社会は国民国家として正当化されうるのか。この問いに対する答えがいずれであるにせよ、そのような正当化のための思想もしくは物語の制作において、丸山はいかなる役割を果たしたといえるのか。そのことを検討するのが本章の課題である。

山之内や中野らは丸山の戦争中の研究が戦時動員の思想を提供したと見て、その脱構築をはかる。彼らにおいては丸山の手になる物語と見られるものの解体が主な作業で、新たな物語の構築には向かわない。これに対して、小熊の著作は丸山の知的営為を戦前と戦後の二つの政治社会を架橋する物語として再構成しようとする戦略に基づいている。この場合、話は二重になっていて、小熊の企図は丸山が手がけた戦後民主主義の物語を、さらに小熊のいう戦前から戦後への日本の国民主義の持続的な展開というストーリーのなかにさらに置き直す試みとして解釈できる。

以下の各節においては、それぞれの論者の主張を要約的に紹介し、それらに対する私のコメントを加えたい。そして最後に、同じく丸山が制作した戦後民主主義の物語を再解釈する場合にも、私が小熊と違ってそれを国民主義の物語としてではなく、市民社会の形成の物語としてとらえる根拠を示す。それはまた戦前と戦後の二つの政治社会における丸山眞男の位置を探るという試みでもある。

なお、用語に関して一言しておく。本章で政治社会というのは、国家と社会の二分法を避けるためのものである。国民国家か市民社会かといわれれば、本章を最後まで読んでいただければわかるように、私は市民社会に加担するが、両者を水と油のように考えるのは不毛な対立である。権力構造という観点からも、公共空間という観点からも、国家と社会は二〇世紀以来、互いに相手の側に触手を伸ばし、両者はまさに融合している。ゆえに本章では国家と社会の双方に対するメタ概念として、政治社会という概念を用いることにしたい。

2　総力戦と「社会科学」

山之内と中野は総力戦をテーマに掲げた共同研究を組織している(2)から、具体的な問題の設定や追究の仕方は各々でもちろん異なるが、大きな分析の枠組みは共有していると考えてよいだろう。より年長の山之内はもともと大塚久雄を指導教授としていた(3)ので、山之内がいう大塚たち「市民社会派」(ちなみに私自身はこのいい方はしない。おそらくかつて「講座派」「労農派」「宇野派」などとの比較で命名されたものと思われるが、「市民社会派」はマルクス主義者ではないし、このいい方だと概念の内包がはっきりしないからである。私が内田義彦の「市民社会青年」という言葉を使用する場合は、特にその一つ前の「社会青年」と対比させた、明確に世代論的な範疇である。細かいことだが区別したい）の知識人たちとの学問的なつながりは深かった。そうした学問的系譜のなかで山之内の大塚たち「市民社会派」に対する批判は形成された。

山之内の観点は、第二次大戦期の大河内一男や大塚や丸山らの学問的営為を戦争への抵抗と見るのではなく、むしろ戦争への協力と見るものである。しかもそうした協力の姿勢は彼らの意図というよりも、枢軸国側と連合国側とを問わず、戦時期に社会科学という学問が置かれた位置によった。

大河内はマックス・ウェーバーの「没価値性論」に基づいて、労働力の保全を要求する見地から、戦争遂行の合理化を説いた(4)。ウェーバーが述べるように、社会科学は目的を定立することはできないが、ひとたび目的が立てられれば、そのための手段の適合性を論ずることはできる。戦時統制の非効率を改める余地は十分にあったし、精神主義だけでは戦えず、もし国力の不足が無視できなければ戦争を断念すべきだとの含意さえ持つことができた。しかしこれは、つとに高畠通敏が指摘したように、「最も積極的な権力への奉仕」(5)でもありえた。そもそものように解釈できるからこそ、戦時下でもあえて公表できた批判だった。

ここまでは実はよく知られた議論である。大河内の専攻が社会政策だった限り、また「市民社会青年」世代のなかでは比較的年長だったゆえに、それだけ彼の学問が時局と切り結ぶ機会も多かったというべきかもしれない。しかし山之内らの指摘の新しさは、さらに大塚久雄の立論をも、戦時動員の一翼を担うものと考える点にある。大塚はウェーバーの『プロテスタンティズムの倫理と資本主義の精神』に基づいて、商業資本ではなく、禁欲的な中産的生産者層に担われた産業資本こそが近代資本主義を成立させたと論じた。大塚が用いる生産力の概念は、信仰を基礎に持つ生産力の担い手の生活態度に着目した概念だった。だからそれは戦後には「近代的人間類型」ともいわれるようになる。これも、政治家と財閥が癒着しつつ発展した明治以降の日本の資本主義を批判する含意があった。しかし山之内はそうした文脈でなされた新しい化学工業の発達に対する当時の大塚の積極的評価を、やはり戦争への協力の姿勢の現れと見るのである(6)。大河内の合理性に裏付けられた労働力の追求のみならず、大塚の自発性に担保された生産力の追求もまた、戦時動員もしくは総力戦体制の支柱と見なされたわけである。

以上のような山之内の見方を支えているのは、第二次大戦における各国での総力戦体制の構築により、社会科学もそれに強固に組み込まれることになって、もはや「客観科学」としての位置を保てなくなったという認識である(7)。そうした状況を彼は「システム社会」と呼び、従来の帝国主義の概念でそれを説明するよりも、国民的統合の強化とか、全体主義という概念の使用を提起する(8)。

山之内は一方で丸山にはウェーバーと並んで「リッターリッヒカイト」(「武士のエートス」)の精神を認めて評価する(9)ところから、「丸山に関する私の態度は明らかに分裂している」(10)というのだが、今日では『日本政治思想史研究』に収められている戦時期の丸山の著作をも、前述のような観点から見ていることは確かである。しかもその場合、山之内は大河内、大塚、丸山の三者ともが、一九三七、八年頃の日中戦争の勃発や国家総動員法の施行を境としてマルクス主義の影響から離れ、ウェーバー学の摂取によって、結局は総力戦体制を支持する観点に移行したという判断を示している(11)。つまりウェーバーは従来考えられて来たように戦時下の時局に対する批判の梃子としてではなく、その価値中立的な社会科学方法論にしても宗教社会学（特に『儒教と道教』におけるヨーロッパと比較した場合のアジア社会論）にしても、むしろ時局に対する彼らの協力への転換の契機として用いられたというのである。

ここにある問題状況は必ずしも単純ではない。確かにマルクス主義から自由主義への転換が起きたのだが、それがマルクス主義に対する国家権力の弾圧によってもたらされた面と、総合社会科学としてのマルクス主義の説明能力に対する各専門分野での方法的な懐疑から生じた面と、さらには多くの講座派マルクス主義者が転向を遂げた（労農派に転向者が少なかったのは日本の特殊性の認識に足を取られなかったからだと思われる）のに比べて自由主義者が節操を守ったことに対する評価に促された面の、少なくとも三つの側面が関係している(12)。私は山之内のように総力戦体制とか「システム社会」という大状況から説明するよりも、もう少しそれぞれの研究者の個別的な判断の積み重ねを重視したいと考えるが、そのことは、山之内と同様の観点から、大塚のみならず丸山の研究の細部にまでさらに踏み込んでいる中野敏男の議論を見た上で、改めて述べることにしたい。

3 「国民総動員」の思想か

中野もまた総力戦パラダイムの上に立つが、彼の立論の特徴は「戦時動員」と「戦後啓蒙」の思想的連続性(13)を強調するところにある。中野によれば、丸山におけるように、両者は人間の主体化を促す思想という意味で連続する(14)。ただし思想として生命を保ち続けるためにも、そうした立場はひとたびは戦前から戦後への歴史を切断してみせなければならなかったと中野は述べる。大塚についていえば、戦時中の大塚の生産力は国民的生産力として「国中心」に構想されていたのに、戦後は個人間の市場を介した結び付きに改変された(15)。と同時に、帝国主義諸国家の覇権争奪戦だった戦争は、もっぱら日本の遅れに起因するものとされ、戦後の日本の課題が国内的なものに閉じられた(16)。

中野が丸山に見出すのも、大塚におけるのと同じ構造である。中野はまず丸山の一九三六年の緑会論文(「政治学に於ける国家の概念」)と四〇年の助手論文(「近世儒教の発展における徂徠学の特質並にその国学との関連」)の間にある近代評価の違いに注目する(17)。これは今日では広く知られている事実なのだが、近代批判者から近代擁護者への丸山の転換である。学部学生時代の丸山が近代の克服をめざすマルクス主義の強い影響下にあり、そこからまもなくの方向転換が複合的な要因によると思われることは前述した。

四〇年の助手論文での丸山の近代擁護は、これも有名だが、「政治の発見」者として荻生徂徠をマキアヴェリに比肩させた叙述に現れる。丸山の思想史研究が最初からすぐれて政治思想史研究だった事実を示すものである。中野はこの丸山における「政治性の優位」(これはこの助手論文における丸山自身の言葉である)に対する積極的評価を、直ちに四三年の「福沢に於ける秩序と人間」並びに四四年の「国民主義の「前期的」形成」(原題は「国民主義理論の形成」)論文に結び付け、そこに「国民総動員の思想」(18)を読み取る。福沢諭吉もまたその先駆と位置づけられていることはいうまでもない。

もちろん中野は一応慎重に国民の下からの参加の思想は上からの動員の思想とは異なるのではないかと留保している(19)。福沢にしても丸山にしても、それらが下からの参加の思想であるならば、それこそが戦後の日本に改めて求められたものなのではないか。けれども中野によれば、徳川時代の日本に近代的なものの萌芽を認めていたはずの丸山は、戦後になると大塚と同様に日本の遅れや歪みを指摘するようになり、その変革に当面の課題を限定する限りにおいて、昨日までの植民地支配の記憶を失わせ、視野をもっぱら日本の国内に閉ざすように人びとを誘導し、その意味で作為的、すなわち啓蒙的だったと総括する(20)。

さて、このような中野の主張をどのように見ればよいか。まずいえるのは、中野たちの研究が、戦争中の丸山がいかに時局と対峙していたかという問題に、改めて照明を当てたことである。中野は、丸山たちの世代は「政治的窒息の時代」に決して「専門領域」に専心していたのではなく、いわば田辺元や務台理作や三木清らと「同じテーブルを囲んで議論している」と述べている(21)。強い政治的関心を持って時局を見つめていたという意味ではまさにそうだろう。そうであったからこそ、丸山たちがまだ比較的若かったということもあり、彼らが担う学問を、現実政治に対する直接的な応答からかえって遠ざけたのである。そのことはもともと政治的関心の不在を意味しない。端的にいえば、四四年には丸山自身が二等兵として軍隊に召集されるのだから、自分を高い確率で死地へと追いやる大日本帝国という国家を、飽くことなき情熱で学問的に相対化しようと試みたに違いない。

しかしわれわれの前にあるのは、特に戦中期に関しては、丸山の高度に学問的な著作のみである。もっとも、だからこそそこから何を読み取ることができるかは、確かに興味を覚える問題だろう。たとえば「雑誌の方がより敏感に時潮を反映する」ので「雑誌論文を重要視した」(22)といわれながら、「書名紹介の横文字の部分があまりに多」(23)いために『戦中と戦後の間』には収録が見送られた「一九三六―三七年の英米及び独逸政治学界」には、「今や人民戦線とファシズムの対立は世界政治を一条の金線の如く貫こうとしている」(24)という記述がある。前後の文脈から見て丸山が精神的にどちらに加担していたかは明らかだろう。この文章には「今や科学はその頭上に権力を仰ぎその足下に大衆と連なるに至った」(25)という言葉もある。これなどは山之内がいう「システム社会」における社会科学の位置をつとに指摘したものと受けとめられるかもしれない。

けれども私が思うに丸山の政治への関心は、生涯を通じて、単なる時論にとどまらず、およそ政治的なるものの本質へと向けられていた。中野は、四〇年の助手論文の執筆前後にマイネッケの一九二四年の著作『近代史における国家理性の理念』を熟読したという丸山の証言に基づいて、そこでマイネッケに触発された危機意識が戦時動員のための「行動の哲学」を丸山にもたらしたと述べている(26)。「ビスマルクのドイツと一九一四年のドイツとの対照は、私の目にはそのまま、明治前半期の国権論と、一九三〇―四〇年代の「皇国日本」の使命論との対比として映じた」(27)とは丸山の語るところである。「国権論」と「「皇国日本」の使命論」とあるのは、それぞれの思想というよりも、各々の時代の政治家のリーダーシップと考えた方がわかりやすい。なるほど、ドイツと日本のいずれにおいても国家理性の衰退が認められよう。

だが助手論文での丸山の関心は、これもマイネッケと同様に、この問題のそもそもの出発点であるマキアヴェリにまで遡及した。それは西洋と日本において、ともに中世における自然と社会の連続的思惟からやがて政治的思考が自立する過程の究明である。ちなみに四二年の「神皇正統記に現はれたる政治観」は、敗軍の将である北畠親房において責任倫理と心情倫理がいかに結び合っていたかという問題の事例研究として読める。親房は遠く南北朝時代の人だが、分析装置はいうまでもなくマックス・ウェーバーの政治論集（『職業としての政治』）から取られている(28)。すなわち政治の本質は、丸山によっていわば超歴史的な扱いを受けている。そしてマキアヴェリの結果責任論は、ウェーバーの行為者をあたかも横から見る価値自由な視点と、中に入り込んで見る行為の意味理解の視点との併用により、複眼的で説得力のある政治分析の道具にまでさらに高められているのである。

やがて助手論文以後の丸山の関心は、徂徠においてようやくマキアヴェリにまで到達した作為的秩序の思想が、なぜ江戸時代を通じて人民自身が秩序を作る「人作説」、すなわち社会契約説にまで発展しなかったのかという問題に設定された(29)。興味深いことに丸山は本居宣長にも一定の歴史的評価を与え、宣長は徂徠による公私の区別を受けて、徂徠とは逆に私的な文学の世界を確立し、そこにも内容的な日本主義の当否の問題を別にすれば、古代の復興に名を借りた近代の誕生が認められると考えた。けれども宣長は、公的秩序の形成と再形成に対してはもっぱら権威への恭順を説くのみだった(30)。ひとえに福沢の出現が待たれたわけである。

人民自身が作る国家、一人ひとりの人民が自発的に積極的に支える国家こそは地上最強の国家だろう。そうでないならば、どこまでも改善の余地がある。しかしそれは今度は政治指導者の資質をもっぱら問う議論ではなく、どうしたら政治を人民のものにできるかという議論である。それが政治的なるものの本質

について の議論以上に、古くから政治と人間について思索する者の頭を悩ませて来た問題であることはいうまでもない。

『三田新聞』の学徒出陣記念号に寄稿された四三年の「福沢に於ける秩序と人間」は短文だが、福沢の役割に注目しながら、この問題を論じている。すなわち「国家を個人の内面的自由に媒介せしめたこと」が「一身独立して一国独立する事」（『学問のすゝめ』第三編）という命題に集約される福沢の思想の意味にほかならない。丸山の言葉では「秩序を単に外的所与として受取る人間から、秩序に能動的に参与する人間への転換は個人の主体的自由を契機としてのみ成就される」と敷衍される(31)。この表現は、後年の「「である」ことと「する」こと」で「近代精神のダイナミックス」を指摘した部分と驚くほどよく似ている。四三年の文章は当然ながら戦時下の言論統制を意識して書かれたはずだが、丸山の問題意識は終生変わらなかったといえる。

そして応召直前、すなわち戦中最後の執筆となる四四年の「国民主義の「前期的」形成」では、丸山はこの問題をやはり福沢に依拠しつつ、「国民主義」の成立要件として提出した。丸山は幕末の海防論や富国強兵論や尊皇攘夷論を検討した結果、それらが対外的な危機意識の表明だったにもかかわらず、いずれも少数の治者と多数の被治者を峻別する論理の上に立つことから、大塚久雄が規定した商業資本の産業資本に対する歴史的関係にならい、「前期的」国民主義と名付けるべきものでしかなかった事実を指摘する(32)。治者の側の民衆不信は、被治者である民衆の側の政治的無関心と無責任に正確に対応していた。率先して攘夷を決行し、英米仏蘭の四国連合艦隊に下関の砲台を占拠された長州藩において、多くの民衆は喜々として外国人による砲台の撤去に協力したというエピソードは、その間の事情を雄弁に物語った。

この論文で丸山がナショナリズムの形成の問題を論じ、それを「国民主義」と訳しているのは、明らかに時局の制約を意識している。つまり丸山はあくまでも「民族主義」や「国家主義」の訳語を排した上で、しかし本来ならデモクラシーとナショナリズムの結合として論じられるべき問題を、慎重に「国民主義」の要件として議論しているのである(33)。戦時下においては総力戦が叫ばれながら、デモクラシーは禁句だった。事実上の民主化は進展しつつあったとしても、権利上の民主主義はいささかも確立されていなかった。

もちろん幕末にさかのぼれば、封建的特権を持つ「中間勢力」の抵抗の前に、自由で平等な「国民」は未形成だったから、それは目標になりえた。丸山のなかでは、第二次大戦の最終段階においても、依然として国民形成は未完のプロジェクトとされていたかもしれない。けれども仮に「国民」が誕生しても、それで政治的なるものはなくならないし、そこでの政府と人民の関係も依然として問われ続ける必要があった。本来強力な国家を作るためには、政治の国民化だけでなく、政治の民主化も求められていたはずである。それは黙示録の形にとどめての、丸山の同時代に対する分析だった。

こうして丸山は「遺書」になったかもしれない論文を書き残して、兵営に入った。「福沢に於ける秩序と人間」も、決して中野がいうような、人びとを上から動員する文章ではなく、自分をぎりぎり納得させるための文章だったというべきである。その意味では、やがて書かれる「超国家主義の論理と心理」も同様である。戦時下にあって丸山の「国民主義」はどこかこの世のものではなく、たとえ当時の大日本帝国に比べてより多くそれを達成している国があったとしても、現実から無限遠の彼方に置かれた「理念型」だった。彼はこの基準に照らしてむしろ天皇制国家の神話を解体しようと望んだに違いない。しかし大日本帝国は、その一員である丸山を戦場へ送った。自分が生まれた政治社会を相対化するために、その外部に立とうとした丸山の知性は、敗戦を目前にして政治社会と運命をともにすることを強制された。軍隊経験は、この知性にあたかも参与的観察の機会を与え、やがて生還の後に昨日までの政治社会の透徹した批判を書かせることになる。そうした経緯には、「システム社会」とか「戦時動員」という大状況からの説明では決して汲み尽せない、若き知識人の思想的ドラマがあった。

4 「国民主義」の物語か

小熊英二の大著『〈民主〉と〈愛国〉』は多くの興味深い論点を提出している。ここではもちろん丸山眞男に関する問題に限定するが、この本の最も注目すべき役割は、それが単なる戦後思想史の叙述にとどまらず、戦後日本の政治社会の発展をある統一的な観点から支える物語を作り出していることである。

もちろんこの本は最初から物語を書くことを第一の目的にしているとか、物語以外の何物でもないというつもりはない。小熊自身がこの本の「序章」で「単行本の出版は数千人から数万人におよぶ読者のために行なわれるのであり、数人から数十人である当該分野の研究者のためだけに行なわれるのではない」と述べており、「通常の研究書とはやや異なる記述のスタイルをとっている」と断っている(34)。つまり一定範囲の読者を想定しつつ明確な戦略のもとに執筆されており、その意図は膨大な資料を咀嚼した上での平明な文体によって果たされている。またその結果は短期間に多くの版を重ねたことによっても証明されている。

ただしそのために、本来同時代的には複数の、否、一人の思想家のなかにおいても、相対立していた諸傾向が今日的見地から整理され、初めから一つの方向を持った思想の流れとして記述されている印象も否定できない。小熊は歴史家の網野善彦との対談で、網野が「歴史は、決して「物語」ではない」というのに対して、その受容の側面を含めると学問的な歴史研究も物語としての機能を営みうるという見解を表明している(35)。これは今日の歴史教科書問題が示しているように、物語を求める需要が学問の外側に多く存在しているからかもしれない。ちなみに明治と戦後の二つの「建国時代」を簡潔に描いた小熊の『日本という国』(理論社、二〇〇六年)という近著も、このような学問の生産と流通と消費の循環の意義を踏まえて執筆されたと考えられる。私もある意味では小熊以上に政治社会は自らの存立根拠を説明する物語を必要とすると考えるので、それだけ彼の整理の仕方に注目するのである。

私が小熊の本が整理されすぎていると感じる最大の論点が、丸山眞男の取り扱いである。小熊はやはり戦争中の「総力戦の思想の延長上に」、戦後の民主主義の思想が展開されたと考える。そしてその代表的な担い手のひとりである丸山の思想的立場は、戦中と戦後を一貫して、「国民主義」だったと規定される(36)。

先に見たように、「総力戦」と「国民主義」は、山之内靖や中野敏男らの丸山論の基本的な分析の枠組みだった。中野たちの分析は、丸山の国民主義的観点が、戦争中においては総力戦への加担を意味し、戦後においては日本の遅れの克服という課題の設定により過去の植民地支配の忘却に導いたとするものであった。小熊もまたこの二つの概念を用いて、丸山の思想と学問の戦中から戦後へかけての連続性を指摘する。それればかりでなく、およそ生涯を通じて、丸山の思想的関心が日本の「新しいナショナリズム」もしくは「真の愛国」の模索にあったと主張する(37)。

そこには、総力戦の論理を用いることや国民主義の論陣を張ることに対する批判はない。「丸山たちにはアジアへの戦争責任という意識は欠けがちだった」(38)という指摘はあるものの、それも小熊の叙述の前面に出ることは少ない。さらに彼は戦争中の知識人の言論についても、終始「『抵抗と屈服』は『紙一重』の関係にあった」(39)という立場をとっていて、中野たちが丸山らの戦争への協力をいうことには、抵抗の側面を軽視するという理由から、むしろ批判的である(40)。

こうした小熊の価値中立的な評価は、彼の分析方法とも関連している。小熊は分析のさしあたりの資料である各種の「言説」の背後には、そこには盛り込み切れない人びとの「心情」があると理解しており、知識人はそうした人びととの「心情」の代弁者だという見方をしている。しかも知識人といえどもまったく新しい「言説」の創造は不可能で、多くの場合は既存の言葉の読みかえによる使用にすぎないという。むしろそうでなければ、彼は同時代の人びとよりも先に行きすぎてしまう(41)。要するに、知識人の「言説」も彼が生きる時代の関数であり、「人間は、当該社会を支配している言説（言語体系）の外部に出ることは困難」(42)であるということになる。

このようなアプローチは、やはり広い意味での戦後思想研究であるジョン・ダワーの『敗北を抱きしめて』を思わせる。ダワーの本は資料として写真、映画、漫画、歌、キャッチフレーズなどを多く用い、戦後という新しい時代に適応した日本の民衆の姿を描いている。知識人の言説からの引用はきわめて少ない。その意味ではこれは丸山眞男の登場しない丸山論である(43)。すなわち敗北を抱きしめる必要があった多くの日本人にとって、知識人の思想が果たした役割の小ささを主張する結果になっている。多数の民衆にとっては戦争経験こそが彼らの戦後の意識及び行動を導くものだったとする観点をとっており、言葉遣いにおいても戦前と戦後には強い連続性があったと見なしている。いずれも大著の書き出しに戦争や敗戦の衝撃を伝える民衆の言葉を配置している(44)あたりも、ダワーと小熊の本には共通点がある。読者は身につまされて読み始め、やがてあちこちに掲載された多くの同時代の写真にも見入ることになって、物語に引きずり込まれるという仕掛けである。

付言すれば、ダワーのストーリーは「天皇制民主主義」とか「官僚制的資本主義」と規定される「日本モデル」が「じつは日本とアメリカの「交配型モデル」」、SCAP（連合国軍最高司令官）と日本政府の協力による「スキャッパニーズ・モデル」であるのを示すことにある(45)。これも占領軍のなかに少なくとも当初はGSとG2、日本側にもまもなく保守と革新の二つの勢力が生まれて相互に複雑に絡み合う経緯を、日米合作という線で少し単純化して描いていると私には思われる。

小熊の議論にもどる。彼が丸山を国民主義者として描くとき、この言葉は中野敏男におけるように、またかつて酒井直樹が「丸山教授は終始国民主義者として仕事をされてきた」(46)と述べたときのように、カルチュラル・スタディーズに特徴的な、そうであることの作為性が強く否定されるような意味を有していない。小熊の「国民」は、丸山が四四年の「国民主義の「前期的」形成」でそうしたように、自分の自由な意思で「国民たろうとするもの」のことであり、さまざまな伝統的シンボルとの関係は持たない。そうではあるが、私は丸山を第一義的に国民主義者もしくは愛国者と規定することにはどうしても違和感を覚える。

まず、小熊の本の書名が『〈民主〉と〈愛国〉』であるのは、左翼（革新）的な戦後思想にデモクラシーだけでなくナショナリズムの契機を認めた上で、さらにそれをひねって「愛国」としたものと思われる。これはかなり強引な命名で、たとえば一九五〇年代前半の日本共産党がさかんに「民族」や「国民」の象徴を用いたのは小熊も詳しく述べるように事実だが、それは反米の主張の系にすぎなかった。実態はむしろ親ソというか、モスクワ・インターナショナリズムであり、だからどこまでも民族の自己決定にこだわる竹内好から「日本共産党が日本の革命を主題にしていない」(47)と手厳しく批判されたのだった。つまり、いずれが「真の愛国」かの判定はむずかしく、へたをするとすべてが「真の愛国」になってしまう。小熊の叙述でも、戦争中はもとより、戦後においてもたとえば平和問題談話会も吉田茂もともに愛国者だということになる(48)と、講和論争はいったい何だったかといわざるをえない。このことと、小熊において「愛国」を掲げたまま左派から右派への転向が可能だった清水幾太郎に対する評価が低いこととは、表裏の関係にあると思われる(49)。つまり、小熊自身が「愛国」の評価にプラスアルファ（多様な「愛国」の形のそれぞれにおける一徹性のようなもの）を加えているのである。

さらに小熊の本の副題が「戦後日本のナショナリズムと公共性」と銘打たれていることが注目される。開巻劈頭、「敗戦後の「日本」および「日本人」が、どのような価値体系やナショナル・アイデンティティーを築くかという問題」(50)が提示されるのは、この本の著者が以下でさまざまな言説をすくいとる場合のいわば網の性格をよく示している。「価値体系」と「ナショナル・アイデンティティー」が並列されるのは、そもそもあらゆる価値体系が意図としてまた結果として持つナショナルな意義を吟味するという立場の表明だろう。これはもちろんありうる選択だが、私が以前に自分の本(『戦後日本の知識人――丸山眞男とその時代――』世織書房、一九九五年)で試みたのとは正反対の方向からする、戦後思想へのアプローチにほかならない。

5 「市民社会」の物語

私は自分の勉強が及ばないところを除いて、叙述の細部ではほとんど小熊の見解に異論を持たない。それぞれの思想家を位置づけるために彼らの著作から引用する部分についても、重なるところが多い。さらに注を見ると、小熊は私の本を細かく読んでいて、それはすでに腑分けされている。しかし小熊の著書の本文で指摘されている一点についてだけは、反論を試みたい。それはもちろん今までに述べて来たことに関わる。

小熊は、都築は「第一の戦後」と「第二の戦後」を区別していないと指摘する。「市民」という象徴を中心に置く思想、それから「戦後民主主義」という言葉も、一九五五年あたりから始まる「第二の戦後」になってようやく登場して来たものだというのである(51)。

しかし私も自分の本で一九五七年前後に戦後精神史の大きな転換があることをくどいほど強調した。社会科学と文学とを問わずより若い世代がデビューし、大衆社会論や中間文化論が唱えられた。そうした背景にすでに人知れず始まっていた日本経済の高度成長があった。技術革新があり、テレビや週刊誌の普及があった。さまざまな分野で戦後の歩みを総括する試みも、戦後一〇年を契機に積み重ねられた(52)。

「市民」という言葉が政治的スローガンとして用いられるのは、一九五八年一〇月の警職法改悪反対国民会議の呼びかけ「市民の皆さん、立上って下さい」を端緒とする。これも組織としては「国民会議」を名乗っているし、翌年三月の安保改定阻止国民会議の結成の呼びかけには「国民」や「労働者」はあるが、「市民」は出て来ない(53)。一方「戦後民主主義」の初出は、小熊は松下圭一の一九六〇年の論文「国民運動をどう発展させるか」を挙げるが、実はより早く、同じ松下の『中央公論』の五八年一一月号の「忘れられた抵抗権」が初出である。まさに岸内閣によって警職法改正案が国会に提出された前後で、「現在日本における反動政策が、戦後民主主義の否定へとうごいているかぎり、そうして戦後民主主義が、日本の歴史においてはじめて大衆的スケールで自由を確立したかぎりにおいて、悪政反対闘争は、この自由・民主主義擁護闘争として登場する」という文脈である(54)。ここには明らかに戦後的経験の蓄積が感じられる。しかし近代と現代を区別する大衆社会論の提起者である松下自身は、まだこのとき改めて「市民」を掲げることをためらっていて、それに踏み切るのが六〇年安保を経た六六年の「〈市民〉的人間型の現代的可能性」であるのは、今日ではよく知られた事実である。

私も小熊と同様に、彼の言葉でいえば「第一の戦後」と「第二の戦後」を区別する。違うのは、小熊がむしろ戦争中と「第一の戦後」の連続性を見るのに対して、私は前述の認識にもかかわらず「第一の戦後」と「第二の戦後」の連続性を見るところである。いいかえれば、彼が「第一の戦後」と「第二の戦後」の断絶を主張するのに対して、私は戦争中と「第一の戦後」の断絶を主張する。

この違いが、丸山の思想を「国民」の思想としてとらえるか、「市民」の思想としてとらえるかの違いをもたらす。なるほど「市民」という言葉が政治の舞台に登場するのは一九五〇年代後半であり、特に六〇年安保を契機とする。しかし私はその思想的内実は、敗戦直後のホッブスの自然状態にも擬せられる混沌のなかで、『近代文学』の同人や梅本克己らの哲学者や大塚、丸山らの社会科学者が期せずしてさまざまな形で提起した人間の「主体性」の強調から、連続的に形成されたと考える。この「主体性」は『近代文学』ではエゴであり政治至上主義に対する芸術至上主義であり、梅本では「人間の実存的支柱」であり、丸山では「価値意識」であり「あるべき人間」でありウェーバーのエトスだった(55)。

マルクス主義の影響が強かった敗戦直後においては、左翼的な政治運動の担い手はあくまでも「労働者」であり、その労働者が「国民」として表象されることはあっても、小熊がいうように「市民」ではなかった。内田義彦が丸山らを含む自分たちの世代について「市民社会青年」という概念規定を提出したのは一九五九年のことだが、この「市民社会」は内田の認識に即して見ればむしろ「ブルジョワ社会」であり、したがってそこには逆説的な表現が持つ緊張感が込められていた。この命名は戦前の彼らの青年期における人格形成に由来しており、一世代年長でマルクス主義者が多くを占めた「社会青年」に対抗してなされたものだったからである。それはマルクス主義の影響を強く受けながらも、党や国家に対して個人の価値を、政治に対して学問や芸術などの文化の領域を重視する精神的態度を意味していた。ここでは内田の戦後の第一声を挙げるだけにとどめよう。「余りにも早く専門的学問の方法を考へ、学の権威に身を馴らすのを止めよう。真の学問と真の芸術を獲得する為めに、真の文化を我々のものとするために」(56)。これあるがゆえに彼は後年、「ぼくは、長いこと経済学の世界にはいることができなかった」(57)と告白するのである。

こうした精神的態度が一九五〇年代後半の大衆社会状況において内田によって改めて呼び覚まされた。だから「市民社会青年」たちが身を投じた安保改定反対運動はもちろん岸内閣が進める日米安保条約の改定に反対する運動だったが、同時に政治を相対化し、文化の世界、人間の内面の世界を擁護する運動でもあったのである。高度成長前夜の日本において、そのような、いわば非政治により政治を部分化する自由主義の運動、しかしその部分化された政治については積極的に参加し責任を負う民主主義の運動の基盤は拡大しつつあったと考えられる。そのような時代の精神状況を端的に告げるものの一つとして、丸山の有名な五八年の「『である』ことと『する』こと」の講演がある。

私が戦争中と「第一の戦後」が切れていると思うのは、前述したような非政治が政治を限定する思想のルーツは確かに戦前の「市民社会青年」たちの青年期にあるけれども、それが正面から掲げられるのはやはり戦後だったと考えるからである。誤解を避けるために補足すると、丸山においてどこまでも政治的なるものの本質を見究めようとすることと、政治を非政治によって囲い込むこととは、決して矛盾しない。丸山の政治認識は政治の全面化を意味しないし、彼の「市民」はパート・タイム的には「公民」だが、その生活の足場は私的領域にあるからである。六〇年安保の政治的激動の年における丸山自身の言葉によれば、「大多数の市民は政治以外に生業をもち、主たる行動領域は政治の外にあって、ただいわば臨時にパート・タイムに政治に参加するにすぎない。それがノーマルなのであり、また、それでなければ健全な社会とはいえない」。そして「政治・権力以外の人間活動、文化の意味に我々の生活を根ざしてこそ、政治の人間における位置と役割を正しく位置づけることができる」(傍点原文)(58)。要するに政治の民主主義化と並んで政治の自由主義化、すなわち多様な私的領域の確保こそは丸山の思想がつかんで離さなかった目標だった。

ここまで述べれば、私が丸山をいかなる意味でも第一義的に国民主義者と規定することに違和感を覚える理由がわかるだろう。以前にも書いたこと(59)なのだが、彼は『現代政治の思想と行動』の「超国家主義の論理と心理」への「追記」において、自分が明治以後の日本のナショナリズムの全否定論者でないことを示すために、一九四九年の「明治国家の思想」や四七年の「陸羯南」の参照を求めている(60)。あるいは六六年になっても、「けっして戦後、ナショナリズムぬきで普遍民主主義だけをいわなかった」(61)と語っている。本人が繰り返し弁明しなければならなかったほど、丸山は同時代的には自由主義者もしくは民主主義者とは見られても、ナショナリストもしくは国民主義者、またはハンナ・アレントのような公的活動の擁護者とは見なされなかったのである。それは決して根拠のない誤解ではなく、前述したような政治の限定論者としての彼の思想がつとに明らかにされていたからである。丸山のすべての著作が著作集に集められ、あちこち自由に読めるようになったので、今まで隠れていた側面が浮かび上がり、それこそが彼の思想だとして論じられることはあるだろう。だがそれが単に従来のテーゼに対するアンチ・テーゼの提出にとどまるならば、依然としてある思想家の全体像には迫りえない。

私がいいたいのはこういうことである。丸山の思想には「市民」の視点と「国民」の視点の二つがあった。フランス革命のようなものを考えれば、それは「市民」が「国民」になった事件である。両者が掲げる価値の間には幸福な一致があった。「市民」はもっぱら旧体制の中間団体を排除して自ら「国民」になればよかった。だが国家の急速な近代化のために「国民」が先に作られたようなところでは、しかも家や地域の絆がそれに利用されたところでは、個人は国家への併呑を避けて本来の力を発揮するために私的領域を確立する必要があった。あるときには職業的利益を追求する、またあるときには職業の違いを超えて連帯する、さらには非政治的な結社を作るというような「市民」の精神が求められた。思想家としての丸山がそうした福沢諭吉の課題の継承者でもあったことは疑いえない。

丸山を国民主義者としてのみ規定することは、戦後日本の政治社会の発展を正当化する物語のなかに彼の役割を回収もしくはソフト・ランディングさせることである。それは戦前と戦後の日本を架橋する試みにほかならない。だがこの二つの政治社会の間には大いなる断絶が介在した。戦争における多数の死者の存在にもかかわらずではなく、多数の死者の存在のゆえにである。それだけに戦後の再出発は容易ならぬものだった。丸山においても、公私に分裂せんとする二つの思想傾向が長い間せめぎ合ったのは当然だった(62)。

丸山が六〇年安保の直後に記した「八・一五と五・一九」という文章はよく引用される。特に戦後において「民」が二つの方向に分岐したという指摘である。一つは「民」の私化すなわち私的利益の追求の方向であり、もう一つはむしろ公民としての政治参加を掲げた革新運動の方向である(63)。吉本隆明(64)をはじめとして、この指摘を丸山が前者を否定して後者を支持したものと見る見解は多い。小熊もまた吉本を「革新ナショナリズムの思想にもっとも敵対し、それを解体した思想家」と見なし、吉本に代表されるような「「私」による「公」の解体という思想は、高度経済成長の入口にあたるこの時期に、「戦後民主主義」を批判する側から現われた」と考える(65)から、対照的に丸山はそれまで一貫して公民の誕生を求め続けた「戦後民主主義」の思想家として位置づけられることになる。

だがここでも私の「戦後民主主義」理解は小熊と異なる。「戦後民主主義」は先にこの語を最初に用いた松下圭一の文章で見たように、「はじめて大衆的スケールで自由を確立した」経験なのである。それはまずは戦前の「公」を解体する運動であり、それへの復帰を許さず、人びとの私的利益の追求を肯定する運動だった。「八・一五と五・一九」で丸山が主張したのもあくまでも従来の保守と革新の二つの「民」の間の「相互交通」の意義であり、それは確かに警職法の改正阻止から六〇年安保の過程で見られた新しい運動の形態だった。だが、丸山はその発端を日本の敗戦に求めたのである。

「選択のとき」や「復初の説」や「八・一五と五・一九」などの六〇年安保の渦中における丸山の発言は、明らかに敗戦からそれまでの歴史を「戦後民主主義」の物語として描く試みだった。そのとき彼は戦後日本の政治社会の内部にいて、その成立に意味を与える物語を書いた。やや後には、「大日本帝国の「実在」よりも戦後民主主義の「虚妄」の方に賭ける」[66]とまで述べた。それほどまでに深く戦後日本の政治社会にコミットしながら、しかしひそかに丸山は「戦後の「理念」に賭けながら、戦後日本の「現実」にほとんど一貫して違和感を覚えて来た私の立場の奇妙さ！」[67]と書き置かずにはいられなかった。六〇年安保から間もない頃に、「知識人の困難な、しかし光栄ある現代的課題」は「内側を通じて内側をこえる展望をめざす」こと[68]だと自らにいいきかせたこの偉大な思想家は、戦後日本の政治社会の存立根拠を示す物語を残しながら、やがて一九六〇年代を通じて彼が愛した政治社会の周辺へと追いやられて行った。

その人を国民主義者に位置づける新たな物語を書くことは、彼の栄光を増すゆえんであろうか。

4 丸山眞男との出会い方

●石田雄『丸山眞男との対話』(みすず書房、二〇〇五年)、飯田泰三『戦後精神の光芒』(みすず書房、二〇〇六年)、苅部直『丸山眞男』(岩波書店、二〇〇六年)書評

1 はじめに――さまざまな出会い方

おそらく編集委員会が前記三冊の書評を私に命じた一つの理由は、私が石田、飯田と続いて、苅部に至る間の世代だからに違いない。著者たちはいずれも今回の著書で生年を公表しているので、失礼のないように紹介すると、一九一四年生まれの丸山に対して、石田が二三年、飯田が四三年、苅部が六五年、そして私は五二年である。丸山と五〇年に及ぶ接触があった石田は、結局未刊行に終わった筑摩書房の『近代日本思想史講座』第二巻「正統と異端」のための研究会を丸山と三〇年以上にわたって続けたという(石田、三頁及び三八頁。以下、括弧内に著者と頁数のみを記すのは前記それぞれの著書である)から、最初は師弟関係だったかもしれないが、大部分共同研究者というべきである。また飯田は六〇年代に大学院で丸山の

指導を受けているので、丸山が日本政治思想史の講義に主力を傾け、やがて東大紛争に至る時期に、身近で彼を見ていたことになる。そして苅部は現在東大法学部の日本政治思想史の担当者だが、丸山の「姿をながめ、話をきいたことが一度だけある」（苅部、二二五頁）というにすぎない。参考までに私が丸山の著作に出会ったのは東大紛争の頃で、もちろんずっと活字でしか知らず、その後お目にかかる機会も得たが、「偉い人にはうかつに近づくな」という庄司薫の『白鳥の歌なんか聞えない』の言葉をなるほどと思い、実行していた。もっとも、私がはまった七〇年代前半の頃の丸山は、今日では想像もつかないが、「忘れられた思想家」の仲間だった。

確かに石田もいうように「人生の一時点での接触から一般化された形で丸山像を作ることは、あまりに一面的」（石田、九六頁）かもしれない。ここで論ずる著者たちがそうだというのでは決してない。けれどもこれまでの丸山理解に不可避的に刻印されている各々の出会い方を比較参照しながら丸山に接近することも、彼の多面的な姿を浮かび上がらせるには有効と思われる。著作集や座談が揃い、長い間幻だった講義録ばかりか書簡集も出て、すべて並べて読めるし、本人のいない今日では、かえって個性的な出会い方がむずかしくなっている。それはプラトン以来のすべての偉大な思想家たちがたどる運命だとしても。

2　著者たちに共通の論点

丸山との出会い方に世代による違いがあって当然といったばかりだが、今回論ずる著者たちには丸山に対する理解の上で共通点も目立つ。たとえばこれらの人びとはいずれも「近代主義者」丸山というようなレッテルにかかわることなく、丸山が生涯を通じて大衆社会として現れる現代社会の問題と格闘したことを認めている（石田、八、一五八頁／飯田、一五二頁／苅部、六二、一五四頁）。

加えて注目されるのは、丸山のなかに常に事実と価値、現象と理論というような「二元的要素」があり、両者の「緊張」関係が思想形成の機動力になっているという見方である（石田、九八頁。飯田については『丸山眞男集』第一〇巻の「解題」三六五頁［後に『批判精神の航跡』筑摩書房、一九九七年、に収録］参照）。これはつとに笹倉秀夫が『丸山眞男論ノート』（みすず書房、一九八八年、後に『丸山眞男の思想世界』みすず書房、二〇〇三年、に増補）で述べたところだが、苅部はそれを丸山の自我の内部における「葛藤」と捉え、それが彼の文章に「熱気」を与えているという（苅部、一一頁）。卓抜な指摘だ。

また特に石田と飯田に顕著なのは、丸山の思索の到達点を「永久革命としての民主主義」という課題設定に見て取る視角である（石田、二五頁以下、一一八頁／飯田、二二六頁以下、一八四頁以下、また『丸山眞男集』第一五巻の「解題」三六八頁以下［前掲書収録］参照）。丸山がこの言葉を用いたのは六〇年安保の興奮がまだ冷めやらぬ頃で、そもそも「人民の支配」というのは永遠の逆説だからこそ、民主主義の制度は民主主義の理念と運動によって不断に更新されなければならないという問題提起だった。苅部の書物にはこの言葉への直接的な言及はないが、丸山は終生民主主義の制度よりも民主主義の精神を重視したという指摘（苅部、一二八頁）には、同様の趣旨がうかがえる。

さらに三者のいずれもが丸山の「他者感覚」という言葉を彼の思想を理解するためのキーワードとして

いる。しかもそうした他者感覚が丸山において培われた背景には、戦前から戦後にかけての留置場、軍隊、療養所という三度の彼の「真空地帯」経験があった。そのなかでも石田と苅部は長期にわたった丸山の戦後の結核療養所での経験を、「ひとの身になって考える」という精神態度の形成との関連で重く見ている（石田、二二四、一三八頁／飯田、一三二頁／苅部、一六八頁以下）。

私見によれば「永久革命としての民主主義」という丸山の課題設定は、議会制民主主義などナンセンスという六〇年安保当時の「革命派」知識人への批判を、話の前段ないしは文脈として持っている。つまり民主主義は「永久革命」だというだけでは、そうですかというほかはないので、逆にいえば議会などの今ある制度を使いこなした上で、民主主義をより実効的なものにするための新たな工夫が求められるのである。ここで論ずる著者たちは、丸山からこの問題への解答をいかに得ているだろうか。しばらく個別に検討したい。

3 「「古層」としての天皇制」対「永久革命としての民主主義」（飯田の視点）

飯田によれば「永久革命としての民主主義」が打倒すべき相手は「「古層」としての天皇制」である（飯田、一二一～一二二、一三二頁）。飯田の今回の著書には、彼が一九六四年度と六五年度の丸山による日本政治思想史の講義録を編集した際の「解題」が収められている。前者は鎌倉仏教論が中心で、後者は「武士のエートス」論である。飯田は、六〇年安保直後の「永久革命としての民主主義」論をもって丸山が日本政治の現状分析などの「夜店」を閉じて「本業」に復帰したことについて、「夜店」は「本業」に「中核的部分として取り込まれた」という見方をしている（飯田、一五二頁）。これは適切な指摘だと思われる。それまでの丸山が近現代の「天皇制的な精神構造」と格闘して来たとすれば、それを「原型」にまで遡って対象化しようとしたという理解である。

飯田は学生として六三年度の丸山の講義を聞いたというから、こうした理解は一つの同時代的証言でもある。石田が丸山の「古層」論を、日本文化の「等質性の神話」を固定したという意味で「勇み足」とする（石田、一七二頁）のに対して、飯田はそれを「否定・克服」のための対象化（飯田、一五三頁）と捉える。ここに「永久革命」は極めて壮大な敵を持つに至った。そのことについては、二つの問題を提出しておきたい。

一つは丸山の「原型」ないしは「古層」を最終的に「天皇制的な精神構造」（飯田、一二二頁）と呼んでよいかという問題である。六七年度までの講義録が復元された今日では、「古層」論が倫理意識、歴史意識、政治的諸観念の三つの次元を持っていたことが明らかである。しかしそれらの全体構造ということになると、「天皇制」というにはあまりに文明論的で、逆にいうと天皇制の本質が見えなくなりはしないか。さらに飯田の要約によると、結局、超越的普遍者の不在がこの「原型」をもたらした（飯田、一五三、一二九頁）わけだが、そこからなぜ「心情の純粋性」と「集団の功利主義」という二つの行動様式が生み出されるのだろうか。集団もしくは共同体に呪縛されるからというのは考えられる一つの説明だが、それだけでは「功利主義」という積極的態度が出て来る理由がわからない。答えは丸山の講義に求めるべき（京極純一『日本の政治』における「集合体コスモス」と「相即コスモス」の並列にも同様の謎がある。日本における集団と個人の関係の問題である）で、飯田の責任ではないが、そうした能動主義の湧出こそが「永久革命としての民主主義」をどこまでも阻むのではあるまいか。

もう一つは「永久革命としての民主主義」の担い手をいかに構想するかという問題である。六〇年代という時代のなかで丸山の講義を聞いた飯田が、六〇年安保以後の丸山が日本政治思想史の研究と講義に専念するようになったことに、むしろ関心の連続性を見たのは理解できる。そうであれば、安保のときに丸山が「市民派」と目されたことと、講義において鎌倉仏教を「日本の宗教改革」と位置づけたことや「武士のエートス」を論じたこととはいかにつながるのだろうか。もとより丸山が「市民」的行動様式に注目し、それを擁護した六〇年には「忠誠と反逆」論文が発表されている。しかし親鸞は「在家仏教」だからまだ「市民」とのつながりはわかるとしても、「武士のエートス」が「永久革命としての民主主義」に必要なのだろうか。この点、文庫版の丸山の『忠誠と反逆』に川崎修のすぐれた「解説」があるが、六〇年安保のときの「市民」がそれほど強い「市民」だったとは思えないし、丸山もそれを知って擁護したと思うので、できれば教えを乞いたい。

4　「他者感覚」と「永久革命としての民主主義」の結合（石田の視点）

前述のように、石田は丸山の「古層」論には批判的である。「古層」ないしは「原型」を認識として対象化することで、それから自由になりうるという丸山の意図に理解を示しながら（石田、一〇八頁）、その試みが大和朝廷の時代に作られた神話を超歴史的なものとして固定することになるのを警戒する。これに対して石田は「多数の専制」や「政治と非政治の隔絶」として現れる「大衆社会の矛盾」を克服しようとした点に、丸山の思想と学問の最大の意義を見出そうとする（石田、一一八頁、一五九頁以下）。

その際に石田は丸山が生涯を通じて「市民社会」という用語をほとんど使わなかったこと、さらに丸山においては「市民社会」が決してめざすべき目標ではなかったことを強調する（石田、一五〇頁以下）。言葉を用いなかったのは丸山にとって「市民社会」はヘーゲルがいうブルジョワ社会にほかならず、また戦前の日本においてそれが未成熟だったとしても、ほかのどこよりも確立されているはずの戦後のアメリカにおいてマッカーシズムが発生したことをもって、大衆社会の矛盾の克服には役立たないと見たと判定する。

そうした判定の背景には「市民社会」概念の有効性に対する石田自身の疑問がある。この概念の使用やそれと「中間層」との等値は、現実にある市民間の不平等や異質性を見えなくするというのだ（石田、一七九〜一八〇頁）。注目すべきことに石田は一方で「市民運動」との関わりが自分の立場を支えて来たと述べている（石田、二一五頁）ので、それだけ「市民社会」が単なる状態の概念になるのかもしれない。

私は以前に内田義彦にならい丸山を世代論的に「市民社会青年」の一人として描いた。内田はこの概念を出しただけであまり展開していないのだが、近代日本の知識人の青年期における人格形成に注目し、大塚久雄や丸山や内田自身が属する世代を、一世代上の講座派マルクス主義者たちの「社会青年」と差異化する意図がそこにあった。いわゆる「近代主義者」が他称なのに対して、「市民社会青年」は少なくとも内田にとっては自称である。丸山がどのくらい「市民社会」（もとよりブルジョワ社会という意味であり、ハーバーマス的用法は丸山の晩年のことである）という言葉を用いたかはともかく、大塚や丸山らの世代に担われた戦中、戦後の日本の社会科学を特徴付けるのに、内田の類型化は有意味だと私は考える。ただし丸山の専門は政治思想史なので、「市民社会」における政治が問題となろう。それはマックス・ウェーバーから何を読み取るかという問題でもある。この点は苅部の本が丸山の人格形成期を扱っているので、なおそこで検討したい。

さて、石田は丸山の「他者感覚」を重視する（石田、一七頁以下、一七五頁以下）。これは端的には他者に対する寛容の精神であり、自由主義の系譜に立つ。「他者感覚」という言葉自体は比較的晩年のものだが、石田によればそれは一九五九年の「「である」ことと「する」こと」に登場する「精神的貴族主義」に淵源がある。「永久革命としての民主主義」はもちろん民主主義だから、「他者感覚」と「永久革命としての民主主義」の結合は、丸山の言葉でいえば「ラディカル（根底的）な精神的貴族主義がラディカルな民主主義と内面的に結びつくこと」になるわけである。両者が相俟って画一化や政治的無関心などの大衆社会の矛盾の克服に寄与すると、石田は丸山の思想と学問を再構成する（石田、一〇〜一一、一一八〜一一九、一六〇〜一六一頁）。

石田がいうには「精神的貴族主義」も「他者感覚」も知識人に固有の役割ではなくて知性の機能であり、権力から独立した自主的集団の形成がそれを支える。そして「他者感覚」は結局すべての人に自分の経験に基づく主張をする権利を認めることだから、それだけ「永久革命としての民主主義」を推し進める要因になる（石田、二二五〜二二六頁）。

精緻な説明だが、これだともともとの丸山の命題が持っていた逆説の意味や「緊張」が薄らぐのではあるまいか。矛盾はもとより精神的貴族主義と民主主義、そして政治と非政治ないしは文化の間にある。次に苅部の本に即して、そして必要なところを先日刊行された松沢弘陽、植手通有編『丸山眞男回顧談』上下二巻（岩波書店）で補って、検討したい。

5　評伝という方法（苅部の視点）

苅部の著書の執筆動機が出版社からの評伝の依頼にあったのか、それとも評伝を書くことで今までわからなかった丸山の思想と学問の構造に光を当てることにあったのかはわからない。しかし評伝を書くことの一つの意味が対象から距離を取ることにあり、逆に対象からの距離がなければ評伝は書けないことは容易にわかる。苅部の著書は「リベラリストの肖像」という副題を持つが、評伝は文字通り言葉で描く肖像もしくは肖像画である。苅部自身が「全体像をくまなく描くのは……新書の紙数でできることでもない」（苅部、一五頁）というが、骨太のデッサンということもある。最近出た石崎津義男『大塚久雄　人と学問』（みすず書房）は本文わずか一四〇頁足らずだが、それを読むと大塚がいかにモデル構築というか概念構成の達人であったかがわかる。

思想家の評伝にもし陥穽があるとすれば、それはその人物の思想をもっぱら彼の人生の歴史から説明しようとする場合だろう。それも一つの解釈だが、それではテキストを読む楽しみが奪われる。丸山が少年時代を過ごした四谷愛住町が東京の山の手と下町の境界だったこと、彼の家には父幹治を間にして長谷川如是閑や井上亀六ら左右両翼のジャーナリストが日常的に出入りしていたことなどの記述（苅部、二五、三六頁）は後年の丸山が築く思想の幅の広さをうかがわせるが、そうした事実がそのときどきにおける彼の政治的選択の理由を説明するものでないことはいうまでもない。

苅部が描く人格形成期の丸山を通じて浮かび上がるのは、常に逡巡する姿である（「両義性を帯びた態度」という表現がある。苅部、三五頁）。この逡巡が葛藤につながり、そこから決断が生まれるとそれが熱気を帯びるという苅部の解釈の卓抜さについてはすでに述べた。ただしどちらかというと苅部が描く丸山は弱く保守的な像に傾いている。若き日に思いがけず思想犯の嫌疑で拘留されたとき（苅部、五一頁）はもちろんだが、後の六〇年安保に際しても「大衆運動のもりあがりに、大きな不安を感じてもいた」（苅部、一七九頁）と述べているのは、やや根拠が曖昧だが、それが苅部の丸山像なのだろう。

先日出た『丸山眞男回顧談』からは丸山の肉声がうかがえるが、一高時代の彼は「はっきりアンチ左翼」だったという（上、四九頁。以下、上下と頁数のみを記すのはこの書物である）。思想よりも寮生活のなかでの彼らの行動様式に違和感を持ったらしい。とすれば、東大に進学して「政治学に於ける国家の概念」を書いた頃の丸山は、『日本資本主義発達史講座』などの影響を受けて思想的により左傾化したことになる。彼が東大を卒業した一九三七年は日中戦争勃発の年だが、この年を境に知識人の間で総力戦体制を支持する多数派とその外に立つ少数派が分岐する。そのとき丸山は歴史主義の流れに抗して立つ師南原繁の姿に深い感銘を覚えた（上、一九〇頁以下）。その南原にしてももし自由主義者かと問われたら、彼自身それを個人主義の意味に受け取って即座にノーと答えただろうという丸山の述懐は興味深い（上、二五二頁）。「リベラリスト」とはかくも多様な存在なのである。

丸山の回顧談でさらに印象に残るのは、彼が戦時中大塚久雄の影響を受けたといい（上、一三頁）ながら、生産過程を重視する大塚は「中間層を、ある意味で積極的に捉えた」ナチに一定の理解を示したとする指摘である。政治的見地からはナチによる立憲制並びに議会制の破壊は反動にほかならず、大塚史学では「ウェーバーの国家論と政治学とが、必ずしも十分に検討されていない」（上、一九五～一九六頁）と丸山がいうのは、彼の関心がつとに中間層の動向にあり、その意味で立憲主義を通じた市民社会と国家の関係の不断の構築に注がれていた事実を物語る。私はやはり丸山を「市民社会青年」の一人と感ずる。

苅部の評伝からは、日本経済が高度成長を遂げた六〇年代においても、主体的人格の形成（福沢がいう「一個独立の気象」）という点で、丸山が決して楽観的な見通しを抱いていたわけではなかったことが伝わって来る（苅部、一八八～一八九頁）。加えて今回の『丸山眞男回顧談』の刊行が明らかにしたのは、丸山の東大法学部に対する思い入れが想像以上に強く、しかも政治コースの独立や学部を五年制にする改革や東大をスクールとセンターとプロジェクトの三つに解体するなどの彼の案がことごとく潰えた後に、東大紛争が起きたという事実である（下、二六〇頁以下）。この方面からも、書かれるべきことはまだ多い。

5. 隠れたる市民社会

●引き延ばされた社会契約の結び直し

序――課題と視角

かつて六〇年安保のさなかに、丸山眞男は民主主義擁護のスローガンを出すことが肝心の安保問題から国民の目をそらすことになるのではないかという批判に答えて、「安保阻止か民主主義闘争かという二者択一の問題提起がそもそもおかしい……権力にたいする国民の安全感の問題として捉えれば、二つの目標は一致する」と述べた(1)。もとより丸山は安保問題が複雑微妙であることをよく承知していた。それに比べればともかく強行採決に反対するという立場は単純明快だった。実際、強行採決が行われた五月一九日を境に、反政府行動の規模は拡大した。そして、それは戦後民主主義の運動の最大の資産となった。

多くの人が知るように、今日に至るも安保問題は複雑微妙である。日米安保条約はそもそも日本の安全に寄与するのか。アメリカから見て片務的な関係を双務的なものに変えること、言い換えれば対等な軍事同盟にするということは何を意味するのか。日本の自主性とは何か。アジア諸国の理解は得られるのか、等々。外交・防衛当局のみならず、論壇、ジャーナリズムにおいてもなかなか結論は得られない。

第二次世界大戦において、日本国民はおのれの安全保障を政府に委ねることの大いなる危険を知った。戦争は国民に国家権力を容易に信じてはならないことを教えたのである。それが民主主義の原点の思想であることは言うまでもない。丸山が「権力にたいする国民の安全感」を問題にしたゆえんである。もともと政府を作るのは国民の安全を確保するためだが、ほかならぬその政府が国民の安全を侵害する場合がある。だから民主主義には終わりはないし、それは平和主義の思想とも密接な関係を持たざるをえないのだ。この間の事情を坂本義和は、「(軍国主義に──引用者)だまされた国民の深い権力不信は、戦後日本に自由主義が根づいていく起点をなした」と見て、「このホッブス的自然状態に似た市民社会、それが戦後の「焼け跡民主主義」の起点だった」とし、「平和主義を原点とする市民の行動が、国家権力のコントロールという機能を、戦後一貫して果たした」(傍点原文)と述べている(2)。

内外の脅威から生命や財産の安全を得るために、市民が国民となり、同意に基づいて政府を形成するというのが社会契約説の要諦である(3)。いつ、どこで、誰が契約を結ぶのかという問題はもちろん存在する。しかしながら、事柄は権利問題であって必ずしも事実問題ではない。すなわち、社会契約説は国家権力の存立根拠を示すものなのである。ここにこの学説が、国家創設の歴史的事実よりも、むしろ支配の正統性の物語を要求する理由がある。

ロバート・ベラーは、人が自己を見出すとは自分の人生の物語を見出すことであり、それは彼が属するさまざまな共同体から与えられるという趣旨のことを繰り返し述べている。それゆえ「真の共同体とは「記憶の共同体」」のことである(4)。ベラーの『破られた契約』と『心の習慣』の二つの書物の翻訳が出たのは、一九八〇年代から九〇年代にかけてのことだった。彼は各々の日本語訳に興味深い序文を寄せ、それらのなかでアメリカ社会が現在「新しい社会契約」の必要に直面していること、ただしそれはレーガンモデルでも日本モデルでもなくて、聖書的伝統と共和制的伝統を受け継いだ第三のモデルであるべきこと、八〇年代の日本から見ればアメリカの個人主義はもはや行き詰まっているように思えるかもしれないが、お互いに文化の直輸入は困難で、つとめて相互に学び合うことが大切だと控え目に述べている(5)。

前後してアメリカ以上に「新しい社会契約」の必要に直面したのは日本だった。冷戦の終焉とそれに引き続く湾岸危機は日本の安全保障のパラダイムを変えた。憲法に戦争の放棄と戦力の不保持の規定を持つことが直ちに平和主義の実践を意味し、米ソ対立があるがゆえに、その憲法の存在にもかかわらず日米安保条約を結べば、アメリカは当然に日本を守るという時代は終わった。湾岸危機が起きた当初は「国際貢献」の要請という誤った言葉で捉えられたこのパラダイム転換(6)は、やがて世界の国々に理解されるような日本自身の主体的な安全保障政策の構築という重い課題をもたらすことになった。

悪いことに、一九八九年を頂点として、日本はバブル経済のただなかにいた。それがはじければはじけたで、今度は人びとは長引く不況に苦しんだ。加えて、昭和天皇の死去は改めてかつての日本の戦争責任の問題を浮上させ、冷戦の終焉という国際環境の変化と、日本帝国主義の被害を受けた東アジア諸国における自由化の進展と、そして第二次世界大戦からまもなく半世紀が経とうとする時間の経過は、大規模な歴史の見直しの作業を開始させた。内外において、過去、現在、未来のすべてにわたって、日本の進路が追及されたと言ってよい。

言うまでもなく、国の安全保障政策は憲法問題に関わる。だが、その意味での憲法問題は単なる条文の変更の問題ではなくて、それを制定する民主主義の手続きの問題でもあり、要するに市民が政府に何を求め、代わりに何を負担するかの社会契約の問題である。大筋を言えば、その種の契約には一八、一九世紀的な安全保障の条項と、二〇世紀的な社会保障の条項とが含まれようが、まず何よりも市民であり国民である人びとの安全と自由が問題である。

こうして八九年に始まり、九〇年代を通じて、新たな日本の国家像が模索された。このたびの模索の担い手は、明治期や敗戦直後と異なり、文字通り日本の市民であり国民であった。時期的には、その間の日本経済の落ち込みに注目して、「失われた一〇年」と呼ばれる時代に相当する。しかし、ここでの観点からは、それは何ものかを探し求めた一〇年だった。確かにそこには冷戦期の思考に慣れた惰性も存在した。けれども逆に言えば、それは戦後の日本の平和主義がそれなりに根付いたことの現れでもあった。九〇年代前半の日本の政治が、有権者国民に対して、海部、宮澤、村山という比較的ハト派の首相を相次いで登場させたのも、そのことの一つの証左である。

けれども、探し物は簡単には見つからず、結論を先に言えば、それはついに九〇年代を通じて未完に終わった。むしろ日米安保の再定義とも再確認とも言われる作業によって、そうした試みはいったん元の鞘に収まったかに見えた。だが、二〇〇一年九月一一日のアメリカ同時多発テロの発生とそれに引き続く事態は、問題が決して終わっていないことを明らかにしたのである。

本章は、この九〇年代における日本の安全保障問題をめぐる思想変容を追跡する試みである。その際、資料としては主に総合雑誌の論文を用いるが、実はそれらを通じてその奥にいかなる日本の市民社会の姿が見られるかに関心を持つ。社会契約説を援用し、できるだけものごとの根本に立ち返って、黙示的なものであるにせよ、市民ないしは国民の合意内容の有無を検討したい。

ところで市民社会については、東欧諸国の自由化を契機に台頭した「新しい市民社会論」の影響のもとに、今日では国家（政治）のみならず、市場（経済）にも対抗する、自発的結社ないしはいわゆる中間集団の役割に着目する考え方が多数派である(7)。しかしながら、本章では、あえて漠然と社会的中間層のことと考えておきたい。政治の中心的な担い手として中産階級（ミドル・クラス）ないしは中間層を想定する見方はアリストテレスにまでさかのぼると言われる(8)が、本章においても、その意味での市民社会がいかなる国家像を形成しつつあるかに照明を当てる。

通常の政治システム論では政府の方がブラックボックスだが、ここではそれをひっくり返して市民社会の方をブラックボックスとして考えたい。すなわち、政府や知識人の政策や言論として市民社会に対して行われる入力がいかなる出力を生むかを、これも政府や知識人における認識と評価を通して考察する。論壇誌が主な資料となるゆえんである(9)。

もとよりここで、その存在が前提されている市民社会は多様な側面を持つと考えられる。たとえば栗原彬は、政治改革の必要が強く叫ばれた時期に、「政治システムは、市民社会の中に利益誘導回路を地下茎のようにはりめぐらして、そこからシステム維持の養分を吸い上げてきたのであって、その欲望の達成方式は「心の習慣」として市民社会に刻印されている」とロバート・ベラーの著書のタイトルを逆手にとって指摘しつつ、「腐っているのは政治の世界ばかりではない。市民社会もまた、明るさと清潔さの中に静かに腐っている。政治改革の声は、政治の世界に向けられるだけでなく、市民社会にも投げ返されねばならない」と述べている(10)。われわれは市民社会の明るく希望的な面だけを、すくい取ることはできないだろう。何らかの概念なくしては現実の認識はかなわぬとしても、できるだけあるがままの市民社会の姿を見たい。

1　八九年の思想

世界においてさまざまな変化の兆しが見えた一九八九年は、わが国においては天皇の死で始まった（一月七日）。それは戦後史における初めての経験だった。昭和天皇の死は少なくとも三つのことを人びとの意識に上らせた。第一に、死去に至る前年の後半、日本の社会は異例なまでの「自粛の全体主義」に覆われた。それは多分に零落した形ではあれ、かつて戦争への道を地ならしした現人神信仰の突然の再現だった。しかも歌舞音曲の自粛は強制によるよりは、いわば横ならびの行動様式に基づくものであり、そこにはそうした自画像に自身で当惑する日本人の姿さえ見られた。第二に、それはもとより一つの時代の終わりと、平成という未知の元号が冠せられた新しい時代の始まりとを多くの人びとに予感させた。念のために繰り返せば、わが国においてはたまたま新しい時代の到来は、冷戦の終焉によってよりも昭和の終焉によって一足先に告げられたのである。そして第三に、昭和天皇の死は、果たして日本国憲法のもとにおける初めての天皇の代替わりがいかにして行われるのかという内外の関心を呼び起こした。

天皇制の問題は、本章で取り上げる日本の安全保障の問題とは直接には結び付かない。けれども、日本国憲法が掲げる三大価値は国民主権と基本的人権の尊重と平和主義であり、国民主権の裏側にある象徴天皇制の存続を左右するかもしれない事柄への関心は、この憲法の制定過程から見ても、平和主義の維持への関心と連動する可能性が大きかった。

すぐ前の第三に述べた内外の関心の一部は、死去の二日後に行われた即位後朝見の儀における新天皇の「お言葉」のなかに、「皆さんとともに日本国憲法を守り」という一句が盛り込まれたことによって早速満たされた。国民に対する「皆さん」という呼びかけとともに、天皇自身が日本国憲法の枠内の存在であることが改めて表明されたわけである。

天皇の代替わりの数々の儀式（大喪の礼は二月二四日）を司った竹下登内閣は、あたかも一連の儀式の終了とともに、前年から発覚したリクルート事件の責任を取って退陣を表明した（四月二五日）。大平正芳内閣以来、四代の首相が十年の歳月をかけてようやく実現した消費税の導入（四月一日実施）と、まさに天皇の代替わりの円滑な執行とが竹下内閣の業績となった。けれども、このバブル経済のまっただなかの消費税の導入とリクルート事件こそは、その後の九〇年代の日本の政治経済の重い足かせとなったのである。わけてもリクルート事件の足かせは三重だった。すなわち、この事件に対処しなければならないこと、そのために他の政治課題への取り組みが遅れることと、結果として指導力に欠ける首相を相次いで生み出さざるをえなかったことにおいて。

リクルート事件は自民党のほとんどすべての実力者を巻き込んだために竹下内閣の後継内閣はなかなか決まらず、宇野宗佑内閣が発足したのは六月二日だった。その二日後の四日、中国の北京で天安門事件が起きる。胡耀邦前共産党総書記の追悼をきっかけとする学生たちの民主化要求運動が戦車によって制圧され、多数の死者を出した事件である（まもなく趙紫陽総書記は解任され、江沢民が後継者に就任）。それはこの年の八月から始まり、一一月のベルリンの壁の崩壊につながる一連の東欧諸国の自由化、民主化運動の先触れだったが、六月の時点ではもちろんその関連は明らかでなかったし、それらがやがてリクルート事件で揺れる日本の政治に大きな影響をもたらすことになるのも知るよしもなかった。ドイツにおけるベルリンの壁の崩壊が九一年のソ連邦の解体にまで進んだのに、中国では軍事的制圧が可能だったのは、もっぱら政府側と運動側の力関係の違いによるものだろう。

天安門事件は当時のわが国ではどのように見られたか。中嶋嶺雄は今回の運動の意義は「五・四運動に匹敵するもの」と見なし、六八年のプラハの春や八〇年のポーランドの連帯の運動との類似性に言及した上で、「わが国における六〇年安保と比較してみて、そこに多くの共通性があったことを、六〇年安保の運動者の一人でもあった私は痛感せざるをえない」と述べている。中嶋によれば、六〇年安保は日本における「市民社会的成熟」を示す出来事だったのであり、今や中国もそうした段階に到達したというメッセージが言外に込められている(11)。

社会主義体制をとる国についての同様の認識は、九一年のソ連のいわゆる八月革命に際して、下斗米伸夫が「ソ連ではじめて「市民社会」と「国家」の争いが行われ、市民が国家に勝利した」という判断を下しているところからもうかがえる(12)。八九年段階のソ連については、武者小路公秀の「ペレストロイカが出たことによって、民主主義は資本主義側にあり、社会主義は官僚的で、圧制的であるという五〇年代以来の仕組みがひっくり返って、民主主義と社会主義の組み合わせも出てくる」という期待を込めた指摘がある(13)。社会主義の見通しに関する武者小路の認識の甘さを今日から批判することは容易だが、ここでは八九年の思想が圧倒的に後の「新しい市民社会論」の出発点を築くものだったことを、これらの指摘から知ればよい。それはむしろ「新しい」という形容詞さえ付ける必要はないぐらい、古典近代的な市民社会論だった。

ひるがえってわが国を見ると、七月の参議院選挙ではリクルート事件と消費税に対する反発と宇野首相の女性スキャンダルなどのために自民党は三六議席と歴史的敗北を喫し、四六議席を獲得した社会党などの野党が初めて総議席で自民党を上回る結果を出した。中国やソ連や東欧諸国では共産党の一党支配が市民の批判を受け始めているときに、日本においては土井たか子委員長の率いる社会党が与党自由民主党に対する有権者の批判の受け皿となったのである。

土井委員長は社会党の労組依存を改めて市民の政党にしようとした人である（結果はうまくいかなかった）と同時に、筋金入りの護憲論者だった。社会党に票が集まったのは明らかにリクルート事件などのためだったが、土井社会党としては憲法擁護の平和主義の立場が国民の支持を得たと解釈しても不思議はなかった。翌年の湾岸危機に端を発して九二年六月に国会でＰＫＯ協力法案が採決を迎えたとき、土井はすでに委員長を退いていた（九一年七月に田辺誠と交代）が、社会党は牛歩戦術で抵抗し、ついに六〇年安保のときにもしなかった議員総辞職願を衆議院議長に提出した（議長はこれを認めなかった）。その社会党（九三年一月に山花貞夫が委員長就任）が九三年七月の総選挙後には小沢一郎の新生党などと連立を組んで細川護熙内閣を誕生させ、翌年には自民党、新党さきがけとともに村山富市内閣を作って自衛隊と日米安保条約の維持をうたうようになるのだから、有権者の理解を得るのはきわめて困難だった。

日本の戦後史のなかで、社会党は社会主義の政党というよりも平和主義の政党だった。そのことは世界的に社会主義政党が蹉跌に直面したときも、この党を生き延びさせる要因となるかに見えた。だが、結果的にこの平和主義をめぐる八九年以後の迷走が、同党の勢力を大幅に後退させたと言わざるをえない。それほどに、冷戦の終焉がもたらした安全保障のパラダイム転換のインパクトは大きかったのである。

ところで、宇野内閣は参議院選挙敗北の責任を取って二か月で退陣し、海部俊樹内閣が登場した。リクルート事件に対する世論の批判とは別に、自民党内は依然として竹下派支配のもとにあり、しかも各派閥の領袖はこぞって事件に関与していたから、新鮮味が頼りの海部首相は、近く予定された総選挙で土井社会党に対抗するためにとりあえずかつぎ出された「操り人形」だった。この内閣で翌年、湾岸危機が発生するのである。

一九八九年を通じて日本の政治は決してほめられたものではなかったが、中国の天安門事件も東欧諸国の自由化もまだいわば対岸の火事だった。それまでの社会主義体制が抑圧的なことは多くの人の知るところであり、それらの地域で市民社会の台頭が見られたことは、旧体制を打破したちょうど二百年前のフランス革命を想起させた。リクルート事件は金権政治と派閥政治是正の手段として衆議院の選挙制度改革の議論をもたらし、こうして九〇年代前半の日本の政治はこの政治改革のためにささげられることになる。考えてみれば、就職情報誌の刊行で急成長した企業がからむ贈収賄事件と世界における自由化や民主化の波とは、まさに市場のあり方を根本的に変える情報化の進展という同じ土俵の上にあるものだったが、そうした世界共通の大変動のイメージが実を結ぶためには、ソ連、東欧の社会主義体制が最終的に挫折してグローバル資本主義が文字通り地球を席巻するまで、もう少し時間が必要だった。

2　湾岸危機

八九年の一二月、アメリカのブッシュ（父）大統領とソ連のゴルバチョフ最高会議議長は地中海のマルタ島で会談して、東西冷戦の終結を宣言した。もとより冷戦という異常な事態には終止符が打たれた方がよいには違いない。しかしながら、冷戦の終焉はまったく新しい国際秩序をもたらす可能性があった。よく知られた議論としては、フランシス・フクヤマの『歴史の終わり』（論文は八九年、著書は九二年、邦訳も九二年）と、少し後のサミュエル・ハンチントンの『文明の衝突』（論文は九三年、著書は九六年、邦訳は九八年）があるが、ここでは『世界』の九〇年一月号の掲載だから、前述の米ソ首脳会談とほぼ同じ頃に佐々木毅が著した「二〇世紀的政治システムの融解」という文章を見ておきたい。

すなわち、佐々木は、冷戦の終焉がもたらす「力の拡散」とそれに伴う自由にはチャンスと共に危険が伴うということを誰も否定できない」し、「冷戦の重しがとれることによって、紛争の種が増えるという判断にはそれなりの説得性がある」と言うのである(14)。これはきわめて早い時期の不気味な予言だった。佐々木はこの頃『朝日新聞』の論壇時評も担当していて、そこでフクヤマの論文はアメリカの「自己満足」を反映するが、当時いちはやくそれを批判したハンチントンの立場は「引き締め」論だと位置づけている(15)。結果的にこの場合、悲観論の方が的中し、しかもそれを示す事件は直ちにやって来た。

ところで、湾岸危機に言及する前に、八〇年代末に登場した「日本異質論」とこの時期の日米関係についてふれておきたい。周知のように「日本異質論」にはウォルフレンの「日本問題」論文(八七年)やファローズの「日本封じ込め」論文(八九年)などがあるが、注意すべきは「日本異質論」と呼べるような指摘は少なくとも戦後早くから存在したことである。この点はたとえば梅垣理郎が編集した『フォーリン・アフェアーズ』の日本関係論文集を読めば明らかであって、日本は民主主義という西洋の政治制度を果たして導入できるのかとか、自由世界の一員となる意思はあるのかという懸念は、戦後すぐの時期には欧米の論者によって広く共有されていた(16)。その意味での悲観論は、あるいは今日のイラクに対するもの以上だったかもしれない。

だから、日本は主権国家ではないとか、日本には自由市場経済がないといったウォルフレンの改めての指摘も、それらがなされた時代の文脈を理解しなければ本当の意味はわからない。つまり八〇年代末の

「日本異質論」は、日本が一時アメリカを経済的に圧倒するなか（そのピークはソニーによるコロンビア映画の買収などがあった八九年）で、そうした結果を生んだ日本の政治経済システムの特性（チャルマース・ジョンソンが『通産省と日本の奇跡』で言う「資本主義的開発国家」）に向けられた、フェアでないという苛立ちだった。それはあたかもこの時期に進められた「日米構造協議（SII）」の通奏低音をなす。

プラザ合意以後のマクロ政策協調が効果をあげないなかで、日米の貿易不均衡の構造的障壁を取り除くという名目で八九年九月に開始された日米構造協議は、九〇年六月に①貯蓄と投資、②土地利用、③流通、④排他的取引慣行、⑤系列取引、⑥価格メカニズムの六分野についての対日提案をもって決着した。そこには日本が今後一〇年間で四三〇兆円（！）の公共投資を行うことなども含まれたが、それだけでなく「現金自動支払機の24時間作動」や「酒の販売制限の廃止」のような二百項目に上る詳細な内容があり、「第二の占領政策」と言われるほどの衝撃的なものだった(17)。一説によれば、外圧を利用して国内改革を進めるために、外務省は大蔵省や通産省（この両者もライバル関係にある）に対抗して積極的に情報提供を行ったと言われる(18)が、アメリカは日本の消費者の利益を標榜しつつ、内政干渉とも思える膨大な改革要求を突き付けた。ゆえに、日本の論壇には、石川好のように「日本は外国から国民の「性格はがし」に出会っているのだ。これは明らかに、ある独立国に対する最後通牒に近い」という反発も生まれた(19)。にもかかわらず、日本側は、リクルート事件の後遺症が残るなかで、竹下派支配と外務、大蔵、通産など、省庁縦割りの官僚制の上に乗る、脆弱な海部内閣で対応せざるをえなかった。それはバブルの絶頂期の日本を襲ったきわめて深刻な脅威だった。そして、ほどなく湾岸危機が発生する。

イラクのクウェート侵攻は九〇年の八月二日である。国連の安全保障理事会は拒否権の行使もなく同日直ちにイラクの無条件撤退を決議（決議六六〇）し、六日には輸出入全面禁止などの経済制裁を決めた（同六六一）。アメリカはサウジアラビアへの派兵を決定すると同時に多国籍軍の結成を呼びかけ、イギリス、フランスなど、最終的に二八カ国がそれに参加した。その他、韓国、スイスなど八か国が医療や後方支援のために軍隊を派遣した。一一月八日、アメリカは一五万人の米軍の増派を発表。二九日、国連安保理事会は九一年一月一五日までにイラクがクウェートから撤退しない場合には武力行使を認める決議（同六七八）を採択した。その期限を過ぎた一七日、米軍を中心にした多国籍軍は空からの攻撃を開始。二月二四日には地上軍を投入し、二七日に全土を制圧した。アメリカは武力行使の正統性を得るためには国連安保理を最大限に活用し、実際の開戦の決断と戦闘においてはあたかも単独主義を貫いた(20)。

アメリカの日本に対する要請は、九〇年八月一四日、ブッシュ大統領が電話で海部首相に「掃海艇や給油艦を出してもらえれば、デモンストレーションになる」と述べる形で伝えられた。憲法上の制約を挙げ「何ができるか検討しましょう」と答えた海部首相は、遠回しに断ったつもりだったらしい(21)。そこから日本の困難は始まった。自衛隊の海外派兵はもちろん憲法上の制約からできない。輸送協力や医療団の派遣も、民間に委ねれば、なぜ彼らを真っ先に危険にさらすのかという問題が起こる。とりあえずできるのは多国籍軍への資金提供（これも集団的自衛権の行使に当たる可能性があった）であり、政府は最初八月三〇日に一〇億ドル、九月七日に来日したブレイディ財務長官が橋本龍太郎大蔵大臣に強く迫った結果、一〇億ドルの上積みと周辺国に二〇億ドル、合計四〇億ドルの援助を決めた。けれども、アメリカ側の反応は「too little too late」だった。九一年一月二四日に日本はさらに九〇億ドルの追加支援を決めるが、「日本はたたけばカネを出す」、カネは出すが「血と汗」は流さないという印象を広めただけだった。「日本異質論」に見られた経済大国日本に対する批判は倍加した。三月一一日にクウェート政府がワシントン・ポスト紙に出した「米国と世界の国々にありがとう」の全面広告に掲げられた三〇か国のなかに日本の国名がなかったことも、国際的評価を象徴するものとして受けとめられた。

この間、海部政権は九〇年九月から、人的貢献のための「国連平和協力法」の作成に取り組んだ。しかし、当初から参加する自衛隊員の身分が問題となり、別組織、出向、併任と二転三転した。別組織を主張する外務省と、併任の意向の防衛庁の間で、激論も闘わされたという(22)。法案は一〇月一六日に国会に提出されたが、政府の答弁は混乱し、衆議院も通過しないまま、一一月八日、廃案が確定した。以上が、多くの論者によって日本外交のトラウマになったと指摘される(23)一連の事態の推移である。

事態の進行とともに、日本の論者はどのような発言を行ったか。自衛隊の派遣(派兵)に積極的だったのは佐藤誠三郎である。総合雑誌の『中央公論』は一九六〇年代以来、日本外交に関する現実主義の観点からの論文を多く載せている(ちなみに、中央公論社が読売新聞の傘下に入るのは九九年三月から。なお、九〇年から九八年にかけて同誌は『フォーリン・アフェアーズ』と提携関係を持った)が、佐藤はその代表的な論客だった。湾岸危機の勃発直後、佐藤は「もし日本人が今後もなお「戦後」意識から脱却できず、集団的自衛権の否定に固執し、地域紛争に対し経済的協力以外は何もしようとしなければ、「危険で、きつく、汚い」仕事はしたくないという自分勝手な国であるという国際的批判を免れることはできない」と述べている(24)。ここで佐藤が日本国憲法を改正するかどうかはともかく、集団的自衛権の行使を容認し、さらに日米安保条約の極東条項の範囲を超えて米軍に対する自衛隊の協力が可能だと考えているのであれば、ある意味で話は簡単である。

けれども、どう考えてもイラクは極東ではないから、さしあたり日米安保に基づく提携はかなわないし、さらにイラクに対する武力行使は、たとえ中心は米軍でも、国連安保理の決議が担保する多国籍軍によるものであった。海部内閣が終始「対米関係への配慮」からしか湾岸危機を捉えない傾向にあった(25)のは事実だが、日本の対応を考える文脈は、あくまでも冷戦の終焉以後の地域紛争に対する世界的な取り組みにあったと言わなければならない。日本の安全保障政策は何か。必要とされたのは手段ではなく目的であり、思想であった。そして、日本にはその準備がなかった(26)。

北岡伸一は、やはり『中央公論』誌上において、「そもそも「貢献」という言葉自体、部外者に対する協力を意味する言葉であって、当事者の使う言葉ではない」と述べ(27)、やや後に、「湾岸危機の解決のために日本が行なうのは、国際社会の一員としての義務であった。最小限度の義務を貢献とは言わない。……貢献という言葉が出てきたのは、日本がいまだに国際社会の一員として確固たる位置を占めておらず、また国民の間にそのような覚悟が定着していなかったからであろう」と言っている(28)。北岡の見解は「直接的な軍事力の行使は、憲法違反であるが、国際的に正当化され、要請された軍事行動に協力することとは、何ら憲法と矛盾しない。むしろそれは、「正義と秩序を基調とする国際平和を誠実に希求」する行為であって、九条の趣旨に合致し、国連憲章に忠実な行為なのである」というものだった(29)。

にもかかわらず、「国民は、何もしない海部首相、何もしない自民党を支持したのであり、何かをしようとしたとき、これに拒絶反応を示した」(30)のだ。たとえば、九〇年一一月六日付の『朝日新聞』の調査によれば、国連平和協力法案への賛成は二一%、反対は五八%、自衛隊の海外派遣については「派遣できるようにする」が一五%、「派遣すべきではない」が七八%だった。海部内閣が早々に同法案を廃案にした背景にはこのような世論の動向があった。政治家も国民も「平和ボケ」状態にあったと言われても仕方がない(31)。

北岡の見解は集団的自衛権と集団的安全保障の概念を区別するものであり、小沢一郎幹事長に促された海部首相が国連平和協力法案の審議中の国会で行った答弁とも一致していた。後述するように、小沢はこの見解を九三年刊行の『日本改造計画』でも貫いている。だが、冷戦の終焉によって国連の機能に改めて息が吹き込まれたにしても、恒久的に集団的安全保障を担保するような仕組みはまだ整っておらず、早い話がアメリカが単独主義に転じたときに日本はどうするのかは依然として闇のなかだった。だから、石川好のように、「世界的に、特にアメリカを中心に好戦気分が高まっていた時、あえて「何もしない」と宣言することは恥多いことだろうが、やらかしたことの後始末もせずに生きてきた報いだと覚悟し、日本の政財界リーダーたちが、「何もできません」と各国に説明行脚すれば、参戦より清貧に甘んじた国として、日本にも何ほどかの名誉は、いつの日にか与えられるであろう」と述べる者も現れた(32)。

繰り返して言えば、求められたのは思想であり、日本の国民が自らの安全保障とそのために欠かせない世界の平和のために、社会契約によりいかなる政府を作って活動するのかを内外に説明する物語である。

田中直毅が述べたように、「日本国憲法体制「選び直し」のとき」だった(33)。言うまでもなく、それは護憲か改憲かの選択よりも深い決断である。

戦後日本の外交路線について、現実主義よりは理想主義を掲げて来た総合雑誌の『世界』を見よう。そこで最も深く鋭い議論をしたのは、五十嵐武士だった。アメリカ研究者としての五十嵐はまず「国際的正義に反する侵略に対してアメリカはどこで起きても同じように対応するかといえば、必ずしもそうとはいえない」と述べ、武力行使に至った要因は二つあって、「一つは、中東の主たる友好国であるサウジアラビアに対する脅威であり、もう一つは、世界的な石油の供給の安定確保ということ」だと見なす。そして、対イラク制裁について「アメリカ側の日本の協力に対するプレッシャーが非常に強い。いままで経験しないぐらいの強さであることも事実で……アメリカ側は血も汗も流すのに、日本が汗も流さないのはけしからんという主張をして」いるが、「日本にとって現在いちばん重要なことは何かというと、中東における戦争を自主的に判断する視点を持つということ」だと述べる。なぜならば、一九八九年の一日当たりの石油消費量に占める湾岸地域からの輸入量の比率がアメリカは一一・四%であり、EC諸国が三一・五%であるのに対して、日本は何と六〇・五%であり、クウェートからの輸入量はアメリカが一・七%しか依存していないのに、日本は六・三%とはるかに高いからであった。したがって、この地域での紛争解決に力を持つアメリカへの日本の依存度も高くならざるをえないのだが、だからこその自主的判断の必要だった(34)。ここで、その後の事態の展開に少しふれる。

海部内閣に代わり、九一年一一月に成立した宮澤喜一内閣は本格政権の呼び声が高かった。しかし、その成立に当たり、竹下派会長代行の小沢一郎が三人の自民党総裁候補者と面談したことは、依然として竹下派支配が続いていることを国民に示した。その小沢は自民党の「国際社会における日本の役割に関する特別委員会」の会長として、九二年二月に、国連の指揮下での武力行使は憲法上容認されるという内容の答申を出す。小沢の持論の再度の表明である。

宮澤内閣のもとで国際紛争解決への人的貢献の問題は、国連平和維持活動協力法（PKO協力法）案として九一年秋の臨時国会に提出された。しかし、継続審議となり、翌年の通常国会に持ち越される。同法案は結局六月一五日、PKF（軍隊の引き離しとか捕虜の交換など）の部分は凍結して、社会、共産両党の強い抵抗のなか、自民、公明、民社、三党の賛成で成立した(35)。同法は「我が国が国際連合を中心とした国際平和のための努力に積極的に寄与することを目的とする」ことをうたい（第一条）、国連平和維持活動とは国連の総会または安保理事会の決議に基づいて武力紛争の終了後に紛争当事者の同意のもとで行うものと定めた（第三条）。国際平和協力業務の実施は「武力による威嚇又は武力の行使に当たるものであってはならない」（第二条②）。肝心の協力隊として業務を行う人びとの身分は、自衛隊員の場合は併任とされた（第一二条④）。この法律に基づいて、早速九月に自衛隊がカンボジアへ派遣される(36)。

以上の経緯を踏まえて、雑誌『世界』の九三年四月号に、古関彰一、鈴木佑司、高橋進、高柳先男、前田哲男、山口定、山口二郎、和田春樹、坪井善明の連名で、「共同提言「平和基本法」をつくろう」が掲載された。それには「平和憲法の精神に沿って自衛隊問題を解決するために」という副題が付されていた。「共同提言」は、「他に例をみない日本国民の精神的脱軍事化は、むしろ戦争に対する真の責任感覚を欠くところに成立したものであることを、私達は認めなければならない」と率直に述べる。戦後と呼ばれる時代についても、あえて「日本は気分的に戦争と軍隊に背を向けたが、世界は引き続き世界戦争の時代であった」と特徴づけられる。進歩的な政治学者、国際政治学者を総結集した観があるこの「共同提言」にして、この言葉ありきである。そこにはさらに「平和基本法要綱（案）」として、「最小限防衛力」や「平和・軍縮省（あるいは平和・安全省）」や「国土警備隊」などの新しい概念や組織の規定が掲げられた。これらの理念を貫くのは、「憲法第九条を具現化（インプルメンテーション＝理念に基づいて、具体的な解決をあたえていくこと）するための叡知」とされた(37)。「インプルメンテーション」という言葉は、かつて『世界』が最も輝いた平和問題談話会の結成当時に、法政部会の報告で蠟山政道の提案に基づき、「日本は戦争放棄と民主主義を新憲法の根本理念として承認し、非武装国家として再出発した。しかし今日の国際社会において、この平和民主憲法のImplementationはいかなるものかということは必ずしも明らかでない」と述べられたことに由来する(38)。すなわち、時代はあたかも冷戦が激化する以前にもどり、日本国憲法と国連の活動とが密接にリンクする機会が生じたとこのグループによって認識されたわけである。彼らは自らを「私達の主張は……いわば「創憲論」的な立場」と称した(39)。

以上の「共同提言」はどのように受けとめられたか。『世界』は翌々月の九三年六月号に「平和基本法——私はこう思う」として識者の意見を集めている。そこで、田中秀征は「日本国憲法が予定したわが国の安全保障は、国連憲章が予定した国際安全保障体制が機能を発揮することを前提としたもの」とし、「平和基本法」に異論はないが、「現時点での必要性を感じていなかったので当惑している」と述べている(40)。田中秀征といえば、この直後に武村正義らとともに自民党から分かれて新党さきがけを作り、なかんずく細川内閣のもとで日本が国連安保理の常任理事国に立候補することにあくまで反対した人である。彼のなかでの優先順位は、さしあたり政治改革に置かれていたと見るべきか。

もう一つ注目されるのは、共産党の上田耕一郎が、「『共同提言』が、社会党の山花委員長の造語をあえて使って「創憲の道」と自認していることからも、社会党案の理論的裏付けとも見られるもので、「立法改憲」をめざす「創憲論」にほかなるまい」と述べている点である(41)。山花貞夫は九三年一月から田辺誠に代わって委員長に就任し、七月の総選挙では社会党を後退させながらも細川連立内閣に加わるのだが、問題は上田の指摘よりもさらに狭く、山花の「創憲論」が必ずしも社会党の全体を掌握していないことだった。そのことは、山花も社会党も閣内にとどまりながら、九月には山花が総選挙敗北の責任をとって、より護憲派の村山富市と委員長を交代していることからもわかる。村山は翌年自社さの連立政権の首相となり自衛隊と日米安保条約の維持を宣言するのだから、それはそれで唐突なのだが、そこにはせっかくの『世界』の「共同提言」が、山花グループの応援団とのみ見られる不幸な政治状況が存在した。

ここからわかるのは、安全保障政策においても社会党の右派は細川政権を支える小沢一郎らと近く、左派はかえって橋本龍太郎や加藤紘一らの自民党の保守本流路線と近いことである。これには冷戦のさなかの講和論争の時代に、吉田内閣と左派社会党が激しく対立しながらも、暗黙のうちに役割を分担して憲法と日米安保条約が共存する体制を作って以来の歴史的経緯があるが、問題は左派にしても、改憲に踏み出そうとする右派にしても、あるいは両者を含めて、従来の安保政策の枠組みを超えるような構想をいかに打ち出せるかにあった。その意味では、小沢路線に近いと見られた北岡伸一が、『世界』の共同提言とほぼ同じ時期に、やはり「自衛隊の存在と意義、そして国連の平和活動への積極的な協力をうたった安全保障基本法を制定」することを提起した(42)のは、名称こそ異なるが、「平和基本法」の考えと重なる可能性を持っていた。けれども、当時においては政治的な連立も思想的な連携も確かなコンセンサスを得るためには、遠くよりもまず近くの陣営を固める必要に迫られていたと言わざるをえない。

時代は明らかに大きく転換しつつあった。戦後長年にわたって日本の平和主義の道を思想的に切り開いて来た坂本義和が九七年に、「私は以前から、日本の国連PKO参加そのものには賛成だったし、九〇年代に議論が起こった時には、自衛隊ではなく別組織をつくるべきだという立場だった」としつつ、「冷戦終結後の「人道的介入」の例を、思想の問題としてどう受けとめるかという問いを、冷戦後の平和主義や護憲の立場は避けることはできない」(傍点原文)と述べ、「冷戦の終結とは、それほど深く私たちの思考の再構成を要求するような、大きな歴史的変動の現われではないか」という認識を示している(43)のは、やはりこの人にしてこの言葉ありきだった。一方、九二年の著書で「いったい日本政府はこの数十年間、国際社会で名誉ある地位を占めるために何をしてきたのか」を根本的に問うた佐々木毅は、その時点で「政治とカネを超えた政治の総合的改革が必要であること」を強く訴えた(44)。これはまたその後の長い道のりを暗示するものだった。

イラクによるクウェート侵攻が起きた一九九〇年は、六〇年安保からちょうど三〇年目に当たっていた。このときもし九〇年安保と呼べるような日本の市民社会の動きが直ちに生まれていれば、日本の安全保障政策は新たな時代に対応する国民的基盤を獲得できたかもしれない。しかしながら、ときの政府与党において積極的な外交・安保政策を打ち出すことはなく、それに対抗すべき野党や言論・思想界においても有力な代案に向けて合意を調達することは困難だった。各種の世論調査は、先に少し見たように、もっぱら当惑する国民の姿を伝えていた。

湾岸危機への対応の遅れから生じたトラウマの解消は、あたかも高まりつつあった金権政治批判の大合唱とともに、政治改革という新たな課題の実現に求められた。小沢一郎のような政治家が金権政治の是正を超えて強力なリーダーシップの確立を求めていたことは事実である。だが、政治改革は、さしあたりは政界再編を経由する、すさまじい権力闘争だったと言わねばならない。もちろん多くの国民はテレビに釘付けになった。しかし、政治家も国民も、その関心は改めて内向きになった。安全保障政策そのものへの関心は再び遠のいた。それが何を意味するか。次節以降で考えよう。

3　政治改革

政治改革をめぐる政治過程はもちろん日本の安全保障をめぐる政治過程ではない。日本の九〇年代前半において政治改革という課題が登場したことは、むしろ安全保障という課題を背後に退かせたと言ってもよい。外に向けられるべき人びとの目は、国内に閉ざされた。北朝鮮の核開発疑惑に揺れた九三年から九四年の前半にかけて、日本の連立政権は与党の組み合わせを代えて細川、羽田、村山と受け継がれ、その間ずっと事務方の内閣官房副長官を務めた石原信雄が一人首相官邸の孤塁を守ったというエピソードは、「漂流」していたのは日米同盟ではなくて日本の政治だったことを雄弁に物語っている(45)。

けれども、政治改革の一つの目標は従来よりも強力なリーダーシップの確立にあった。政治改革の発端がリクルート事件にあった限り、それは何よりも金権政治と派閥政治の是正を企図し、そのために衆議院の選挙制度を中選挙区制から小選挙区制と比例代表制を組み合わせたものへ変更するという議論に収斂したが、選挙制度改革の目的は政策中心の選挙にすることや政権交代を起こしやすくすることやカネのかからない選挙にすることだけでなく、与党の党首でもある首相の実質的権限を強化することにも存在した。小沢一郎のような政治家がこの最後の論点だけを言うと、それは彼が金権政治を生んだ田中角栄や金丸信の嫡流である事実を隠蔽するための主張のように思われたが、小沢の問題関心が湾岸危機の期間に自民党の幹事長として海部内閣を支えた、というよりは支えきれなかった自己の切実な経験に発していたことは、改めて述べるまでもなかろう。

ただし首相のリーダーシップの強化は、制度改革によるだけでなく、有権者国民がそれを真に理解し、支持しなければ成立しない。国外へ向けて首相が強力なリーダーシップを発揮するためには、その前提として彼が多くの国民に支持されていなければならず、そのためには政治があるところで内向きになる必要があった。しかし、それに時間がかかれば、対外的な指導力は調達できないというジレンマがある。それはナショナリズムの問題というよりも、政治的な関心のナショナルな規模での共有如何という問題である。二〇世紀から二一世紀への転換期に日本の政治が直面したのはそのような状況だった。

この文脈においても、当時にあって状況を鋭く見抜いていたのは佐々木毅だった。すなわち、佐々木は、あたかも選挙制度改革の実現と刺し違えるかのように政権の座を降りた細川内閣に対して、「「政治改革政権」の「構造改革」政権への歩みは容易ではなく、「構造改革」問題は広い政治的基礎によって支えられるという条件を欠き、「構造改革」政権は慢性的な負担過剰状態に追い込まれることになった」と述べている。佐々木の関心はやはり、「「カネがかからなくなるかどうか」式の議論ばかりでは政治改革問題をあまりに単純化し、政治の環境や課題とあまりに無縁な、百年一律式の政治改革論になってしまう」ことを懸念するところにあった(46)。だが、選挙制度が変わっても、それで最初に総選挙が実施されるのは九六年になってからであり、しかも制度の効果を政治家と有権者がともに学習するにはさらに時間がかかった。

今日のわれわれは、二〇〇五年の小泉純一郎首相による衆議院の解散と総選挙における自民党の勝利の経緯を知っている。九三年の時点では自民党内で従来の中選挙区制を支持し、小選挙区制の導入に強く反対していた小泉が首相になり、政党幹部に公認候補者決定の権限が集中する小選挙区比例代表並立制の特徴を最大限に生かして圧勝を遂げる。これを多少とも首相のリーダーシップの強化と見るならば、そこまでに一〇年余りの歳月が費やされているのである。あたかも敗戦から五五年体制の成立までの時間に相当する。

話が先に行き過ぎたので、元にもどし、日本の安全保障政策をめぐる議論に密接に関わる部分の政治改革の政治過程を見ることにしよう。注目されるのは、まずやはり小沢一郎の政策展開である。小沢の著書『日本改造計画』が世に出るのは九三年五月である。論壇では、雑誌『世界』に「平和基本法」制定の

「共同提言」が載り、北岡伸一が「安全保障基本法」の制定を言うのとほぼ同時期であり、しかも政治改革をめぐって自民党の分裂が起こる直前の、小沢にとってはグッド・タイミングだった。

すでに述べたように、強いリーダーシップの確立を求める小沢の政治改革の主張が展開されるきっかけになったのは湾岸危機だった。「九〇年の湾岸戦争は日本にとって苦い教訓だった」と小沢はこの本で述べている(47)。ここでは彼の政治改革構想を記した第一部にはふれずに、安全保障の問題を直接論じた第二部「普通の国になれ」から重要な部分を抜き書きしよう。小沢はこう述べる。「私は現在の憲法でも、自衛隊を国連待機軍として国連に提供し、海外の現地で活動させることができると考えている。その活動はすべて国連の方針に基づき、国連の指揮で行われるのであり、国権の発動ではないからだ」。それにしても、「現行憲法には国際環境への対応に関する明確な規定がない」。そこで彼は第九条に次のような第三項を付け加える案を提示する。「ただし、前二項の規定は、平和創出のために活動する自衛隊を保有すること、また、要請を受けて国連の指揮下で活動するための国際連合待機軍を保有すること、さらに国連の指揮下においてこの国際連合待機軍が活動することを妨げない」。条文の修正でなく、追加という提案は卓抜だった。

あるいは、「もう一つの案として、憲法はそのままにして、平和安全保障基本法といった法律をつくることも考えられる。基本法には、すべての主権国家に固有の権利として、日本が個別的自衛権を持ち、そのための最小限度の軍事力として自衛隊を持つこと、また国連の一員として平和維持活動に積極的に協力し、そのために国連待機軍を持つことを明記する」(48)。

小沢はアジア諸国の抵抗感を考慮して、「国連待機軍を自衛隊とは別に組織する方が、当面の政策としては現実的であろう」とさえ述べている(49)。以上を見る限り、北岡伸一の「安全保障基本法」構想はもとより、『世界』の「平和基本法」制定の「共同提言」とも重なる部分は大きい。これでどうして広範なコンセンサスができなかったのか、不思議なぐらいだ。あるいはそうした「基本法」の制定をめぐって、もっと賛否の議論が高まっていれば、結果として政府の安全保障政策は市民社会の確かな支持を得られただろう。しかしながら、当時においてそれは得られなかった。

もちろん、小沢の本が公刊された時点で、PKO協力法はすでにできていた。そのときには社会党は猛烈に反対したが、現実は少なくともPKO協力法の制定までは進んだ。しかし、小沢はPKO協力法の不備を指摘する。すなわち、停戦の合意が破られたときなどは日本の判断で撤収できることになっているが、それでは日本政府に指揮権があるかのように思われ、国連の指揮下に置くことにならないというのだ(50)。ここは議論が分かれるところだろう。しかし、小沢の方が徹底しているとも言える。問題はその先にある。すなわち、小沢がそれほどまでに言う国連とは果たして実体があるのだろうか。確かに湾岸危機の時は多国籍軍が編成され、武力行使を容認する安保理の決議も採択された。だが、将来において常に同様のことが担保される保証はどこにあるか（現に二〇〇三年三月のイラク戦争開戦のときには国連決議はなく、アメリカは露骨に単独主義にふるまった）。

小沢は「アメリカとの共同歩調こそ、日本が世界平和に貢献するための最も合理的かつ効率的な方策なのである」と述べる(51)。「外交に関する私の一つの信念は、アメリカとの緊密な同盟関係を維持することである」とも言っている(52)。しかし、そうだとするとどうなるか。前にも述べたが、国連を無視してアメリカが単独主義に踏み切ったとき、日本はどうするのか。加えてアメリカが必ずしも双務的でない日米安保条約を盾に、日本に協力を迫った場合、拒否できるのか。こうしてみると、小沢の歯切れのよい国連待機軍を国連の指揮下に送るという構想も、依然として曖昧な点を残していたことがわかる。すなわち、日本に固有の外交・安全保障政策の思想が必要だったのだ。

さしあたり非自民の細川連立内閣ができたときの政策調整では、「連立政権は、わが国憲法の理念及び精神を尊重し、外交及び防衛等国の基本施策について、これまでの政策を継承しつつ、世界の平和と軍縮のために責任及び役割を担い、国際社会に信頼される国づくりを行う」とされた(53)。憲法や軍縮への言及はあるが、要するに「これまでの政策を継承」であり、非自民にしては新鮮味に欠けた。それとても、小沢の当初の要求は「維持」であり、社会党は「尊重」だったのを、四日間かけて「継承」になったという(54)。

政治改革は政界再編を伴っており、その間、新しい政党の離合集散が激しかった。新しく誕生する政党は、他の諸政策と同様に安全保障政策についても独自のものを掲げたが、それらは必ずしも確定的なものではなかった。個々の有力な政治家は確定したものを持っていて、それらの組み合わせで決まるということでも必ずしもなかった。彼らの各々にしてからが、多分に流動的な要素を持っていたのである。前述の小沢の場合もそうだったと言うべきである。九七年末の新進党解党後に小沢グループは自由党を名乗り、まもなく自民党と連立して九九年に周辺事態法を成立させるが、その連立も解消されて、今度は民主党に吸収合併される過程がそれを示している(55)。

日米安保維持の保守である自民党と憲法擁護の革新である社会党が、冷戦の終焉によってともに流動化したとき、そこでのアマルガムからいかなる安全保障政策の選択肢が出て来うるかというと、一つはやはり小沢の「普通の国」路線であり、もう一つは軽武装国家、新党さきがけの武村正義の言葉を使えば「小さくともキラリと光る国」(56)だった。皮肉なことに、両者はともに細川連立政権の与党になる。二つの立場の止揚もありえぬことではなかったかもしれない。たとえば、当時日本新党を率いた細川護熙は九三年四月刊行の著書で、自分たちは「従来からの一部自民党の第九条を削除していわゆる〝普通の国〟になろうという改憲論とも違うし、また、平和憲法の名の下に、一国平和主義に安住し国際的活動への人的貢献は好ましくないと考えている多くの野党陣営とも異なる」と述べている。その上で、やはり「条文を付加することによる憲法改正を主張する」と言うのだった(57)。

ここでは意図的にか、いくつかのものが混同されている。「普通の国」が小沢路線ならばそれは第九条削除論ではないし、むしろ自分たちの条文付加路線に近いはずである。また、この時期の日本新党は武村や田中秀征の新党さきがけと密接な連携関係にあったことを思い起こせば、細川は武村や田中の「小国主義」路線に対しても理解があるはずだった。細川は両者の止揚を考えつつ、思い悩んだのかもしれない。そして、政界再編の行く末と同様に、結局は小沢路線を選択したと見るべきかもしれない。その代わり、さきがけの「小国主義」は、日本が国連安保理の常任理事国に立候補することにあくまでも反対するという形で純粋化した(58)。惜しむらくは、その立場が、従来の社会党の非武装中立政策に代わるほどの広がりを、この時点で持ちえなかったことだろう。新党さきがけは政治過程に彗星のように登場し、そして消えて行った。

非自民の細川、羽田孜内閣に代わった自民、社会、新党さきがけの村山内閣は、「自衛隊と日米安全保障条約を維持し、近隣諸国間の信頼醸成活動に力を入れつつ軍縮を進める」という合意事項を作成した(59)。社会党にとっては画期的でも、これではしかし従来の自民党とほとんど変わらない。仮にそれまでの日本の安全保障政策が自民、社会両党の意図せざる合作の結果であり、あたかも自民党がアクセルで社会党はブレーキだったのだとしても、それでは冷戦の終焉を受けて連立を組んだ両党が、ともに手を携えていかなる速度でどこへ向かうのかについては、十分な説明がなされなかったと言わざるをえない。

こうしてひとまず政治改革の政治過程は、一九九三、九四年の段階では、政治的リーダーシップの強化についても、新たな安全保障政策の提示についても、明確な解答を出せずに終わったのである。

4 九五年の思想

一九九五年は戦後五〇年目の年だった。それは前からわかっていた。だが、九五年一月と三月、予期せぬ出来事が相次いで日本を襲った。阪神・淡路大震災とオウム真理教による地下鉄サリン事件である。そして、この二つの出来事は多くの人びとを震撼させ、改めて市民社会の安全とは何か、それはいかにして確保されるのかという問題を突き付けた。

阪神・淡路大震災に際して、社会党の村山首相を仰ぐ政府の危機管理体制や初動の対応には不備が目立った。そのことについて、科学史家の米本昌平は次のように言っている。「国の初動の遅れに対して、伝統的な保守派は「自衛隊を正当に扱ってこなかったつけ」と主張し、左派は「これが危機管理体制のとめどもない強化につながる危険」を指摘した。しかしこの旧来型の反応は双方とも、当初からどこか時代遅れの雰囲気を漂わせていた。むしろ震災を契機に確認できたことは、自衛隊に対する一般のわだかまりはとっくになくなっていたこと、そして、自衛隊の幹部がその能力と法的権限とをよくわきまえていたことである」(60)。

米本によれば、「阪神大震災は、戦後日本の精神構造を非常に深いところで変えてしまった」。人びとの安全保障に対する思想的態度の変化が起きたのだ。それにはもはや軍事的意味だけでなく、テロ対策、保健衛生、環境保全、そしてとりわけ地震のような自然災害からの安全確保が総合的に含まれるようになった。日本の社会は他の先進諸国と同様に、そうした事柄に取り組むための成熟度をすでに有しているというのが米本の認識だった(61)。

周知のように、阪神・淡路大震災をきっかけに多くのボランティア活動が行われ、日本における市民社会の存在が確かめられた。後に長野県知事になる田中康夫は大阪のホテルに泊まってバイクで物資を神戸に送り届ける日々を続け、「出来ることを出来る範囲で行なうのがボランティアなのだと思う。そして、阪神大震災とは、イデオロギーに関係なく人々がボランティアし得た、初めての契機となるのではないか」と述べている(62)。

地震がともかく自然の災害だとすれば、宗教教団による無差別テロは市民社会に対する攻撃であるとともに、市民社会に潜む心の闇を知らしめる事件でもあった。この事件の被害者を取材した作家の村上春樹は、本稿の視角から見てきわめて重要な指摘を残している。「人は、物語なしに長く生きていくことはできない。物語というものは、あなたがあなたを取り込み限定する論理的制度（あるいは制度的論理）を超越し、他者と共時体験をおこなうための重要な秘密の鍵であり、安全弁なのだから」と村上は言う。オウム真理教の麻原彰晃は、それがどんなに荒唐無稽でも、教団のメンバーに一つの物語を提供した。それに対して、「我々が平常時に〈共有イメージ〉として所有していた（あるいは所有していたと思っていた）想像力＝物語は、それらの降って湧いた凶暴な暴力性に有効に拮抗しうる価値観を提出することができなかった」(63)。

もちろん村上も多くの人びとが事件に対して誠実に勇敢に対応したことを認める。しかし、あのような犯罪に対する備えが総じて社会の側に欠けていたこと、それのみならず事件に必要な調査・分析を加えて、そこから今後の教訓を引き出すことも必ずしも十分ではないという事実がそこにはあった(64)。何よりも求められたのは危機管理のさまざまな方法というよりも、日々の市民社会の営みを思想的に支える市民の物語だったのではあるまいか。

ちなみに、この一月と三月の出来事の直後に、東京都民は青島幸男を、大阪府民は横山ノックをそれぞれ知事に選出している。東京都の場合、対立候補はあの北朝鮮の核開発疑惑のときに事務方の内閣官房副長官として官邸の孤塁を守った石原信雄だった。この結果をどう考えたらよいか。青島の公約は鈴木俊一前知事が推進した世界都市博覧会の中止だったが、有権者が求めたのは自分たちが知事を選ぶという手ごたえではなかったか。

そうした観点に立つとき、経済学者の伊丹敬之が、現下の日本が直面しているのは「安全保障不況」だと見なし、「日本の安全保障のシナリオを作るのは、基本的には政治の役割である。国家の方向づけの問題である。その政治に対して、不信感がある。頼りなさがある」と述べたのは注目される。そうしたシナリオがなぜ必要かと言えば、「第一に、安全保障の不安が日本の企業と消費者の両方にたいして、経済活動のためらいを生む。そのために投資需要と消費需要の顕在化が妨げられる。第二に、日本の安全保障のシナリオのなさ、弱さは、日本を国際的にあいまいあるいは弱い立場に置き、国際的な国家間競争や摩擦での日本のオプションをせばめ、弱くする」からである。伊丹によれば、戦後の日本はこれまでに五〇年代半ばと七〇年代半ばの二度の停滞を経験して来たが、後者が石油ショックを克服する経済的存立基盤の問題だったのに対して、当面する九〇年代半ばのそれは五〇年代半ばと同様に日本の安全保障の不透明さに由来する。そこで、「第二の「六〇年」が来る必要がある」と言うのである(65)。六〇年安保の記憶が呼び起こされているのである。市民社会による政府の役割の再設定、本稿の視角から言えば、社会契約の結び直しが求められていたと解釈される。

さて、阪神・淡路大震災とオウム真理教事件は期せずして戦後五〇年を画するものとなったが、この節目の年はまたわれわれの歴史認識の問題をも浮かび上がらせた。ここではまず戦後五〇年の国会決議と、八月一五日の村山首相談話を見よう。

戦後五〇年を契機とする国会決議の採択は、自社さの連立政権が発足するときの合意事項だった。しかし、実際に文案の作成を始めてみると各党の見解の相違は埋めがたく、結果はきわめて曖昧なものになった。ポイントになるのは、「世界の近代史における数々の植民地支配や侵略的行為に思いをいたし、我が国が過去に行ったこうした行為や他国民とくにアジアの諸国民に与えた苦痛を認識し、深い反省の念を表明する」という部分である(66)。これでは世界の国々がしたことを日本もしたにすぎないと言っているようなものである。六月九日の衆議院本会議の採決では、野党の新進党のみならず与党からも大量の欠席者が出た上に、肝心のアジア諸国の理解も得られなかった。

その後の終戦記念日に閣議決定の上で発表された村山談話は、「わが国は、遠くない過去の一時期、国策を誤り、戦争への道を歩んで国民を存亡の危機に陥れ、植民地支配と侵略によって、多くの国々、とりわけアジア諸国の人々に対して多大の損害と苦痛を与えました。私は、未来に過ち無からしめんとするが故に、疑うべくもないこの歴史の事実を謙虚に受け止め、ここにあらためて痛切な反省の意を表し、心からのお詫びの気持ちを表明いたします」と述べた(67)。これは小泉内閣に至るまで、日本政府の公式の見解としてアジア諸国の一定の理解を得るものとなっている。

ここで注目されるのは、この談話が前記の引用の前に、「敗戦後、日本は、あの焼け野原から、幾多の困難を乗りこえて、今日の平和と繁栄を築いてまいりました。このことは私たちの誇りであり、そのために注がれた国民の皆様一人一人の英知とたゆみない努力に、私は心から敬意の念を表するものであります。ここに至るまで、米国をはじめ、世界の国々から寄せられた支援と協力に対し、あらためて深甚な謝意を表明いたします」という記述を持つことである(68)。つまり、日本の「今日の平和と繁栄」に対する「誇り」が先に述べられ、「米国」だけが特に名指しで感謝された後に、「アジア諸国の人々」に対する「痛切な反省」が出る組み立てになっている(69)。この文章の運び方は、九五年から段階的に発表され、九七年に単行本となった加藤典洋の『敗戦後論』を思わせるものがある。次に、この本と、その周辺に存在した諸問題について一瞥しておきたい。

加藤典洋の議論は、日本国憲法の平和主義と民主主義はアメリカの軍事力を背景に他律的に押し付けられたものであり、そこには「ねじれ」と「汚れ」があるというものだ。「ねじれ」と「汚れ」の意味は重なるようにも思えるが、さしあたり前者は軍事力による平和主義の強制のような逆説のこと、後者は戦争で生き残った人が結果として死んだ仲間を裏切ることと理解しておこう。加藤は占領下の憲法制定について、美濃部達吉や津田左右吉や中野重治や太宰治らの人びとはそれが「ねじれ」を含んでいたことを理解していたと言う(70)。これはナショナリズムの発露を最優先に置く考え方で、もし平和主義や民主主義の追求を優先させれば評価は異なると思われる。しかし、そうすると、加藤によれば、天皇の命令で戦って亡くなった人びとを見捨てることになる。

見捨てないためには、「日本の三百万の死者を悼むことを先に置いて、その哀悼をつうじてアジアの二千万の死者の哀悼、死者への謝罪にいたる道」を編み出さなければならないと彼は言う(71)。これに対しては、直ちに、「なぜその「侵略者」への「哀悼」を、被害者への「哀悼」や「謝罪」の「先に置く」ことを求めるのか」という批判も寄せられよう(72)。「ねじれ」とか「汚れ」という否定的な言葉には留保を付けたいと思うが、加藤の趣旨はおそらく戦争中と戦後を一貫する「われわれ」（それを「国民」と呼ぶことを加藤は回避しない）という主体を立ち上げなければいかなる行為も意味をなさないというところにあったと思われる。ここでも、あえて言えば戦後史の物語が求められていた。

歴史認識の問題に関しては、九五年七月に藤岡信勝らによって「自由主義史観研究会」が作られ、九六年一二月に「新しい歴史教科書をつくる会」に発展した。ここで、その活動の内容を詳しく述べることはしない。ただ当時ある座談会で、小森陽一が「つくる会」の歴史認識を批判する立場からそれを、「バブル経済が崩壊し、政治的には五五年体制が崩れ、経済大国日本の国家と国民をめぐる大きな物語が崩れて、誰も新たな物語を提示できない中で、過去を読み換えることによって物語らしきものを再編成」する試みとして位置づけている(73)ことを紹介しておきたい。藤岡らの試みは、一例を挙げれば、「日本は……必死で西洋文明の導入に努めた」とか「明治の日本人はどんなにか心細かったであろう」という記述(74)に見られるように、日本国家を擬人化しそれに激しく感情移入する観点から書かれていた。けれども、すべての物語は不用であり、脱構築されるべきであるのか。戦後史は、そして、日本の民主主義の歴史は、いかに書かれるべきなのか。われわれはやはり歴史に意味を付与する誘惑から逃れられないように思われる(75)。

結——再定義と新展開

ここまでの叙述は一九八九年に発し、九〇年代半ばまで到達している。九〇年代日本の思想変容というテーマからすれば、ようやく半分を終えたにすぎない。しかしながら、この後、時代は反転する。日本経済は回復の兆しを見せたかに思われ、それを頼りに九七年四月からの消費税率の三%から五%へのアップや橋本内閣の財政構造改革が行われるのだが、一一月の北海道拓殖銀行の破綻や山一證券の自主廃業などの相次ぐ金融危機を背景に再び一気に落ち込む。財政政策に関する政治の決定構造の変化も、安全保障政策に関するそれといわばパラレルの道を歩み、リーダーシップの強化はなかなか達成されないのだが、経済領域はここでは論ずべき事柄ではない。ここで注目されるのは、日本の安全保障政策に関する分野で、九〇年代後半にあたかも時計の針を巻きもどすかのような現象が起きたことである。そして、そうしたプロセスは、本稿でこれまで追跡して来たような議論の流れを一時的に見失わせる効果を伴った。

その経緯(76)をまず簡潔に示すと、九六年一月に村山に代わって首相の座に就いた橋本は、二月に訪米してクリントン大統領との会談で沖縄の普天間基地の返還を話題にし、クリントン訪日を控えた四月一二日、モンデール大使との共同記者会見で、米軍戦力の維持を前提に五年から七年以内の同基地の返還を発表した。この「返還」は現実には「県内移転」にすぎず、その後今日まで移設案をめぐって事態は紛糾するのだが、基地返還のインパクトは大きかった。引き続き一四日にはペリー国防長官との会談で七八年策定の「日米防衛協力のための指針（ガイドライン）」の見直しに同意する。これらを踏まえて一七日のクリントン大統領との日米首脳会談で、「日米安全保障共同宣言」に署名がなされるのである。ちなみに、新ガイドラインはそれから一年半後の九七年九月に策定された。

「日米安保共同宣言」では、「米国が引き続き軍事的プレゼンスを維持することは、アジア太平洋地域の平和と安定の維持のためにも不可欠である」との認識が示され、約一〇万人の兵力の維持が明言された。ここで従来の日米安保条約における「極東」に代わって「アジア太平洋地域」が頻繁に登場することが重要である。そして、七八年のガイドラインの見直しが改めてうたわれ、「両首脳は、日本周辺地域において発生しうる事態で日本の平和と安全に重要な影響を与える場合における日米間の協力に関する研究をはじめ、日米間の政策調整を促進する必要性につき意見が一致した」と述べられた。これを受けて、九七年の新ガイドラインでは、「日米同盟関係の基本的な枠組みは、変更されない」とされながら、「この指針の目的は、平素から並びに日本に対する武力攻撃及び周辺事態に際してより効果的かつ信頼性のある日米協力を行うための、堅固な基礎を構築することである」と規定された。これが小渕内閣での九九年の周辺事態法並びに小泉内閣での〇三年の武力攻撃事態法などの有事法制の制定につながるのである。すなわち、日本の安全保障政策の中心は改めて日米安保体制に置かれることになったわけだ。

もとよりここに至るまでには、さまざまな要因があった。日本側にはまず冷戦期の七六年に作られた「防衛計画の大綱」を見直す動き（新大綱制定は九五年一一月）があり、細川内閣が発足させた「防衛問題懇談会」（樋口広太郎座長）は、羽田内閣を経て村山内閣になった九四年八月に「日本の安全保障と防衛力のあり方」と題するリポートを提出した。そこには日米安保体制の充実に先立って「多角的安全保障協力の促進」の言葉があり、それは具体的には冷戦の終焉を受けた国連協力だった。一方、アメリカ側では九四年九月にハーバード大学の国際政治の教授を務めたジョセフ・ナイが国際安全保障問題担当の国防次官補に就任する。そのナイのイニシアティブによって、九五年二月に国防総省の「東アジア戦略報告」（通称ナイ・リポート）がまとめられるのである。そして、これが前述の「日米安保共同宣言」の土台となった。日米安保の「再確認」もしくは「再定義」と呼ばれる試みである。

時期的にはあたかも細川、羽田、村山と自民党でない首相の内閣が続いていた。しかも九三年から九四年にかけては北朝鮮の核開発疑惑をめぐる緊張が、さらにこれは「共同宣言」の直前だが、九六年三月には台湾での初めての総統選挙に合わせて中国が台湾周辺の海域でミサイル発射実験を行うという出来事も発生した。アメリカ側から見て、また連立政権の行方を見守っていた日本側の外交・防衛官僚にとっても、状況が「同盟漂流」(77)として受けとめられたとしても無理はなかった。加えて、九五年九月に沖縄で三人のアメリカ兵による少女暴行事件が発生し、沖縄県民の米軍基地並びに日本政府に対する怒りは頂点に達した。そうしたなかでの「日米安保共同宣言」であり、そこに特に沖縄について「米軍の施設及び区域を整理し、統合し、縮小するために必要な方策を実施する」とうたわれたゆえんだった。

それでは、以上の経緯は国内的にはどのような議論を呼び起こしたか。『世界』の九六年七月号は「新日米安保体制とは」という特集を組んでいるが、そこで水島朝穂は、「厳格な平和主義条項をもつ日本国憲法は、有事法制を含む軍事・非常事態法制の存在それ自体を規範的に遮断・否定している。「極東有事」

で検討されている内容は、武力行使と一体化ないし密接不可分かどうかを問わず、米軍の戦力構成に不可欠な兵站部門を担うというだけで違憲であり、許されない」と述べている(78)。つまり、明らかに議論は冷戦期のそれに近いところまでもどってしまった。日米両政府が日米安保の再定義を進め、日本側がそれに合わせて周辺事態法と有事法制の制定へと至る道のりは、それを批判する勢力の理論的根拠を冷戦期のそれと同様のものに引きもどしたわけである。ここで注目するのは、いかなる外敵や紛争が想定されているかの違いではなく、日米安保体制に反対する立場の思考方法の連続性である。だから、「周辺事態」とは何をさすのかをめぐる議論、政府のそれは地理的な概念ではなく、事態の性質に着目するものだという説明は、四〇年前の安保改定に際しての「極東の範囲」をめぐる議論の再現となった。

前田哲男は、同じ特集のなかで、「日米安保共同宣言」において従来の「極東」が「アジア太平洋地域」に変更されていることについて、かつての講和、安保改定、沖縄返還なみの国民的議論が必要なのに、それがないことへの懸念を表明している(79)。前田の指摘はもっともであり、「共同宣言」は確かに日米安保条約の対象領域の拡大並びに後方支援という形での米軍に対する協力の拡大なのだが、それに反対する論拠は要するに反米と言うに尽きる。日本の安全保障政策が果たして従来のままでよいのかという問題意識はどこへ行ったか。『世界』は翌九七年中にも「「新安保翼賛体制」の成立?」(六月号)という特集を組み、さらに「新ガイドラインって何だ?」と題する別冊を出しているが(一〇月)、それらを貫く基本的なトーンは上に紹介したのと同じである。

同時期の『中央公論』には目立った論稿はないが、そのなかで注目されるのは当時外務省北米局の審議官だった田中均の寄稿である(80)。田中は冒頭で、「行政官が個人的意見を発表するということは本来好ましいことではないかもしれない」と断っている。あえてするのは、安全保障政策については「充分な国内論議を経た国内的コンセンサスがあることが望ましい」からである。田中によれば、「地球規模の戦争の引き金となる恐怖により抑圧されてきた局地的紛争の芽は依然として存在するばかりか、むしろこれが顕在化する危険は増えた」。それに対して、「社会党の変化により、状況は大きく変わった。今や国内的にはタブーのない議論が可能となっている」。しかし、「一方では……米軍への基地の提供が不安定化するという事態となっている」。それが特に国土の〇・六％に七五％の米軍基地が集中する沖縄の問題であることは言うまでもない。

こうして田中は、米軍の前方展開はアメリカのためにもなるのだから決して日米安保条約は片務的ではないし、今や東西対立に代わってアジア太平洋地域の安定が課題であること、その上で戦略と基地を吟味することを前提に、「危機が発生した周辺地域からの諸国民の退避輸送や難民の収容といった事項は、安保条約の権利義務に直接係わることではない」が、行うべきだと提言し、同時に国内体制の整備も進めるべきだと主張する。加えて米軍基地の整理、統合、縮小は日米の共同作業であることが強調される。田中のこの認識が、その後の周辺事態法と有事法制の制定に向けて、強力なエンジンとなったことはまちがいない。

田中はこの論文で、何が集団的自衛権の行使に当たるかという議論ではなく、「日本としての主体的判断」が必要だと述べている。周辺事態法は九九年五月に成立するが、その際の政府の国会答弁を聞いた西原正は「我々に同盟を守る気概があるのか」と以下のように問いただしている。ときあたかも民族浄化を企てるユーゴスラビアに対してNATOの空爆が行われた直後だった。「国会で激論の的となった「周辺事態」とは、今回のコソボ問題の場合、ユーゴ空爆のための拠点基地を提供したイタリアや大量難民を短期間のうちに抱えたアルバニア、マケドニアなどの周辺国が直面した事態に相当する。もし朝鮮半島で大規模な紛争が起きれば、沖縄や本土の基地はイタリアのアビアノ空軍基地の役割を果たすことになる。また大量の難民が朝鮮半島から日本海に出れば、日本は人道上も安全保障上もこれら難民を救出しなければならない。NATO諸国は難民支援のため大規模の軍隊を派遣した。これだけの覚悟をしておかなければならない」(81)。

しかしながら、日米安保の再定義をめぐる国内の議論は必ずしも活発にはならなかった。周辺事態法の制定と前後して国旗・国歌法、通信傍受法、改正住民基本台帳法などが成立し、それらを推進した自民、自由、公明の連立政権(正式な発足は九九年一〇月)に対しては、『世界』も「ストップ!自自公暴走」を掲げた緊急増刊号を出すなどしたけれども、対決の構図はかえって冷戦の時代と変わりばえがしないものになった。いわゆる自自公は衆議院でこそ三五七議席を占める巨大与党だったが、小渕内閣にとってはそもそも参議院で過半数を確保するためのいわば苦肉の策だった。

そうしたなかで、この時期に主に『中央公論』を舞台に活躍した論客の一人に寺島実郎がいた。寺島は「柔らかい総合安全保障論の試み」と題して、在日米軍基地の縮小と多国間地域安保への段階的移行を提言した(82)。彼によれば、世界でも米海軍が「独占的な優先利用権」を有するのは横須賀、佐世保とキューバのグアンタナモのみというほど、そもそも日本の基地は特異なものである。したがって、まず「日米地位協定」を「NATO軍地位協定・ボン補足協定」なみに改定すべきである。その上で、当時六四億ドルの駐留米軍経費の日本側負担分を「二〇年目でゼロとすることを目標に基地縮小を目指すのはどうか」と提案する。ここではそうした具体案の妥当性が問題なのではない。寺島の提案の背景に、「日本が独立国である限り、どんなに時間をかけても外国の軍事基地を日本の主権性の中に解消すべきであり、基地を縮小しながら日米の防衛協力を継続進化させることは可能」だという問題関心のあることが、中長期的な展望として注目されるのである。

こうしてさまざまな立場から、「主体的判断」や「気概」や「主権性」が求められたけれども、九〇年代後半の日本において安全保障をめぐる活発な国民的議論は起こらなかった。世紀をまたいで、二〇〇一年の九月一一日、アメリカ、ニューヨークでアルカイダにハイジャックされた二機の旅客機が相次いで世界貿易センタービルに激突する光景が展開されたとき、日本国民は冷戦の終焉と湾岸危機以来の新たな日本の安全保障の方法を求める宿題が、決して果たされていないことを知ったのである。だが、それを検討するためには、稿を改めなければならない。

丸山眞男、
その人

第Ⅱ部

6 日本知識人の特質

●福沢諭吉・吉野作造・丸山眞男

1 政治思想家としての知識人

この小論の目的は、知識人の政治的役割を、近代日本の実例に即して検討することであるが、紙数の制約からして、まず問題を幾重にも限定しておかなければならない。

知識人という観念、並びにそのような観念がさし示す実体は、明らかに近代社会の所産である。これに対して、思想家というのは、いわば超歴史的な観念であろう。ソクラテスは思想家ではあるが、知識人ではない。すなわち、人びとに真理の探求の重要性を説く点では同じでも、それに加えて、知識人という存在が社会的に可能になるためには、印刷技術の発達や教育の普及を背景に持つ、公衆もしくは市場の成立が不可欠である。近代以降の知識人の政治的役割も、そうした彼らの社会的存在形態を抜きにしては考えられない。もっとも、今日において、ソクラテスを知識人と言うことがまったくないわけではない。それは、近代以降に成立した観念が、それ以前に投影される場合である。

いかに今日までの日本の近代のあり方に批判的な立場を採っても、日本における近代社会の成立そのものを否定する者はなかろう。その限りにおいて、これまで知識人と呼べる人びとは、日本にも確かに存在した。

しかし、そのような日本知識人の特質を論ずるに当たり、始めから彼らを一括して扱うのは、知識人の政治的役割の解明という本稿の目的から見て、必ずしも適切ではないように思われる。知識人という社会的存在形態においては同一であっても、あるいは彼らが究極的には普遍的価値の追究という共通の使命を有していても、やはり各々の問題関心の構造に応じて、政治との関わりの仕方にも個性的な相違が生ずると考えられるからである。ただし、政治との関係は状況の関数でもある。戦時下においては、永井荷風や谷崎潤一郎が、あたかも抵抗の文学の担い手となったように。

ここで少し考察するのは、福沢諭吉（一八三五～一九〇一）、吉野作造（一八七八～一九三三）、丸山眞男（一九一四～一九九六）の三人の知識人の足跡である。彼らは、それぞれ幕末・維新から自由民権運動、大正デモクラシー、そして戦後民主主義という、いずれも日本の近代史上の大きな転換期に、知的活動の領域において指導的な役割を演じた。これらの人びとの著作が、同時代の日本の政治に与えたインパクトについて考えてみるというのが、以下の小論の課題である。

ちなみに、前記の三人が果たした役割について、啓蒙という規定がしばしば行われる。それはむろん誤りではない。彼らは人びとに物事の存在根拠を問い直すように要請し、偏見や因習に囚われた過去を断罪し、そのような清算の上に立つ新たな政治制度の創設を促した。また、彼らは、明らかにそうした思考様式の特徴と表裏一体を成すものであるが、華麗な文章のレトリックを駆使して読者の目から鱗を落とし、専門アカデミズムの立場を超えて、ジャーナリズムの世界でも活躍した。さらに、彼らはすぐれた教育者でもあった。丸山、吉野と遡るなら、あるいは福沢ではなくて、加藤弘之にこそ前二者の学問的ルーツを求めるべきだという意見もあるかもしれない。しかし、ここで検討しようとするのは、官学アカデミズムの系譜ではない。吉野も丸山も決して狭義のアカデミシャンには止まらなかった。両者の経歴はそのことを示している。逆に言うなら、福沢の慶応義塾は確かに私立だが、明治国家よりも古い。

福沢も吉野も丸山も政治思想家、もしくは政治理論家と言うのにふさわしい。彼らは並みいる同時代の知識人のなかでも、格別に深い政治認識と豊かな政治構想を有していた。そのような立場にある者は、自分の時代の現実の政治、実際の政治に対していかなる距離を取り得るか。社会学者のミルズは知識人の政治的役割として、①王になるか、②王の助言者になるか、③独立の立場を維持するか、の三つをあげている（『社会学的想像力』）。ここで王と言うのは、現体制の支配者のみならず、それに取って代わろうとする未来の支配者をも含むだろう。これから見る政治思想家たちは、結論として言えば③の道を歩んだが、それがどのように困難な道程であったのかは、十分な検討に値する問題である。

2　役割の自己規定をめぐって

丸山は、戦後まもなく発表された「科学としての政治学」のなかで、それまでの日本では「「政治学」と現実の政治とが相交渉しつつ発展したというようなためしがない」と指摘しながら、わずかに例外として吉野の場合を挙げている。しかし、丸山の吉野への言及は、実はこれ以外にはほとんど見当たらない。その丸山が福沢にいかに傾倒しているか、いかに福沢の仕事を自分の精神的な糧としているかは、すでに広く知られた事実である。これは何を意味するか。

吉野は、彼がそもそも明治文化の研究を始めたのは、明治と大正との間の「時勢の変化を説く」ためだったと回顧している。「往時のデモクラシーは一知半解の洋学心酔者が唱え出したのだ。……今のデモクラシーはこれに反して時勢の必要に促されて起こった」と言うのである（「明治文化の研究に志せし動機」）。明治の野蛮に対して大正の文明を強調するこのような吉野の状況認識は、明治維新から半世紀を経た時代のものとして、十分な説得力を持つように見える。しかし、明治国家の崩壊に直面した丸山においては、かえってそれが建設される前の混沌とした状況と、そのなかで生み落とされたさまざまな思想の方に、関心が向いたのである。大正デモクラシーは明治国家の完成の頂点で花開いたが、それはすでに石川啄木が書き残した「時代閉塞の現状」の影を宿していた。そこに、吉野の悲劇の原因も存在したのである。

さて、福沢は三度の洋行の見聞を踏まえた『西洋事情』の出版により、洋学者としての地位を確立した。

最初の咸臨丸での渡米から帰国後は、幕府の外国方の役人を務めている。彼は幕府の門閥制度を憎んだが、されぱとて、乱暴者の攘夷論者が作る明治政府にも少しの期待も抱けなかった。佐幕でも勤皇でもなかったと本人は語るが、心情的には前者に傾いていたように見える。しかるに、新政府が開国政策を採り、国内的には廃藩置県の処置を講じた辺りから、彼らに期待を寄せることになる(『福翁自伝』など参照)。もっとも、彼は終生、明治政府には仕えなかった。『学問のすゝめ』第四編の学者職分論にあるように、当時の日本の人民の気風を改めるためにも、「私立」の精神を強調して止まなかったのである。

これだけでも明らかなように、福沢の思想は狭い意味での政治論ではない。まして、政治学と言うような学問領域が確立する以前の話である。けれども、まさに福沢は、文明の精神の国中への浸透が初めて一国の独立を達成させると説くことにより、近代国家における政治の何たるかを教えたのである。『学問のすゝめ』の合本版の序文によると、明治五年に刊行された初編は二〇万部を超えた。当時の国民の一六〇人に一人が読んだ勘定になると福沢は自ら述べている。「理のためには「アフリカ」の黒奴にも恐入り、道のためには英吉利、亜米利加の軍艦をも恐れず」という有名な一節を見てみよう。人間理性の普遍性を説くのは典型的な啓蒙主義の思考様式であるが、それよりもそのような思考の内容を盛る言葉遣いの巧みさに注目したい。対句的表現が文章のリズムを整えている。加えて、アフリカに対してイギリス、アメリカを据えるという対照が鮮やかである。「山出《やまだし》の下女をして障子越に聞かしむるも其何の書たるを知る」(「福沢全集緒言」)と誇られたわけである。

それでは、福沢は自分の役割を何と考えていたか。彼は学者であるだけではなく教育者であり、明治一五年に『時事新報』を創刊してからはいわばジャーナリストでもあった。福沢の現実の政治に臨む姿勢はいかなるものであったか。『福翁自伝』では「政府が酒屋なら私は政事《ママ》の下戸でせう」と言っている。これは明治政府の発足以来の基本的態度であろうが、そこには彼があの明治一四年の政変で被った傷跡も見えるような気がする。先の言葉の後は、「トハ云ふものゝ、私が政治の事を全く知らぬではない、口に談論もすれば紙に書きもする」と続く。そこで彼が持ち出した比喩は、「政治の診察医にして開業医に非ず」というものであった。診察医と言うのは、『自伝』の別の場所によれば、福沢の師の緒方洪庵の患者に接する態度が実際にそうであったらしい。いずれにしても、これは「科学としての政治学」の成立に通ずるか。問題は、そもそも科学的営みをもたらす精神的態度の源泉にまで遡るだろう。この点は小論の最後で再びふれたい。

　福沢は、後の吉野も丸山もそうだが、右からも左からも攻撃された。幕末・維新期の洋学者として、しばしば身の危険を感じたことは『自伝』にも記されている。一方で福沢は、もっぱら参政権のみを求める急進的な自由民権運動にも批判的であった。これは彼の文明論から導かれる結論であろう。しかし逆に見れば、福沢は自分の教え子である馬場辰猪や植木枝盛たちの批判に晒されたことになる。福沢が『時事新報』に掲げたのは官民調和論だった。『福翁自伝』の末尾には、「日清戦争など官民一致の勝利、愉快とも難有いとも云ひやうがない」という言葉がある。ともかく彼は満足して死んだようである。

　時代を下り、次に吉野作造の学問と思想を見てみたい。吉野の時代になると、明治国家体制はそれなりに安定し、その周りに政治的経験の蓄積が進んだ。したがって、それらの政治的経験をそれ自体として分析することが可能になり、また必要にもなったのである。それはすなわち政治学の成立であり、その限りで学問と思想の一定程度の分離が保証されたとも考えられる。

吉野が初めて彼の民本主義論を体系的に展開したと言われる「憲政の本義を説いてその有終の美を済すの途を論ず」は、バジョットの『イギリス憲政論』を想起させる。両者に共通するのは、政治制度論と区別された政治過程論である。ただし、一八六七年のバジョットと一九一六年の吉野を比べた時、分析の深さにおける前者の優位は否めない。そのことは、『イギリス憲政論』の君主論の部分を読めば明らかだろう。しかし、それは必ずしも吉野の本来の認識が甘かったと言うことにはならない。ここにはすでに認識と表現の不一致の可能性の問題がある。両者を一致させるのは、一口に言えば言論の自由である。

さて、吉野によれば憲政とは憲法政治のことであるが、ただ国家統治の根本法則があるというだけでなく、普通の法律より強い効力を持つ憲法が存在し、それが①人民権利の保障、②三権分立主義、③民選議院制度の三つを含んでいなければならない。特に最後のものが重要で、その構成に人民が直接関与する。ところで、憲法の条文も大事だが、憲法の精神はもっと大切で、それが民本主義だと吉野は考える。

吉野は主権の所在という法律上の問題と、主権の活動の目標という政治上の問題とを区別した。民本主義は後者に関わる。すなわち、「民本主義とは、法律の理論上主権の何人にありやということはおいてこれを問わず、ただその主権を行用するにあたって、主権者はすべからく一般民衆の利福ならびに意向を重んずるを方針とすべしという主義である」。だから民本主義は君主主権と矛盾しないと吉野は述べる。彼においては、主権の所在を問わないことが、法律学に対する政治学の独自性の主張になっているところが興味深い。

民衆の利福を重んずるとは民衆のためにということであり、民衆の意向を重んずるとは民衆を政策決定に与らせよということ、つまり普通選挙制の要求である。同時に吉野は議会の多数の信任に基づく責任内閣制の確立を要請する。そして、政権交代の容易性を根拠に、二大政党対立を支持するのである。

二年後に書かれた「民本主義の意義を説いて再び憲政有終の美を済すの途を論ず」では、若干の意見の修正が見られる。すなわち、民本主義には二つの内容があり、人民の自由の主張と、人民の参政権の主張である。前者は政治の目的に関わり、後者は政権運用の方法に関わる。そして吉野は、人民の自由の主張つまり個人主義はあくまでも国家主義と並ぶ相対的な主張で、どちらかを選ぶのは「科学的政治学」の任務ではないとしたのである。このような真理についての不可知論は、改めて二党制を支持する根拠ともなる。ここでは、「科学」は価値判断停止の意味で使われている。吉野が執着するのは人民の参政権の要求であるが、その根拠は天賦人権論ではなく、国家経営の責任の積極的分担である。だから国家主義もまたそれを認めるはずだと吉野は言うのである。

吉野もまた左右両翼からの攻撃をあびた。右翼団体浪人会との対決は有名である。そのときの吉野の脳裏には、かつて影響を受けた本郷教会の牧師海老名弾正の姿が焼き付いていたかもしれない。左翼からの批判の典型は大杉栄や山川均らによるものであった。山川によれば、民本主義は「民主主義に対する国体論上の襲撃に応ずる保護色」に過ぎない（「民本主義の煩悶」）。この点では、山川の方が明快ではある。しかし、吉野とともに民本主義のイデオローグだった大山郁夫がアメリカに亡命するのが吉野が亡くなる一年前、かつての吉野の同僚だった美濃部達吉が天皇機関説事件に遭遇するのが二年後であるのを考える時、吉野の死はあるいは彼にとっては救いだったようにも思える。

丸山眞男については、詳しくは世織書房刊行の拙著（『戦後日本の知識人――丸山眞男とその時代――』）を見ていただきたい。ここで特に検討したいのは、六〇年安保に関わった丸山の役割の自己規定と、今日から見て、彼がこの出来事の意味づけにどのような役割を果たしたと考えられるかということである。

六〇年安保の直前の「「である」ことと「する」こと」でも、また渦中の状況的発言としては最初に位置する「現代における態度決定」でも、丸山が繰り返し強調したのは、民主主義が「非政治的な市民の政治的関心」によって支えられるという認識である。こうした丸山の問題構成は、新安保条約の強行採決に際して初めて出て来たものではない。その意味でそれは安保改定の是非という争点に先立つ彼の最重要関心事だった。この命題が経験の内実を得ることにより、占領下に作られた主権在民の日本国憲法は、国民の間に真に定着する。その場合に、市民という言葉が示すのは、あらゆる職業や所属集団の違いを越えて成立する人びとの連帯の絆となるべき意識のことだった。

強行採決の後に開かれた東大の全学教官集会で、丸山はもし強行採決を許せば、たとえ議会制民主主義の制度があっても、事態はそれがなかった大正デモクラシーの時以下になるという意味のことを述べている（「この事態の政治的問題点」）。新安保条約そのものは結局成立するが、この発言には戦前と異なる戦後の日本の政治的課題が集中的に表現されていたように思われる。ちなみに、丸山は講演後の質疑のなかで「大学教授としていまなにをすべきか」と問われて、「大学教授としてどうするかだけでなく、市民として行動する面もなければならぬ」と述べている（『朝日新聞』一九六〇年六月一日）。これが、当時の彼が自分自身に与えた役割規定だった。

3　意味の世界から見た政治

およそ百年にわたり、日本の近代史上のエポック・メイキングな時期に活躍した三人の知識人の足跡を概観した。日本の議会政治も今日まで百年を超える歴史を有するが、その発達は幾多の困難に覆われていた。そもそも民選議院の設立を求める運動から出発し、それは藩閥政府が明治憲法の制定と帝国議会の開設に際し維持しようとした超然主義に対抗する政党内閣の確立の要求へと発展し、やがて普通選挙制と責任内閣制の実現を期する運動に連なり、ひとたびは第二次世界大戦中の翼賛議会の誕生で挫折する。敗戦を契機に新たに制定された日本国憲法は国民主権を規定し、国会を国権の最高機関とするものであったが、占領軍の日本民主化によって先取りされた制度を定着させるためには、六〇年安保のような政治的経験が必要であった。

福沢も吉野も丸山も、その時々の状況においてこうした日本の議会政治の発達を見通しつつ、そのような歴史的展望に立って、総じて言えば議会の一層の民主化を同時代の職業政治家たちに要請した。日本を含む世界各国における議会政治の発達は、ある意味では歴史の必然だったとも言える。近代国家の建設は、本来政策決定の場である議会に、国民の総意を結集させる必要を促すからである。その意味で明治の民権論が国権論と常に表裏一体であったのも頷けるし、国家主義の立場もまた人民の参政権の要求を認めるはずだという先に見た吉野の認識も、二〇世紀的国家の出現を背景に置けば容易に理解できる。しかし、文字通り超長期的にはそうであっても、自らに対する異議申し立てを敵視しがちな国家権力の性格と、本質的に権力の追求者である職業政治家の事情とは、しばしばそのような歴史的必然を無視する傾向がある。ただし、敏感な職業政治家の政治的本能は、ヘーゲルの言う歴史の理性に盲目ではない。福沢と同時代の大久保利通、吉野と同時代の原敬、そして丸山と同時代の池田勇人らのリーダーシップは多少ともそのことを示していないだろうか。

政治理論家の第一の任務は透徹した政治認識にある。このことは、絶えず参照されるように、マキアヴェリやホッブス、トクヴィルやマックス・ウェーバーらの残した仕事を見れば明らかである。彼らがもたらした政治認識はいかなる政治的立場の人びとにも利用が可能である。ルソーがマキアヴェリの『君主論』をさして「共和主義者の教科書」(『社会契約論』)と言ったように。この小論が取り上げた三人の日本の知識人の著作もまたそのような利用可能性に満ちている。そのことを科学的認識の有効性と言えば言えるだろうが、それは初めから価値自由を決め込んで対象に接近して得られるものではない。高畠通敏の言葉をやや脚色して言えば、政治理論家になるためには挫折した政治家であることが必要なのである(「職業としての政治学者」参照)。そして、不幸にしてそのような条件は一身専属的で、他人に伝わりにくい。

ところで、政治理論家の第一の任務に優るとも劣らない重要な任務は、豊かな政治構想の創造者であることである。この任務のなかには、人びとの眼前で生起し展開する出来事に政治的意味を付与する仕事が含まれる。政治の一つの足場は物理的暴力の世界に築かれているが、もう一方の足場は人間の精神の世界、意味の世界に築かれている。人間が絶えず意味を求める動物であることは、政治的経験に際してもっとも明瞭になる。政治過程が権力闘争であることは昔も今も変わらない。それでは民主主義とは何か、国民主権とは何か。日本の戦後史にとって六〇年安保の経験はそうした意味を確認する機会だったのである。

7、国民的ということ

●知識人はつらいか

一九九六年中に、われわれは日本における文化創造の重要な担い手を相次いで失った。とりわけ作家の司馬遼太郎、俳優の渥美清、そして政治学者の丸山眞男の死は、その直後に多くの人びとが続々と彼らを追悼する文章を著したという点で、深い印象を残した。もとより広い意味では文化の創造と言っても、三者の活動領域はそれぞれに異なるから、そこにあえて他の共通点を求めるのは牽強付会かもしれない。しかし、実に多様な立場の人びとが一致して司馬や渥美や丸山の死を惜しんだということは、言葉で表された彼らの作品がそれだけの広がりを持っていたということにほかならない。そのような事実に着目することによって、ここで改めて国民的な文化の創造とその創造に携わる者の役割について考えてみたい。

1

渥美清が演ずる車寅次郎は、インテリが嫌いである。『男はつらいよ』の第二作で、医者の役の山崎努に対して「手前さしずめインテリだな」と喧嘩を売るのがその証拠だ。第十作でおいちゃんが、米倉斉加年の演ずる東大の理論物理の助教授について、「寅の一番嫌いなタイプだぜ、ああいうのは」と言うのもそうである（台本は『立風寅さん文庫』による。なお、吉村英夫『男はつらいよ魅力大全』講談社文庫、二四頁以下も参照）。

そもそも山田洋次は、再三にわたって寅さんの周りにこの種のインテリを登場させている。妹さくらの夫博の父は、インド古代哲学が専門の学者だった（第八作）。それは言うまでもなく無学な寅との対照を際立たせるためであろう。けれども、作を重ねるにしたがって、文字通りのフール（道化）だった寅が次第に分別のある存在に変貌するという印象を別にしても、一方のおいちゃんとおばちゃんたちのような堅気の生活者に比べると、他方の「フーテンの寅」とインテリたちとの共通項は明らかだ。両者はともに言わば定住と直接生産の世界から遠いのである。第十六作における寅と小林桂樹の扮する変わり者の考古学者との意気投合ぶりは、この間の事情をもっともよく伝えている。

テキヤである寅さんは口上がうまい。これは、渥美清がもともと啖呵売の話術を習得していることにもよる。さらに、冠婚葬祭などの儀式も巧みに取り仕切る。しかし、だからと言って、彼が何か実のあるものを商っているわけではない。寅さんには、どこかレオ・レオニの描くインテリ鼠のフレデリックのようなところがある。そう考えれば、寅さんとインテリとの距離はごくわずかだ。『男はつらいよ』の映画を見る者は、このようにして定着と漂泊、庶民とインテリなどと言ったさまざまな二項的な立場の双方に同時に身を寄せて、泣いたり笑ったりできるのである。もとより「とらや」という帰る場所がある放浪者など、形容矛盾である。だが、それはそもそも車寅次郎が多種多様な世界を結ぶ橋渡し役であることの象徴なのかもしれない。そしてそこにこそ、渥美清の演技の、「国民栄誉賞」受賞などという事実をはるかに越える、幅広い国民性が存在した。

2

司馬遼太郎が残した膨大な作品群の底流には、「司馬史観」と呼ばれる独特な歴史の見方が存在したと言われる。それは日本の遅れを指摘する進歩主義の歴史認識と鋭く対立し、また日本の歴史の成功物語ないしは「明るい日本史」（谷沢永一『司馬遼太郎』ＰＨＰ研究所、一七四頁）を描く試みというようにも理解されている。しかし、空海の時代や戦国時代はともかく（この二つの時代も、トータルな日本の歴史のなかでは例外的だったように思われるが）、近代日本に対する司馬の見方がそれほど単純なものではなかったことは、この時代を扱った彼の作品を一つでも読めば明らかである。

戦争末期に陸軍の戦車隊にいた司馬は、「終戦の放送をきいたあと、なんとおろかな国に生まれたことかとおもった」と述べている。同時に彼の心には、「むかしは、そうではなかったのではないか」という疑念が湧いた。司馬文学は、彼が敗戦当時の「二十三歳の自分への手紙を書き送るようにして書いた」ものなのである（『この国のかたち』一「あとがき」）。ちなみに、明治日本と昭和日本もしくは帝国日本の国家とを質的にまったく異なる存在と考える司馬の見方は、決して晩年のエッセイにのみ窺われるものではなく、すでに彼の代表作である『坂の上の雲』のなかでも繰り返し述べられている（たとえば文春文庫版の四の八六～八七、二四六～二四九頁などを参照）。そして、この点における司馬の歴史認識は、敗戦直後に「明治国家の思想」や「陸羯南」を著した丸山眞男や、「明治時代」を「立国の時代」と呼んでその後の時代と区別した藤田省三（「或る歴史的変質の時代」『精神史的考察』平凡社、所収）のそれと明らかに共通するものである。すなわち、丸山や藤田においても、と言うか彼らにおいてこそ、戦後日本の新たな出発に当たり、帝国日本と区別された意味での明治日本の国家像がいちはやく観念されたのだった。この問題は後に改めてふれたい。

近代日本に対する司馬の評価を最も凝縮した形で示しているのは、『この国のかたち』の一に収められた「〝雑貨屋〟の帝国主義」と題する文章である。そこで司馬は、きわめて印象的な比喩を用いている。山道を歩いていて、「巨大な青みどろの不定形なモノ」に出会ったと言うのである。それは半死半生の姿で気味悪く息づいている。「君はなにかね」と聞くと、その「異胎」は「日本の近代だ」と答えた。司馬によれば、この場合の近代と言うのは、日露戦争の勝利から太平洋戦争の敗戦までの時代のことである。このモノは、「おれを四十年とよんでくれ」と告げる。

右の比喩が暗黙のうちに示すように、司馬においてはこの得体が知れない四十年の歴史を書く作業はついに着手されずに終わった。「昭和を描かなかった国民作家・司馬遼太郎の未完性」という指摘がなされるゆえんである（高澤秀次「司馬遼太郎、もう一つの思想家論」三浦浩編『レクイエム司馬遼太郎』講談社、所収）。そこに実は「戦中派」作家司馬遼太郎の、生涯にわたる隠れた課題が存在した。

司馬が何らかのイデオロギーに基づく歴史叙述を極端に嫌ったのは事実である。この点において、いわゆる「司馬史観」は進歩主義の歴史観と確かに激しく衝突する。一般に進歩主義は人間の知的変革能力に対する信頼から、思想や理論があくまでも歴史を動かす要因であることを信ずるからである。司馬にとっては、歴史とは常にその場における無数の人間の有限な判断の堆積であった。そのような不十分さのなかで当事者がいかに考え抜いたかを描くことに、司馬文学の魅力は存在した。「右にせよ左にせよ、六十年以上もこの世に生きてきますと、イデオロギーというものにはうんざりしました」と司馬は述べている（『「明治」という国家』日本放送出版協会、七頁）し、より典型的には『坂の上の雲』の連載中に書かれた「異常な三島事件に接して」（『歴史の中の日本』中公文庫、所収）などの文章を見ればわかる。

しかし、司馬は自らはイデオロギーを拒否したけれども、明治国家の形成期に宗教的とも言えるような強烈な国家意識が日本の国中に存在したことは認めざるをえなかった（『坂の上の雲』五の四〇頁、『「明治」という国家』九四頁など）。明治国家の特質は、そうした国家意識が、日本を取り巻く周囲の状況に対する認識のリアリズムと結び付いていたことに存在した。そのような時代として、司馬は明治時代を描いたのである。その意味で、「まことに小さな国が、開化期をむかえようとしている」という『坂の上の雲』の書き出しの言葉ほど、司馬の精神をよく表したものはなかった。

かつて一九五〇年代前半に「国民文学論」を唱えた竹内好は、封建制や身分制からの国民的解放と、植民地的状態からの国民的独立をめざす文学こそが、真に国民文学の名に値する文学だと述べた(「国民文学の問題点」「文学における独立とはなにか」など)。「国民」という言葉が本来持っているはずの対内的と対外的との二つの意味は、この竹内の文章に明らかである。竹内は、ただ多くの人びとに読まれているからといって、当時における純文学と区別された意味での大衆文学が、すなわち中里介山や吉川英治の作品が、そのまま国民文学ではないと考えた。ただし、それではどのような文学が実際に国民文学なのかということについては、このときの竹内にそれ以上の具体的なイメージは存在しなかったと見てよい。また、今ここで「国民文学」という概念を、反対にかつての日本の講和当時の思想史的文脈からまったく自由に切り離して使うことも、必ずしも生産的だとも思えない。しかし、戦後日本という新たな時代のなかで、過去の近代日本の苦難と栄光に満ちた旅立ちの物語を、その後に訪れる慢心と退廃の時代との対比において、多くの社会的立場を越える人々に共有させたという点で、やはり国民的作家司馬遼太郎の文学的な功績は、否定できないのではなかろうか。

3

戦後五〇年目にして『丸山眞男集』の刊行が始まり、その完結を待たずに丸山が亡くなったときに、時代状況のなかのある部分はまことに興味深い評価を彼に与えた。「自由主義的国民主義者」（酒井直樹「丸山眞男と戦後日本」『世界』一九九五年一一月号）とか、「自由な国民主義の社会科学」（姜尚中「ひとつの時代の終わり」『週刊読書人』一九九六年九月一三日号）の創設者という位置づけがそれである。仮に一九六〇年代であったならば、丸山をまず何よりも「国民主義者」として規定するような試みは現れなかったのではあるまいか。例の有名な「戦後民主主義の「虚妄」の方に賭ける」（「増補版への後記」『増補版現代政治の思想と行動』未来社）という丸山の発言にしても、それは「戦後民主主義」を「占領民主主義」と見なす、当時で言えば大熊信行のような立場を意識して述べられたのであって、そこでは大熊の方が民族的立場の代弁者だと多くの読者も考えていた。これに対してむしろ丸山の側は、「けっして戦後、ナショナリズムぬきで普遍民主主義だけをいわなかったつもり」（梅本、佐藤、丸山『現代日本の革新思想』河出書房新社、一六頁）と、折りにふれて強調しなければならなかった。それが今や躊躇なく「彼の賭けた戦後民主主義は、何よりもまず、国民主義的民主主義だった」（前掲、酒井論文）と言われるのである。

一九九〇年代において丸山を「国民主義者」と見る論者は、丸山が日本の超国家主義を分析するなかで、「日本人」というカテゴリーを即自的に、換言すれば単一民族的に措定していたと批判する。そうすることで、かつての帝国日本の植民地支配に強制的に編入された東アジアの人びとの存在は忘却されたのではないか（前掲、酒井論文及び姜論文を参照）。なるほど歴史的評価というものは、それがなされる現在の地点を反映する。今日的状況においては、まさにかつての明治日本が帝国日本に変質した時期と符合するように、戦後日本の変質が取り沙汰されているからである。それは東アジア諸国に対しては、皮肉にも戦後初めて訪れた本格的な開国的状況にほかならない。

確かに丸山は、戦後日本の再出発に際して、帝国日本の現実を批判するために、むしろ明治日本の初心に帰ろうとした。彼の福沢諭吉への注目が、そのような方法的姿勢を最もよく示している。この点は、先にも司馬遼太郎の明治国家論に先鞭をつけるものとして若干紹介した。丸山のなかで、明治日本と帝国日本の連続と断絶のどちらがより重視されていたかについては、にわかには決めがたいところがある。「超国家主義の論理と心理」などを読むと、天皇制国家としては両者の連続性の方が強いと見ていたことが窺える。しかし、その場合でも、幕末・維新から明治二〇年前後までは、日本における近代国家の建設に関わる朝野を問わぬ議論が、明治憲法の制定以後の時代よりもはるかに活発だった事実が繰り返し指摘されていることを忘れてはならない（「近代日本の知識人」『後衛の位置から』未来社所収などを参照）。

問題は、丸山が企てた戦後日本の体制構想において、国民的主体の同一化がいかなる手段で獲得されるべきものであったのかという点に存在する。一方には、戦後民主主義はどこまでも自立した個人の民主主義をめざすものであり、それ以上でも以下でもないという見解がありえよう。しかし他方には、すでに見たように、それが暗黙のうちに「日本人」という不動の存在を前提にしていると見なす意見がある。この場合に話がやや複雑になるのは、丸山においては、超国家主義の分析がもっぱら過去に対する自己批判という形で、逆に「日本人」の国民的同一性を担保するという構造になっていることである。そして、戦後日本の再出発に直面して明治日本を想起するという丸山の思想史的方法は、領土と人民との双方において、日本及び日本人という国民的同一化をさらに促進させる方向に働くだろう。

筆者は以前に丸山眞男のみならず、一般に「市民社会青年」と呼ばれる、日本の敗戦当時に三十代だった知識人たちは「国際派」と言うよりはむしろ「民族派」であり、「彼らの根本の発想は著しく国民主義的」だと論じたことがある（『戦後日本の知識人――丸山眞男とその時代――』世織書房、七四頁）。それは、これらの人びとがしばしば「近代主義者」という名称を与えられて、何か西欧崇拝主義者のように考えられる傾向が一般的に強かったからである。けれども、彼らの本源的な思想的課題は、学問を通じてにせよ文学を通じてにせよ、日本におけるデモクラシーの実現のみならず、デモクラシーとナショナリズムとの結合だった。しかもそうした結合は、もっぱら過去の歴史を共有することによってではなく、共同して現在及び将来の事態を切り開くところに求められた。戦後日本の思想史における六〇年安保の意義も、この思想的課題がにわかに出現した現実政治の例外的な状況の中で追究された点に存在した。先に引用した「戦後民主主義の「虚妄」の方に賭ける」という丸山の言葉を想起すればよい。すなわち、問題はまさに「国民」の概念や如何に関わるとしても、戦後日本の新しい始まりに思想的根拠を与えた丸山眞男に対して「国民主義的民主主義者」の評価を贈ることは、決して奇異なことではないのである。

それに関連して付け加えれば、丸山の残した思想と学問はもとより特定の政治勢力のみに向けられたものではなく、まさにわれわれがそこから自由に精神的糧となるものを引き出せる種類のものである。この意味でも、それは国民的な、そして普遍的な価値を有する作品である。

4

丸山が、敗戦直後から六〇年安保の頃まで、専門の日本政治思想史研究と並行して政治学もしくは現代日本政治の研究に取り組んだことについて、自ら「夜店を出したようなもの」(「原型・古層・執拗低音」武田清子編『日本文化のかくれた形』岩波書店、所収、九三頁)と述べ、その発言が論議を呼んだのは周知のことである。筆者を含めて思うのは、あれほど大きな学問的影響力を発揮した仕事が「本業」ではなくて「夜店」なのかということであろう。丸山の死を悼んで書かれた多くの文章のなかで、この点に関連して興味深い指摘があった。それは彼が「話術だけで通行人を引き付ける夜店の商人のパワーがあった」(三浦俊章「大知識人丸山真男氏の知られざる素顔」『AERA』一九九六年九月二日号)と評されていることである。丸山の文章が「アジる語り」だということは、前述の酒井論文も指摘していた。丸山自身がテキヤの口上を意識してまで、「夜店」の比喩を使ったとは思えないが、もしかしたら「本業」ではないという意味でのみこの比喩を理解するのは不十分なのかもしれない。

ここでわれわれはもう一度渥美清の『男はつらいよ』の世界を思い出す。ある週刊誌の記者が丸山の死についてのコメントを求めたのに対して、当時の小渕恵三自民党副総裁は「なんで、マスコミは大騒ぎするんだろう。フーテンの寅さんでもあるまいに」と述べたという(曽我豪「知の巨人、丸山真男の「遺言」」『週刊朝日』一九九六年九月六日号)。「フーテンの寅さん」と「知の巨人」とを対極に置くこの考え方は決して珍しいものではないだろう。しかし、何を語るかは重要だが、それに劣らずいかに語るかも重要だという事実に思いを寄せるとき、両者の位置は意外に近いようにも感じられる。この点について、たとえば同じ自民党でも六〇年安保当時は東大の二年生で国会へのデモにも参加した（大蔵成行『安保世代一〇〇〇人の歳月』講談社、三五〜四五頁）という加藤紘一幹事長は、いかなる感想を抱いたであろうか。

六〇年安保以後マスコミから遠ざかった丸山眞男は、著作集の最終巻に収められた一九六〇年代末のある座談会の記録で、「私はちかごろ雑誌に書いたり、ラジオやテレビでしゃべったりして人を啓蒙していくとか、そういうことの無力さというものを身にしみて感じる」（一一二頁）と述べている。これはまさにこの人にしてこの言葉ありきという感慨を催させる。その反面において、「小さなグループでしゃべるなら、どこへでも出ていきます」（一一三頁）と彼は言う。これらの発言から、ますます通行人とフェイス・トゥ・フェイスの「夜店の商人」を連想するのは、不謹慎であろうか。

六〇年安保以後三〇年余りの日本の政治について、丸山がどのような見解を持していたのかは、彼の学問的禁欲のためにわからない。思うに、知識人が現実の政治のあり方に完全に同意して、それと幸福な「結婚」を遂げるというような事態はありえそうにない。彼もまた何度も「旅」に出るのではあるまいか。

8. 驚くべき問題限定能力

●思想と学問の独特な結合の仕方

丸山眞男における戦後思想のあり方を見ると、それは思想と学問が一方で密接に繋がりながら、他方で両者が意図的に、方法的に、禁欲的に、慎重に切り離されていることがわかる。思想にはもとよりさまざまの存在の仕方や表現の形態があるけれども、丸山眞男においては、問題意識や実践的意欲に発する思想は、学問的認識にまで昇華されたときに、最高の存在の仕方を獲得するものであった。

検討する対象の範囲をあらかじめ厳密に設定した上で、そこに種々の角度から容赦なく分析の光をあびせる。この驚くべき問題限定能力こそが、自他の思想を取り扱うときの丸山眞男の魅力である。試みに、「明治国家の思想」や「日本ファシズムの思想と運動」や、あるいは六〇年安保の最中の「この事態の政治的問題点」の冒頭の部分を開いてみればよい。そこでは、書き出しがすべてである。あたかも、最初にオーケストラにその曲のテンポとダイナミクスを指定すれば、後は自然に音楽が展開する指揮者のアインザッツのように。異なる問題を立てることや、同じ問題に別の解釈を与えることは決して不可能ではない。ただし、それらのメスさばきの腕前は、丸山のそれと比較されることになる。

このような丸山眞男の学問的方法は、われわれにどうしてもマックス・ウェーバーを想起させる。しかし、丸山がウェーバーから学んだというよりも、もともと二人の知識人を生み出した、ドイツと日本の政治社会状況が共通していたと考えるべきだろう。一言で言えば、両者は、さまざまの政治的立場を抱える後発国の近代化という同一の精神的課題を背負った。ウェーバーは夏目漱石の同時代人だから、丸山の直面した現実の方がもう少し複雑だったと言うべきかもしれない。

丸山眞男の戦後思想となるべきものの土台は、戦争中に形成された。この事実は重要である。すなわち、一九四五年を境として日本の近代以前と近代を分けるという歴史の単純な見方は、そもそも思想史において、通用しない。これは丸山だけでなく、大塚久雄や川島武宜らの作品についても妥当する事実である。彼らは戦争中アカデミズムの奥深くに潜んでいて、その作品を目にする人びとの数が限られていたとは言える。そうした逆境は、むろん彼らの精神をより強靭なものにした。

最初に述べた丸山における思想と学問の独特な結合の仕方も、そのような時代状況の所産である。同世代の一人の内田義彦が言うように、これらの人びとの政治的関心は、各々の専門領域の内部に封ぜられ、そこで密かに発酵することになった。

日本政治思想史とか西洋経済史とか法社会学というのは、政治学や経済学や法律学においても、本来中心的な学問ではない。にもかかわらず、これらの分野の作品のなかに、戦後のあるべき日本社会の姿が、しばしば黙示的に描かれたのである。その意味で、こうした社会諸科学の成立こそが、戦後思想の骨格を提供するものであった。

9. 人間論の上に築かれた政治学

●自己と社会の関係の問い直しを迫る

人間の発見

丸山眞男氏が亡くなられた。戦後の知的宇宙の中心を占めて来た巨星墜つという印象を禁じ得ない。もとより、戦後の精神世界も、丸山氏の学問と思想も、言葉に残された作品としては、また語り継がれる記憶としては不滅であるが、同時代の人間模様としてはついに終焉した。もうわれわれは、これから何か大きな事態に直面した時に、たとえ「後衛の位置から」でも、丸山氏により状況の定義が発せられるのを期待することはできない。

現在刊行中の丸山氏の著作集が巻を重ねるのに従い、氏と交流があった人びとの思い出を語る文章が多くなるのを、最近私は興味深く読んでいた。この思い出話がどれも通り一遍ではないのである。先輩、後輩、友人のいずれを語る場合でも、丸山氏は幾つかのエピソードを紹介しながら、そのなかに実にくっきりと相手の人となりを描き出す。他者を他者として深く理解するために、時にはあえて辛辣な表現も辞さない。『橋川文三著作集』に寄せられた編集者との対話など、あまりに鋭くて、いかに弟子が師より先に亡くなってはいけないかが痛切に感じられる。

かつて、亀井勝一郎氏は、丸山氏と初めて対談した一九五六年の日記に、丸山氏のことを「人間通」と書いている。その亀井氏が『我が精神の遍歴』で政治的動物の第一の特徴に理論的であることを挙げたのに対して、丸山氏はそれがいかに「政治学の常識」に反しているかを指摘する（「近代日本の思想と文学」）。政治的リアリズムは一般原則に縛られることを嫌うのである。これは日本でだけのことではない。否、むしろ政治的リアリズムが欠如しがちな日本でこそ、原理原則が尊ばれると言うべきか。いずれにせよ、丸山氏は、政治が生身の人間による無数の決断の積み重ねであることを幾度も強調した。

少し遡って、日本政治学会の最初の年報に掲載された座談会（「日本における政治学の過去と将来」）で、丸山氏は「ヨーロッパと日本の政治学の非常に違う点は、政治学の基礎に人間論がないということじゃないか」と言っている。マキアヴェリもホッブスも、彼らの政治哲学を、まずあるがままの人間の姿についての鋭い洞察から始めた。これは丸山氏の持論で、同様の趣旨は一九四八年発表の「人間と政治」でも述べられている。その意味で、「政治の発見」は何よりも「人間の発見」なのである。

けれども、重要なのはそれから先の追究の仕方である。そして、丸山政治学の魅力も、人間論から出発して展開されるその後の思考のプロセスにあると言うべきである。ここで丸山政治学と言うのは、思想史研究と別個の狭義の政治学のことではない。丸山氏の学問の全体を貫く特徴と考えてほしい。なお、人間に注目すると言っても、人間は一人ひとり孤立して存在するのではない。だから、すべての問題は結局各個人の主体性の発揮により解決されるとだけ言うのは、必ずしも全体状況のリアルな認識ではないのである。

一貫した研究姿勢

たとえば、丸山氏よりわずかに早く先立たれた大塚久雄氏は、自身の経済史研究がかつて「人間がありすぎるという批判」と「人間がないという批判」との両方を受けたと記している（『社会科学の方法』）。マルクス主義の唯物史観に対して、歴史を作る人間の精神的契機に注目したのは明らかに大塚史学の功績であるが、そこでの人間はあたかも大塚氏のいわゆるエートスがそのまま洋服を着たような存在であって、身体的実感を感じさせないものであったと言わざるを得ない。

これに対して、丸山氏の人間像はいかなるものであったか。これは周知のように氏の日本論及び日本人論と密接に関連する。人間はさしあたり所与の社会のなかに生み落とされ、その社会は伝統や文化を持っている。そして、集団としての日本人が反復して示す行動様式に対しては、丸山氏は終始一貫批判的であった。ゆえに、人間が生きるということは、そうした所与のものとの闘いである。闘うためには相手の構造を分析し尽くさなければならない。超国家主義や日本ファシズムの解明がそうであり、「歴史意識の「古層」」や「政事の構造」がそうであった。前者と後者の研究系列の間には分析視角の相違があるが、研究姿勢は一貫していると思われる。

改めて言えば、ここに丸山政治学の魅力がある。つまり、氏の著作の読者は、読むたびに自己と社会の関係の問い直しを迫られるのである。そうした知的作業の出発点が人格を形成する青年期にあるとすれば、丸山政治学は社会科学でありながら、読者に言わば永遠の青春を保証する。そして、丸山氏は、およそ「人間と社会」、「人間と政治」の問題の卓越した教師なのである。

付け加えるまでもないことであるが、右のように述べたからといって、丸山氏の政治分析はもっぱら個人の側から見たミクロの視点しか持たないと考えてはならない。そのことは『現代政治の思想と行動』の諸論文にすでに示されているが、たとえばそのなかの「日本におけるナショナリズム」の原型であり、今回の著作集に収められた「戦後日本のナショナリズムの一般的考察」などを読めば、一段と明らかである。そこには、実に冷静な当時の日本社会の客観的分析がある。

知的インパクト

今回の著作集の月報に寄せられた各界の方々の文章を読むと、丸山氏との出会いがいかに多くの人びとに永続的な影響をもたらしているかがよくわかる。すでに著作にふれるだけでそうなのだが、本物の丸山氏はさらに強力な知的インパクトを持つ方であった。これは私のように二、三度しかお目にかかったことがない者にとっては一層そうだったのかもしれない。少なからぬ人が知識人丸山眞男の言わばアポロ的な側面にのみ注目するけれども、丸山氏の内面にはきっとデュオニソス的な部分も存在していて、両者の葛藤があのように厳格で新鮮な学問を生み出していたのではあるまいか。

こうしてみると、丸山氏と熱心な読者との間にはある種の知的な共同体が存在したと考えられる。それをあえて学校もしくは塾と呼んでもよいのではないか。しばしば丸山氏は福沢諭吉と並び称されるけれども、氏は福沢と違って学校を作らなかった。むしろ一九六〇年代末の学生反乱においては、東大教授の象徴の役割を演じた。丸山氏がもし塾を開いていたらと思うのは、もとより途方もない夢だったのであろうか。

かつて六〇年安保の最中に「八月一五日にさかのぼれ」と呼びかけ、やや後に「戦後民主主義の「虚妄」の方に賭ける」と言い切った丸山氏は、戦後五一年目の八月一五日に亡くなられた。そういう言い方を氏はきっと好まれないであろうが、私には何か「弁慶の立往生」のように思えてならない。

10. 平和問題談話会の遺産

●「平和への問い」再考

平和問題談話会の最初の声明が岩波書店の雑誌『世界』に掲載されたのは、一九四九年の三月号である。前年の九月に、同誌の編集長だった吉野源三郎が、ユネスコから出された八人の社会科学者の声明を入手したことがきっかけになっていた。吉野はそのなかに一人、当時の東側のハンガリーの社会学者サライが加わっていることに大きな意義を見出し、日本においても、さまざまな立場の相違を超えた人びとによる、平和を求めるアピールが出せないものかと考えた。吉野は当初、政党関係者に呼びかけようとしたようだが、困難を知り、もっぱら研究者の組織化に力を注いだ。

一九四九年から五〇年にかけて発表された平和問題談話会の三回の声明には、専門や立場や世代を異にする多彩な顔ぶれが参加した。今日から見て、やや意外な印象も禁じえない。まず、安倍能成や和辻哲郎らのいわゆるオールド・リベラリストがいる。これらの人びとは、岩波書店の創業者で一九四六年四月に亡くなった岩波茂雄と古くから親交があり、創刊時の『世界』の執筆陣の一翼を担っていた。次に、大内兵衛や脇村義太郎らの労農派系統のマルクス経済学者がいる。この二つのグループは、専門はもとより、政治的立場においても同じではなかったが、世代的には近かった。さらに第三のグループとして、清水幾太郎や丸山眞男らのような、前二者に比較すると当時まだ若い、戦後の日本の社会諸科学の創設者たちが名を連ねた。加えて若干の自然科学者の参加もあり、またこれらの知識人たちの結集が、さしあたり東京と京都で別々に進められたことも一つの特徴だった。

この組織の活動が特に注目を集めたのは、二回目に講和問題についての声明を発表したときである(『世界』一九五〇年三月号)。すなわち、最初の声明がユネスコからの声明を受けて、平和を守る条件についての原理的なあるいは総論的な考察に止まっていたのに対して、それから一年後の再度の声明は、当時占領下に置かれていた日本の講和という、具体的でかつ差し迫った問題への応答だった。講和問題を基本的に日米間の問題と考える自由党の吉田内閣と、アメリカのダレス国務省顧問との間で、交渉が始まる矢先のことである。この声明は結語として、①全面講和の希望、②単独講和では日本の経済的自立が不可能なこと、③中立不可侵と国連加入の欲求、④他国への軍事基地提供反対——の四点を述べた。吉田内閣の講和の方針に対抗的な立場の意思表示である。

この時期において、平和問題談話会の主張は決して孤立したものではなかった。この組織とは別に、南原繁東大総長の同様の主張が存在したし、社会党と結成されたばかりの総評は、国会の内外において全面講和、中立堅持、軍事基地並びに再軍備反対を叫び、戦後日本の革新運動の基本的理念を確立した。

日本の講和が問題となっていた状況において、平和問題談話会はただ全面講和の立場を表明しただけではない。それは、その主張の理論的根拠、すなわち全面講和を論理的帰結とするような世界の見方を伴っていた。そうしたものとして、三回目の声明「三たび平和について」があり（『世界』一九五〇年一二月号）、中心部分の第一章と第二章は丸山眞男の執筆であることが、今日では明らかになっている。

二回目と三回目の声明の間には、朝鮮戦争の勃発とマッカーサーの指令による警察予備隊の設置、さらにはレッド・パージの進行などの出来事が存在した。全面講和の理論的根拠は、米ソ冷戦が最も激化した状況において提示されたのだった。全面講和は誰もが望むけれども、それは理想である、というのが単独講和あるいは多数講和の立場である。

しかし、それでは現実とは何か。丸山は現実の多次元的な構成を指摘して、そうであるがゆえに「問題をどう設定するかによって、現実処理の方向が変化する」ことを説いた。イデオロギーの対立のみで世界を見ることは、かえって現実の持つさまざまな動向を無視することになるというのだ。このような丸山の認識の仕方は、同時期に書かれた「ある自由主義者への手紙」や、やや後の「「現実」主義の陥穽」と同じである。これらの論文は、一定の効果を現実から引き出すためには、人びとの主体的態度が肝心なことを繰り返し説いている。

冷戦が終焉した今日、一国の国内政治がいかにそのときの国際環境によって規定されるかが改めて明らかになっている。しかし、そうであればこそ、冷戦後の時代は地域紛争の時代だとか、諸文明間の対立の時代だなどと、簡単に決めてかからないことが大切だと思われる。

11 「超国家主義」から「一国民主主義」まで

今度の『世界』の論文選には、今日から見て、戦後日本の思想史の道標とも言うべき諸論文が並んでいる。目次を開いただけでも、錚々たる執筆者の陣容に圧倒される思いがする。むろん各々の論文はそのときの最先端の状況で書かれており、そこから見た将来の日本の姿はあくまでも茫洋としていたに違いない。にもかかわらず、各論文はそれが著された時代の精神的雰囲気を濃厚に凝縮させることによって、結果として、全部が一連の共同作品のような形になっている。そこに、『世界』という雑誌の個性的特徴が存在するのであろう。

言うまでもなく、思想の歴史は直ちに現実の歴史ではない。また、現実の歴史は思想のみによって形成されるものでもない。しかし、今回の論文選を構成する諸論文は、どの場合にも現実の批判的な認識を提供することによって、過去から現在を経て未来へと戦後の時代を歩む人間たちの精神の世界の記録となっている。

周知のように、『世界』の創刊に際しては、同世代に属する安倍能成のようなオールド・リベラリストと大内兵衛のようなマルクス主義者との協力が見られたが、この雑誌の精神的骨格とでも言うべきものが、当時まだ若かった丸山眞男の「超国家主義の論理と心理」(一九四六年五月号)によって築かれたと考えることに同意する人は多いであろう。丸山自身がこの論文の冒頭で述べているけれども、彼がそこで試みたのは、戦前日本の国家体制もしくは政治体制をそれとして対象化することだった。その意味で、それは政治についてのマクロな分析であるが、しかし、その政治が実は社会を構成する人びとの微細な心理や行動の集積で成り立っていることを教えた点で、それは様々な視点からの人間論を踏まえた戦後日本の新しい政治学の確立を示すものだった。

一つのポイントのみに注目したい。この論文で丸山は、戦前日本の国家体制の下においては私的なものがそれとして認められず、国家的なものと結び付けられて初めてその存在が正統化されたことを指摘した。「滅私奉公」はそのような事態を象徴するスローガンである。結果として、公的、国家的なものが私的、内面的な生活のあらゆる部分に浸透しただけでなく、逆に国家的なものの内部に私的利害が無制限に侵入する事態を招いたと、丸山は見事なレトリックで語っている。要するに、上から下まで公私の区別が成り立たなかったのである。

＊

戦後の日本国憲法の第一の柱は、国民主権である。この原理に基づけば、すべての国民は平等に自由に政治的決定に関与する。自由であるから、たとえば選挙の投票に際して、有権者は候補者の顔やネクタイの柄で判断してもかまわない。参政権は権利だから、あえて投票しないことも自由である。ただし、一般的に見て、一人ひとりの国民はそこで果たしていかなる動機から政治的決定に参加することが予想されているかと問えば、それは各自が自己の利益を大いに伸長させる見地からであると言ってよい。この考え方は、日本国憲法の第二の柱である基本的人権の尊重ともかなうはずである。

日本国憲法が制定されたとき、右に述べたような民主主義の原則が直ちに多くの国民によって理解されたとは思えない。もとより、事実上の自己利益の追求は戦争中においても存在したし、憲法が生まれた敗戦直後の焼跡闇市の状況ではもっと盛んだったかもしれない。しかし、私的利益の伸長が事実の世界だけでなく、法と権利の世界にも位置づけられたのは、わが国では日本国憲法においてが初めてだった。

大内兵衛は、今回の論文選にある「新憲法と学問」（一九四七年七月号）で、日本国憲法の制定の由来について、「その作成のために費された努力は、かの明治憲法に対して、井上毅・伊藤博文以下の人々がそそいだ心血の何分の一にも及ばないように見える」と述べている。大内にすれば、あえて伊藤や井上の名を持ち出してでも、新憲法が当時まだ国民の完全な委託と討議を経ずに成立した事実を強調したかったに相違ない。彼をはじめとして、後の『世界』を舞台とする、平和問題談話会や憲法問題研究会の活動に加わった知識人たちに共通の課題は、まもなく訪れた「逆コース」の状況のなかで、日本国憲法の第三の柱である平和主義の擁護を含めて、そのように制度的規定において先行した戦後日本の政治体制を、真実に日本国民のものにするために努力することだった。

知識人たちの活動も、彼らに活動の舞台を提供した『世界』の世論形成能力も、六〇年安保のときに一つのピークを迎えるが、そうしたなかで、今日から見れば意外なほどに多くの論者が一致して言及した命題は、やはり民主主義は国民各自の自己利益の追求を当然の前提として承認するというものだった。これは、公的なもの、国家的なものが個人に先んじてあるのではなくて、国家や政府はあくまでも国民個々人の自己利益の追求を保証する枠組みとして存在するという考え方の表明である。その意味で、言わば「利益の民主主義」が民主主義の本質である。そして、そもそも戦争体験が多くの日本国民に国家への不信感を植え付けたとするならば、日米安保条約の強行採決に反対する国民の抵抗は、そのような「利益の民主主義」を戦後日本の政治体制として確立する見地から、改めて国家権力の担当者たちに権力行使の最終目的を教えるものだった。

＊

さて、時代は下る。一九六〇年代の高度成長と、一九七〇年代の二度の石油危機の克服を経て、日本は経済大国になった。この間を通じて自民党の長期政権が続き、日本の政治体制は政官財もしくは政官業の三領域に跨る堅固なシステムを完成させた。長年にわたりこのシステムを築き上げるのに貢献した第一の要因が、各領域、各地域、各業界における「利益の民主主義」の全面開花だったことは疑いようのない事実である。しかし、今日のわれわれは、それでめでたしめでたしではない厳然たる現実の前に立たされている。

いつ頃からそのようになったのかと思って今回の『世界』の論文選を見ると、佐々木毅の「〈一国民主主義〉の隘路」が書かれたのは一九八六年二月号である。戦後四一年目のことだった。その少し前に石川真澄の「「土建国家」ニッポン」（一九八三年八月号）があり、少し後（今回の巻末）に樋口陽一の「「一国平和主義」でなく何を、なのか」（一九九一年八月号）がある。強調鉤で囲われた言葉がいずれも現代日本の国家体制に対して与えられた内容規定であるのは言うまでもない。

佐々木によれば、その時点までに自民党政権が作り上げた政治システムは「野党につけ入るスキを与えない利益政治のシステム」であるが、このシステムに国民から入力される諸利益の要求は、もっぱら個別性と非公開性を特徴としている。そこでは、本来の政治の任務であるはすの公開の場での社会全体についての議論がほとんど見られない。これに対して、日本の政治システムが行う決定に実質的に影響力を行使しているのは、アメリカの対日要求や東アジア諸国からの批判のような「横からの入力」である。極端に言えば、この「横からの入力」があるために、日本の政治システムはかろうじて決定が行えるような状態になっている。それでよいのだろうか。佐々木がこの論文で「政党を中心とした政治改革は不可欠」と述べたのが、まだ中曾根内閣が衆参同日選挙を試みる前のことだったのは注目されてよい。

佐々木論文より少し前に書かれた石川論文を読むと、当時の自民党支配の政治システムが公共事業の全国各地の地元への配分を通じて安定的に再生産される姿が描かれている。時代はまさに田中政治の晩年だった。二つの論文のトーンの違いはむろん石川と佐々木の立場の違いにも基づくが、それよりも一九八〇年代の前半と後半での政治的気候の変化によるところが多いように思われる。一九八〇年代後半以降、特に湾岸戦争以後になると、自己中心的で内向きの関心しか示さない日本の政治システムという意味で、

「一国民主主義」とか「一国平和主義」（ちなみに、樋口論文はこの語の意味をずらす試みである）という言葉がしきりに用いられるようになった。

私自身の価値判断を言えば、「超国家主義」より「一国民主主義」の方がよい。しかし、現在の日本の政治システムを「一国民主主義」と批判的に見る立場がたぶん何よりも恐れるのは、「地元民主主義」や「タテ割り行政」を持徴とするそれが、日本と世界の全体を見渡した国家の意思決定を行えずに、不断の外圧にさらされたあげく、いつまたかつての「超国家主義」に近いような状態に逆戻りするとも限らないということではなかろうか。もしそうだとすれば、われわれはどうすればよいのだろうか。

月並みな言い方であるが、戦前、戦後の経験に学んで、さらに政治的に成熟する以外に方法はない。もはや各人の利益の追求を全体のパイの拡大で保証することはできないから、われわれは自分の利益を求める過程のどこかで一致して公共的なものを発見しなければならない。公共的なものの範囲は国家を越えて地球全体にまで及ぶ。ちなみに、「都市の空気は人を自由にする」というけれども、それは自分の狭い土地にどんな建物でも建ててよいということではないはずである。市民が平等な立場で協議して建物の高さや色について共通のルールを定めるのが、自己立法という意味での自由である。日本人は企業は作れるが都市は作れないという感想が海外からもたらされることのないように、まずは心がけたい。

12 再評価盛ん＝丸山眞男を読み直す

●「発展段階説」から政治固有の論理へ

丸山眞男の講義録が刊行中だ。編者の方々のご尽力もあると思うが、圧巻である。特に最後になった一九六七年度の日本政治思想史と六〇年度の政治学。前者の冒頭には彼の研究の集大成と言うべき日本人の意識と行動の「原型論」がある。かつて庄司薫氏が小説『赤頭巾ちゃん気をつけて』（六九年）で薫君を夢中にさせた「すごい思想史の講義」のプリントは今ようやく読めるようになったのだ。後者は丸山が東大法学部で行った唯一の政治原論の講義の復刻で、マックス・ウェーバーの『職業としての政治』を思わせる。

遺稿類だけでなく、丸山論も多数発表されている。たとえば最近の間宮陽介氏の『丸山眞男』（筑摩書房）は、丸山の生涯にわたる学問が徹底した問題史的考察であることを立証する。この本では丸山の手記である『自己内対話』（みすず書房）が頻繁に紹介され、公刊された丸山の著作と彼の内面をつなぐ試みがなされている。ただ私は間宮氏が丸山をハンナ・アレントに近付け過ぎているような気がするが、この点は後にふれる。

「真理の支配」への疑問

丸山論が多様な角度からなされるのは当然である。丸山眞男こそは、敗戦によって始まった戦後日本に政治思想上の意味と進路を与えた知識人だからだ。しかし、丸山を批判する人も評価する人も、彼の作品群を全体として論ずる傾向が強い。私はもう少し時代による変化の視点を投入したい。

「日本の思想」論文を執筆した五七年頃に丸山の学問的関心の大きな転換があったことは、彼自身が認めていた（『日本の思想』「あとがき」など）。ちょうど政治論集である『現代政治の思想と行動』の刊行直後で、これ以後は「開国」や「忠誠と反逆」のような思想史研究が再び主になる。背景にはさまざまな事情があったらしく、当時若い政治学者が輩出したので自分は本来の専門にもどったとも述べている。だが、なおそこには一つの時代的転換が反映されていた。

すなわち、その頃相次いで起きたスターリン批判やハンガリー事件は、「真理の支配」という前提に立つマルクス主義の思考方法への疑問を改めて知的世界に呼び起こした。丸山はもとよりマルクス主義者ではなかったし、敗戦直後の彼の主体性論はよく知られているが、それまではやはりヘーゲルやマルクスとともに普遍的な歴史の発展段階説の信奉者だった。ところがこの前後に彼のなかで、各々の社会や文化に特有な発展の型への注目が強まったように思われる。それは新たな思想史研究の観点へと丸山を導いた。

政治を外から囲い込む

丸山における転機は思想史への復帰という形で訪れた。六〇年代の東大での一連の講義の成果はやがてその上に築かれる。狭義の政治学の論文を書く機会は減少した。しかし、歴史が進む方向という問題でマルクス主義の決定論的思考からより自由になったことは、政治の担い手や政治過程の動態に対する彼の認識にも変化を生んだ。それは丸山の問題関心の移行のために、詳細には語られていない。そこへ六〇年安保が起きる。新安保条約の強行採決を機に岸内閣批判に立ち上がった人びとを丸山は広く「市民」と規定した。

五〇年代後半の丸山の文章に特徴的なのは政治に固有な論理の指摘である（「「スターリン批判」における政治の論理」や「近代日本の思想と文学」）。それが主にマルクス主義陣営に向けられたのは、彼らが歴史をあたかも自動機械のように考えたからだ。これに対して政治は決断の要素を含むと丸山は強調する。だから、リーダーシップのような政治の技術を語る必要があるのだ。こういう意味での政治を見抜く目は決して政治家だけが持つのではなくて、ごく普通の人びとの政治的判断のなかでも働くべきものだ。

しかし、丸山における政治はどこまでも必要悪だった。福沢諭吉の言葉を借りて、「悪さ加減の選択」とも言っている。彼が東大法学部で政治原論の講義を担当したのは偶然にも六〇年安保の年だけだが、そこでも政治以外の人間活動に根差してこそ政治を正しく位置付けられると述べている。これは政治を外側から囲い込む論理である。ハンナ・アレントのように、公的活動である政治に高い価値を与える思想ではない。先に私が間宮陽介氏の解釈に異論を唱えたのはそういう意味である。アレントによれば、ファシズムは逆説的にも政治ではないのだ。丸山の政治の最悪の形態がファシズムであることは疑いない。

丸山は「市民社会青年」

私は内田義彦も言うように丸山眞男を「市民社会青年」の一人だと考える。「市民社会」とは近代のブルジョア社会のことだが、それが経済や文化の領域を自立させたのだ。そこに政治または国家の暴走を止める基盤が築かれた。

語源的には、古代ギリシャからルソーまで、「市民社会」とは公民が作る政治社会そのものだった。だが、私は内田の意味に従ってこそ、丸山の政治思想の特質がわかると思う。ユルゲン・ハーバーマスのように、政治だけでなく経済にも対抗する「市民社会」を描く人もいるが、私は丸山理解に関してはそれにも与しない。これだと市民の連帯の基礎が抽象的になって、リアルな政治の認識が弱まるからだ。

13 誤読の可能性

私を音楽好きにしたのは、ヘルベルト・フォン・カラヤンという有名な指揮者である。一九六六年四月、私は中学二年生になったばかりだったが、カラヤンはベルリン・フィルを率いて二度目の、彼自身としては四度目の来日をした。このときNHKは一カ月に及ぶ彼らの公演のほとんどすべてのテレビ中継を申し入れ、自己の映像化にうるさいカラヤンの方も何を考えたか、それを許した。このときの試みが、後年の彼の音楽ビジネスに大きな示唆を与えたことは疑いない。

それはともかく、テレビで見たカラヤンの演奏は私を圧倒した。何よりも推進力のようなものを感じたのである。それから私は、試験の前には景気を付けるために、必ず彼の演奏するベートーヴェンの七番か三番のシンフォニーを聴くことにした。翌年、今度は大阪国際フェスティバルにおいて、バイロイト音楽祭の引越し公演があった。たまたまテレビをつけたら、ワーグナーの楽劇『ワルキューレ』の第二幕が開くところで、その前奏曲を聴いて私は雷に打たれたような思いがした。ちょうどカラヤンとベルリン・フィルも彼が始めたザルツブルグの復活祭音楽祭のためにこの曲を録音していて、私はこの五分足らずの部分を聴くために誕生日にLPレコード五枚組の全曲盤を購入した。そのときは、この楽劇の第三幕の最初の部分が「ワルキューレの騎行」として名高いことも知らなかった。

カラヤンの演奏も大した効果はなく、私は長い浪人生活を送った。その途中で、丸山眞男の書物と出会ったのである。それも『現代政治の思想と行動』は論文集ということもあって読みあぐねたのだが、『日本政治思想史研究』はこの分野について何の予備知識もない私を魅了した。私はこの本を書いた人はきっと音楽が好きに違いないと思った。思想史というのはシンフォニーの演奏のようだと思ったのである。今から思えば、この本の土台になっているのはヘーゲルの歴史観で、ヘーゲルはベートーヴェンと同じ一七七〇年の生まれだから、私の第一印象にはそれなりの根拠があったのかもしれない。

後になって、私は丸山眞男が無類の音楽好きであることを知った。しかし、彼が神のごとく信奉するのはベルリン・フィルにおけるカラヤンの前任者のフルトヴェングラーで、どうもカラヤンは嫌いらしいということもわかった。会って確かめるわけではないから、こういうことがわかるのも徐々になのである。最初の手がかりは一九五六年の「断想」というエッセイで、そこで丸山は戦後のドイツの非ナチ化についての「カラヤンなどがさして問題になった様子もなしに、益々隆々たる名声を博しているのはかねがね不審（だけれども）……フルトヴェングラーのケースに対しては、どこまでもパセティックな感じしか湧いて来ない」と述べている。私が初めてこれを読んだとき、「エッ？」と思ったのをよく覚えている。音楽よりも人格が非難されているような気がしたのである。

決定的なのは一九八三年の「フルトヴェングラーをめぐって」という座談で、丸山は「フルトヴェングラーは、芸術創作者とセールスマンとが同じ人格のなかに共存できるなどとは夢にも思わなかった時代の最後の人間であった」というバイオリニストのメニューインの言葉を引いて、「私はすぐカラヤンのことが頭に浮かんだ」と皮肉っぽく語っている。さらに丸山の没後に刊行された『自己内対話』を見ると、「今度（一九六六年）で、三たびきくカラヤンとベルリン・フィルのなんという絢爛としたむなしさ！」という言葉が残されているのがわかる（ちなみに二三九頁）。

逆に私にはフルトヴェングラーの音楽がよくわからない。テンポが揺れ動くのにどうしてもついて行けないのだ。ブラームスやワーグナーはまだよいと思うが、ベートーヴェンはだめである。聴いても元気は出ない。それに、戦後しばらくして復帰したフルトヴェングラーがウィーン・フィルやベルリン・フィルからカラヤンを締め出したやり方はいかにも陰険で、カラヤンの方に一方的に非があるとは思えない。カラヤンが売れ筋をよむ才能を持っていたことを私も否定しないが、よいものを売るならよいではないか。身振りで人を率いる商売なのに、自己顕示欲と無縁な指揮者など存在するだろうか。そもそも人格と音楽は別である。指揮者のクナッパーツブッシュだって、よい人だったとはとても思えない。

だが、私は間違っているかもしれない。カラヤンの演奏は私に目標に向かって突き進む歴史の自己展開、すなわち近代の物語とでも呼ぶべきものを想起させるが、近代はそんなに単純ではなく、分裂していて、不安定なものなのかもしれない。そして丸山眞男の思想もまた決して主知主義的に合理化されたものではなく、混沌そのもの、あるいは混沌と形式が混ざり合ったものなのかもしれない。私の誤読の可能性は否定できないのである。

第Ⅲ部

丸山眞男、その人

14 思想の「演奏」と主体性の曲想

●丸山眞男研究序説

愛するHに

たとえば知性というものは、すごく自由でしなやかで、どこまでもどこまでものびやかに豊かに広がっていくもので、そしてとんだりはねたりふざけたり突進したり立ちどまったり、でも結局はなにか大きな大きなやさしさみたいなもの、そしてそのやさしさを支える、限りない強さみたいなものを目指していくものじゃないか

（庄司薫『赤頭巾ちゃん気をつけて』）

序——時代状況と学問状況——本稿の課題

1

丸山眞男は第二次大戦後の日本における近代政治学確立発展の旗頭である。彼はまたいわゆる戦後民主主義を支える代表的思想家でもあった。一九四五年八月一五日は日本歴史の一大転回点であったが、敗戦後三〇年余りの現代史は、それを担って来た日本人の深層における心理的構造の同一性という問題をとりあえず別とすれば、いかなる観点に立とうともある種の時代区分を必要とする程度において、これを包括的に連続性において捉えることはできない。したがってわれわれの生活への対応形式においてもいくつかのレヴェルで変化と不変化とを経験して来たと言ってよい。とりわけここ数年来の政治構造、社会構造における変動は、われわれに新しい時代に入るという自覚を持つことを要請しているように思える。この時期にあたって、われわれは何を変革すべきものとして自らに課し、またこれまで育んで来たもののなかで何をより一層強化して行くための努力をすべきなのであろうか。

自由民権運動や大正デモクラシーと対比して、戦後民主主義をいかに位置づけるかについては今しばらくの検討を要するとしても、それは「戦後」という曖昧な限定を持つとはいえ、民主主義の思想であった。日本が経済的に復興するのに伴い一九五〇年代の後半に至って、「戦後は終わった」という主張がしばしばなされた(1)。しかし言うまでもなく民主主義は、特殊戦後的状況にのみ必要とされるものではない。

焼跡を背景にしたバラ色の夢が、高層ビルの林立とともに灰色と化したなどと言ってすむものでもない。事態はむしろ逆であって、「憲法よりもメシだ」（以下、傍点「、」は筆者が付したもの、「・」は原文のものである。尚、適宜、旧漢字・旧かなづかいは当用漢字・現代かなづかいに改めた）という発言が知識人に対して持つ説得力が相対的に減少すればする程、民主主義を不断に問い直して行く条件が整って来ることになるのではないか。ここにこそ社会の変化にもかかわらず、われわれが戦後民主主義の思想を鍛え直して行く意味がある。そのことは何よりも日本国憲法のなかに謳われているのである。憲法に織り込まれた平和的、民主的価値は国民一人ひとりの不断の努力によってのみ達成されるものであると丸山は繰り返し述べている。これは将来に向かって開かれたわれわれの課題である。

　戦後民主主義にとって大きな試練の場を与えたのはいわゆる六〇年安保であった。その政治的、思想的意味については後に検討するが、この時期は丸山眞男にとっても一つの結節点であった。そのことは、講和問題が議論されていた当時彼が病床にあったのに比して、この安保前後においては彼として例外的とも言える程講演会への参加、国会への請願等積極的活動を行ったという現象的な面のみならず、その後における彼の著作活動にも微妙な影響をもたらしている点において注目される。「戦後私は種々の事情から、対象的には日本政治思想史の、いや政治思想史の範囲をふみこえて政治学上の諸問題、とくに現状分析の領域にまで手をひろげて来たけれども、「日本の思想」の前後からようやく「戦線」を整理して、その後の論稿はおおむね旧著『日本政治思想史研究』や福沢研究の系列に属する」(2)という表現に見られるように、彼自身においては研究の一つの転回が一九五七年一一月に「日本の思想」論文が発表された後にあったとされている。

今井壽一郎の『丸山眞男著作ノート』(3)によれば、岩波新書『日本の思想』が発行された一九六一年一一月二〇日の日付には他に二つの思想史に関する著作名がある(4)。しかし丸山はこの時すでに日本にはいなかった。同年一〇月、彼は客員教授としてハーバード大学に向かい、翌年にはオックスフォード大学へ赴くのである。彼の内面における研究関心が、著作としてわれわれの前に提出されるまでには当然時差があるから、われわれにはこの一九六一年当時が彼の本来の意図より以上に注目されるのかもしれない。だがこの時期には六〇年安保の政治的、思想的反省が広く知識人の間に影を落とし、将来への模索がさまざまの領域において試みられていたこと、さらにその後の六〇年代の状況を考え合わせるならば、そこにはやはり意味深いものがあるように思われる。

帰国後丸山は以前にも増して寡作になった(5)。もちろん寡作であることと思想の貧困化現象とは必ずしも相関関係にあるわけではない。だが一九六〇年六月一五日、国会周辺に押し寄せた学生の一人は、女子学生の死を知った時、「「君達の運動は人命を尊重することから始められたのだから、君達の仲間が死んだり、怪我したりすることのない様に充分注意しなさい」と丸山先生が僕に話されたのを僕は思い出していた」と記している(6)。そして六〇年代末の東大闘争において、「われわれはあんたのような教授を追い出すためにきたのだ」と言う学生たちによって丸山は研究室から追い出される(7)。この間に変化したものは何か。

六〇年安保を境としてそれまでゆるやかに結合していた知識人グループは解体する。一方で学生運動のセクト化が亢進する。前衛神話に絶望した学生運動家が「ラディカル・エコノミスト」として再生するという現象は、この間の情況を象徴的に示していると言えるのではないか。これに対し保守政権は高度経済成長政策を高らかに唱える。アメリカが次第にヴェトナム戦争の泥沼に足を踏み入れ、ソビエトではフルシチョフが解任され、中国が核実験に成功した時、日本国内はオリンピックムードに染まっていた。

他の一切を顧ることなしに進められた高度成長によって生活水準は上昇したかもしれない。そしてそれは市民の政治参加にとって、プラスの条件にもなりうるだろう。だが今やわれわれはその代償を支払わねばならない時に来ている。高度成長にもかかわらず持続する問題と、高度成長のゆえに起こって来た問題とにわれわれは対処して行かなければならない。われわれの選択をわれわれが検討しわれわれが責任を負うのである。茫漠とした現代社会において大衆の一人ひとりの政治参加には手ごたえがない。手続としての民主主義が問い直されることが必要である所以である。高度経済成長によって戦後民主主義が乗り越えられたわけでないことは明らかであるのだから。

2

筆者は丸山眞男を思想家として見過ぎたかもしれない。丸山が学者であるか思想家であるかという議論自体には、あまり実益があるとは思えない。「ここには思想家というには、あまりにやせこけた、筋ばかりの人間の像がたっている。学者というには、あまりに生々しい問題意識をつらぬいている人間の像がたっている」(8)。

丸山眞男は、戦後ずっと東京大学法学部において東洋政治思想史講座を担当して来た。なにゆえに彼が東洋政治思想史という学問分野を専攻するに至ったかについては、南原繁の意図によるところが大きかったようである(9)。丸山は当初ヨーロッパ思想史を専攻したかったと述べているが、そのことは西洋政治思想の豊かな成果を源泉として、彼を日本政治思想史の研究へと取り組ませて行くことになったのである(10)。

日本の学者は、理論を説いても一般に現実から方法的に抽象する能力を欠き、空論にとどまるが、かれ（丸山をさす—引用者）は、そのなかにあって、いわば稀有の存在であり、こういう普遍と抽象の学問が西欧の伝統であることを思えば、かれの学問はいちじるしく西欧的であるといわねばならない。なにゆえに西欧的学問の伝統がかれにおいてかくまでみごとに摂取されたかは、それ自体思想史的問題たりうる(11)。

丸山の思想史構築のための方法論については後に検討するところであり、西洋政治思想とりわけヘーゲル、マルクス、マックス・ウェーバー、ボルケナウ等の影響は注目されるところである。さらに彼はその研究者としての処女作である記念碑的論文において、仁斎、徂徠、宣長等を研究の対象としたのであるが、これら徳川時代の思想家、とりわけ徂徠学の古文辞学からは、言語モデルによる方法論としての科学性に(補註1)関して大きな影響を受けていると思われる。そしてカール・シュミットと福沢諭吉という、どちらも単線的理解の困難な危機の思想家の著作から、丸山がいかなるものを摂取したかという興味ある問題も存在する。

丸山の思想史は政治思想史であり、「政治」「思想」「歴史」といった概念枠組みが上から下へと規定して行くダイナミズムに彼の学問の特色がうかがわれるのであり、たとえばそこに方法としての「科学」の問題がある。そして丸山が思想史家であると同時に政治学者として(12)、政治学的認識を視座の基礎にすえたことは、一方日本における近代政治学の確立発展をもたらすとともに、他方彼の学問に機能主義的色彩を施すことになった。(補註2) もっとも丸山が政治思想とかあるいは歴史思想とかについて述べる場合、それらの概念は決して狭い意味で規定されているのではない。「いわゆる狭義の政治思想に視野を限定せず、むしろ徳川封建社会における視座構造（Aspektstruktur）をなした儒教的（特殊的には朱子学的）世界観全体の構造的推移をなにより問題とした」(13)とか、「精神活動の対象を「歴史」に限定して、「歴史とは何か」についての自覚的な問いや、必ずしも自覚的でない、歴史についての意識や観念と解するならば、そうした意味での歴史思想は、史書以外の広汎な文献に見出される」(14)という表現を見れば、彼の仕事があらかじめ抽出された政治思想の単なる配列ではないことは明らかである。「思想の政治的機能に着眼している意味で、これを機能的な政治思想史と名づけてもよかろう」(15)という指摘はよく的を射ていると言ってよいだろう。つまり、たとえばコペルニクスやニュートンは政治思想家ではないが、彼等の自然科学における業績は政治思想を大きく動かした(16)ということを想起すればよい。ところで「思想の政治的機能に着眼する」ということは、その対象操作の過程において主体の政治学的認識が大きくクローズ・アップされて来ることを意味する。つまりひとたびはすべてのものが視界に入って来る可能性があることになり、そこにおける取捨選択の基準の明確化が不可欠となる。「政治思想史も一面では分析者の政治学を示すことにもなる」(17)と言われる所以である。

3

丸山眞男が広い意味での政治学者として、巨匠的存在であることは疑いを得ない。現代における政治学の不振を述べる者が、「丸山先生が偉過ぎたからいけないんだと思う」(18)という程なのである。同時に彼はすぐれて思想家であった。吉本隆明の眼に丸山が、「学者でもなく思想家でもない、「奇異なる存在」」(19)として映ったのも、後に『現代日本の革新思想』において丸山がなした発言の一部(補註3)に照らして考えると、六〇年代後半における丸山批判の一つの原型をなしていると思われるところもあり、また丸山に、「ほとんど思想家としての発言をしながら、最後の一歩の所で引っ込んでしまう」(20)という面がないわけではない。だが、戦後民主主義の時代を一貫し、六〇年安保を経て東大闘争に至る歴史の過程において、筆者は丸山眞男を思想家として考察する対象になり得る存在であると考える。このことは何を意味するか。それは彼の論文や発言を学問的業績としての評価とは別個の観点から検討することを認めるということである。ここには一つの危険がある。それは彼の学問的成果や方法をはじめから彼の立場性といったものに還元して論ずる見方であり、はなはだしくは、たとえば丸山は東大法学部の教授であり、その講義を聴いた者は後に近代主義的官僚として高度経済成長政策を推し進めるべく良心の支えを受けたとして、丸山の評価の結論をそこに置いてしまう見方である。この見方がまったくの的はずれだとは思わないが、それですませるには丸山の学問的業績はあまりに膨大であり、彼の思想はもっと普遍性のあるものと筆者は考える。

したがって筆者のここで採った方法は、彼の学問的業績をわれわれに継承され得る形において捉えようとする作業と、彼の思想を一つの行動原理にまで発展させる作業とをひとまず切り離そうとする試みに他ならない。しかし問題はそれほど容易ではない。学者が同時に思想家であるという事態は、丸山が学問の対象として政治学を選んだことによって一層複雑さを極める。政治学の学問的性格のなかに、研究者の価値意識と構築された理論とを明確に分離することの困難さがそもそも内包されているからである(21)。さらに理論や思想がそれを生み出した人間の思いもよらなかった機能を営むということもあり得るということは、丸山の思想と言っても、それがどのような形で抽出されたものであるかということに絶えずわれわれの注意を促すのである。そして最も重要なことは、他ならぬ丸山自身がこれらの問題を誰よりも一貫して提起し続けたという事実である。たとえば彼は次のように言う。すなわち、「学者は他方において市民として、自己の学説がいかなる政治勢力によって利用されるかという事に無関心であってはならない。自分の理論の社会的波及の行くえをつきとめることは市民としての彼の義務ですらある」(22)と。

イデオロギー暴露の特質を見事に描き出し、またその日本における早熟的登場を指摘したのも彼であった(23)。まことに透徹した政治学的認識は自らの思想家としての基盤をつきくずすかの観がある。しかし丸山はその位置からもなお自らのprinciple を語って止まなかったと言ってよいだろう。

4

かくして本稿の課題を整理して、以下の行論の進め方を提示するならば、それは次のようになる。

筆者は何よりもまず、丸山眞男のすぐれた学問的業績をわれわれのなかに蓄積される形で抽出しようとした。第一節と第二節はそのためのものである。それは、政治学においては「方法論の進歩が全く考えられないから、前の学者が到達した点から出発することもできない」(24)という指摘に対するささやかな克服の試みである。問題意識の一貫性とは別の意味で、己れの学問の体系性をまず念頭に置くといったタイプの学者に丸山眞男は属さない。このことは彼の主要著書が、いずれもそれ以前に発表されたものをまとめた論文集（講演を敷衍したものを含む）であるということにも示されていよう。したがってそれらの不用意な類型化が矮小化になる危険を筆者も認めるのであるが、その上でなお一応の節別を設けた次第である。

丸山の問題意識の所在やその一貫性をわれわれが理解する上において非常に役に立つものは、彼の手による著書の追記やあとがきである。いわゆる丸山学派と呼ばれる人びとの著書に共通する特徴として、それらのあとがきが非常に示唆に富んでいる点があげられる。そのことは誰よりも丸山自身についてあてはまる。あとがきはあとがきであって、あとよみではないから、それらをまず検討したりすることも許されるであろう。

丸山の政治学的モデル並びにモデル構築に際して当面するさまざまな問題、そして思想史研究にあたっての彼のいわばライトモティーフを抽出した上で、筆者は思想家としての丸山の側面にふれてみたいと考える。もとよりそれは彼の表に表れたすべての論文や発言に、いわば裏側から光を当てそこから彼の principle を読み取って行くということを意味するから、筆者の能力からするならばあくまでわずかにその一端を示し得るにとどまる。日本ファシズム論や福沢諭吉に関する彼の考究は、おのずとそこに彼の思想がにじみ出ているという点で重要であるが、その詳説は筆者のよくこれをなし得るところではない。これらについて簡単に述べた後、丸山とマルクス主義との関係、さらには彼における知性の意味という問題について考えてみたいと思う。

1　丸山「政治学」の framework

1

丸山の著書『政治の世界』はすでに絶版になってから久しい[25]。平凡社の政治学事典も、最近古書店で高値を呼んでいる。内外の情勢の急激な変動に伴って、とりわけ政治学のような学問分野においては、その時々の時代的状況によって同一の言葉や概念の意味内容が大きく変化する。現実の政治構造が変質すれば、分析のための新たな道具が必要ともなる。われわれが、「自由」とか「民主主義」とかいう概念の変貌ぶり[補註4]を、また市民社会の枠組みで大衆社会の構造を分析することの不可能性を想起する時、このことは明らかであるように見える。しかし、現代社会のめまぐるしい変動が一方で分析概念の不断の検証を要請するかたわら、他方われわれはプラトン以来の政治学の古典からまだまだ学び続けるところがあるという事実は奇妙な対照をなしているようにも思える。そこに「古くかつ非常に新しい学問」(26)と言われる政治学の学問的性格があると言えよう。教育的配慮を別にした上で、政治学において学説史の占める比重は大きい。もとより古典とは、幾多の時代をくぐり抜けるなかで厳選されて来たものであることは言うまでもない。しかし科学としての政治学が意識された後でも、この点自然科学の理論とは異なった面がある。これは、「政治を真正面から問題にして来た思想家は古来必ず人間論(アントロポロギー)をとりあげた」(27)ということと関連すると思われる。そこにおいては進歩ということを一義的に推し量ることが不可能なのである。マルクスが人間の意識をその特定の歴史的段階における一定の生産様式によって規定されるものと見なすことによって、逆に人間の意識が歴史において一方向的に発展すると決定づけたこと(28)も、それではプロレタリアートの使命感はどこから来るのかという丸山の問い(29)に対していまだ未解決の部分が残されているように思える。

以上のような政治学の二つの基本的な特徴――分析枠組みの急激な変遷と古典の現代における継受――との間にあって、丸山理論は現在ペンディングになっていると言ってもよいだろう。

さて、筆者の参照した『政治の世界』は、郵政省大臣官房人事部能率課の刊行した版で、昭和二六年一一月の日付を持つ同課の名による序文には、「麻雀や宴会に裏付けられた何千の職業人よりも、一人でもいいから清潔な魂と正しい良識をもった職業人が生れることを我々は心の奥底から念願せずにはいられない」という、急速な国際情勢の変化を受けて揺れ動く戦後民主主義時代の啓蒙の権化のような表現が見られるが、丸山の本文にはその文体を別にすれば啓蒙書というような趣はない。ラスウェル流に権力概念を中心として手短かに分析したこの書物は、当時むしろ政治学者の間に大きな影響を与えたようである(30)。そしてそこに示された政治権力の生産及び再生産の循環というシェーマは、現在なお強い説得力を持つ。いわゆる政治の啓蒙書案内書の類がとかく形態としての制度機構の解説にとどまりやすいのに比して、『政治の世界』は政治過程のダイナミズムに照明が当てられている。そしてプルーラリズムの政治的伝統をとり入れ、近代政治学のエッセンスと目されるその分析が、政治をひとえに歴史的視点を無視した人間の心理における権力的契機に解消したり、近代国家を絶対視する体制擁護論に陥る難を免れているのは、丸山におけるマルクス主義理論の摂取によるところが大である(31)。彼がその学問・思想形成においてマルクス主義からいかに影響を受けているかについては後に少し具体的にふれるつもりであるが、ここではただ彼自身の次の言葉を挙げておくにとどめる。「私など幸か不幸か外からは近代政治学の旗頭、少なくとも代表の一人、というレッテルをはられているけれども、政治学界の内部から見れば、私なんかはやはりマルクス主義的なシッポをどうしても断ち切れない、哀れな戦前派の老人なんです(笑)。まあ戦後マルクス主義者をのぞけば、非マルクス政治学者のなかで、マルクス主義を青年時代からの常識的教養として持っている最後の世代かもしれない。だからどんな筋金入りのマルクス主義者とでも、近代政治学の言葉を使わないで話そうと思えばいくらでも話せる」(32)。これを座談会「唯物史観と主体性」における彼の発言と合わせて考察すれば、丸山の思想的立場はかなり鮮明になって来るが、それは後に譲るとして『政治の世界』にもどろう。

丸山はまず第一章において「現代ほど生活と政治が密着し」た時代はかつてなかったとして、それを

「政治権力が把えうる人間の数の未曽有の増大（政治の世界の横へのひろがり）」と、「政治権力が個人個人の生活の内部に浸透する程度の増大（政治的世界の縦への深まり）」という言葉で表している(33)。そしてそれを「生産力および交通手段の巨大な発達のもたらした必然的な結果であ」るとして、すなわち「政治権力の駆使しうる技術が（中略）著しく膨大化した」と指摘する(34)。この書物が書かれたのは今から二〇年以上前のことであるが、われわれの置かれた状況の認識として前記の傾向は現在ますます切実なものとなっている。カール・シュミットの言う「政治が運命となった時代」にこれをいかにして人民のコントロールの下に置くかが、「私達の死活の問題」である所以である(35)。だがそこには「いたましいパラドックス」が存在する。それは「政治化」の時代にあって、「かえってますます多くの人が政治的な問題に対して積極的関心を失い、政治的態度がますます受動的、無批判的になり、総じて政治的世界からの逃避の傾向が増大しつつあるという」矛盾である(36)。丸山は同じ書物の終章においてこの問題に説き及ぶ。そしてそれは必ずしも日本に固有の傾向ではないのである。「民主主義が抽象的政治理念としては世界中でゆるぎない正当性を認められるようになった」まさにその時代における民衆の一般的傾向なのである(37)。その根は深いと言わざるをえないが、丸山はそれを、現代社会のもたらす「機械化」が原子化した個人を「独自の個性と人格的統一性を喪失し」た「部分人（Teilmensch）」とさせて行く(38)ことに帰する。そしてこのような状況の打開を、「民間の自主的な組織（voluntary organization）（中略）宗教団体、婦人団体、教育団体、組合、××同盟とかいったもの」(39)の活動とりわけ労働組合の日常的活動に求めるのである。

さて「政治化」の時代と非政治的大衆という現代状況の認識を両端の章として持つこの書物は、その中身を政治権力の生産及び再生産のサイクル過程のスケッチに当てている。そこには法則化の志向が見られる。彼は「政治的状況（political situation）の一番基本的特色は、それが一瞬間も静止せずに不断に動き、他の状況に移行して行くということ」(40)だと述べた後、第二章の冒頭において、

C—S　〔I〕

という「政治的状況の進行過程」の「最も単純な公式」を示す(41)。Cはconflictであり、それは最広義において「社会的な価値の獲得維持増大をめぐる争」を意味する。Sはsolutionである。通常のテキストブックにおける「政治とは何ぞや」の厳かな御託宣と比べて、これは何と簡単明瞭なことであろうか。だがもちろんこれだけで説明がつくというものではない。彼は「紛争の一定程度の緊張が政治的状況の出現する要件である」として、「学問や倫理や宗教といった領域と別にそれと並んで政治という領域があるというより、政治はそうしたあらゆる文化領域を貫いて潜在しているといった方がいい」(42)と指摘する。この論理と、「経済、教育、娯楽などあらゆる文化営為の政治にたいする〝直接的〟従属」(43)というナチスの主張とを同一視してはならないのである。まさに前者が後者へと死の跳躍をする可能性を防止するところに、先に述べた自発的結社の存在の意味があると言わねばならない。

ところで日本において自発的結社と言う時に、丸山はそこに一つの陥穽を見出す。それは『現代日本の革新思想』における彼の発言にある「集合概念としての「人民」と国家との関係に関心が集中してしまい、国家であろうと、市町村であろうと、政党であろうと、会社であろうと、およそ団体や組織に所属してい

る個人の、その団体にたいする自立性という問題意識はきわめてうすかった」(44)という明治の民権運動以来持ち越されている事実である。ここにはとりわけ日本における個人と集団とのあり方という重要な問題が存在するが、今はふれないでおく。

さて政治技術は本来暴力行使を回避するところに発揮される(45)のであるが、「紛争の政治的解決がなにより相手に対するなんらかの制裁力を背景と」(46)するところから、「紛争解決の媒介」として「権力」が登場することになる。先の公式［Ⅰ］は、

C…P…S　　［Ⅱ］

という形に発展する(47)。Pはpowerである。そして、「より以上の権力を得なければ現在持っている権力をも確保出来ない」(48)という「権力特有の力学」と、「権力」自体が社会的価値とされることからそこに「権力の自己目的化」が起こり、［Ⅱ］は次の形に発展する。

P—C—S—P'　（P'∨P）　［Ⅲ］

丸山はこの紛争—権力—解決が、権力—紛争解決—より大きな権力へと逆転する過程を、商品—貨幣—商品が、貨幣—商品—貨幣へと「倒錯して行く過程」にたとえている(49)。この間の指摘は見事と言う他ない。そして「P—P'ということには、集団外関係から集団内関係への転化の傾向が内在している」(50)ことから、「権力の生産および再生産の過程」を描く公式が導き出されるのである。それは次の形で表される。

———P———
（C—）D—L—O—d（—S）　［Ⅳ］

Dはdomination and subjugationを、Lはlegitimationを、Oはorganizationを、dはdistributionをそれぞれ表している(51)。すなわち、「支配関係が設定されてから、正統性的基礎づけを経て権力が組織化され価値の配分が行われるまでの過程」(52)である。彼はこのような「統治関係」のそれぞれの段階について説明を敷衍しているが、その細かい紹介はここでは省略する。ただ、「資本主義社会を基盤とする近代国家の統治関係」の特色として、「政治権力の直接的な担当者と、実際上の支配階級との間に一種の分業が成立っている」点(53)や、「法治主義」のイデオロギー的意味、権力の正統化の諸類型(54)、権力の組織化における「三権分立制」の歴史的分析と「その現代に於ける変質過程」(55)、革命と戦争との関係(56)など、それぞれ一人の政治学者の学的生涯を要するような問題点の指摘が見られることを記しておくにとどめる。まことに「入門という奴はとかく出門になりがち」(57)だという感を深くする。

以上が『政治の世界』の概観であるが、最後に一つだけこの書物の書かれた時代の性格を表す一節を挙げておこう。それは結びの部分にある。勤労者の労働組合への日常的参画を困難にさせている背景に説き及ぶ時、丸山は、「結局民主主義が現実に民衆の積極的な自発性と活発な関与によって担われるためには、どうしても国民の生活条件自体が社会的に保証され、手から口への生活にもっとゆとりが出来るということが根本だということにならざるをえません」(58)と述べるのである。今やわれわれはそのゆとりを二〇年間にわたって追求して来た結果を知っている。昭和二〇年代中葉と現在との間には、言うまでもなく高度経済成長の時代が存在した。公害を撒き散らし資源を枯渇させ物価の上昇を呼びながらも、国民の生活条件は二〇年前と比較すれば豊かになったと言えよう。もちろん社会に不幸が存在する以上、数字の上での一般的生活水準の上昇を論ずることは一面性を免れない。だがこの過程とパラレルに進行したのは民衆の私化現象であった。「私利」と「公害」という言葉は、われわれが害においてのみパブリックでありえたという事実を示している。そこに現代の大衆社会における民主主義の困難さが横たわっている。

2

『政治の世界』が「政治」を認識するための一の抽象であるならば、このような操作をなすところの「政治学」とその歴史的変遷を丸山はどのように捉えているのであろうか。一方で日々増大する「われわれの現実生活における政治の圧倒的な支配力」(59)と、他方これを認識として対象化するべく使命を帯びた政治学の学問的発達との跛行現象に対して、政治学固有の学問的性格を念頭に置きながらも特殊日本的問題として「清算」を迫った彼の論文「科学としての政治学」が発表されたのは一九四七年であった。「市民的自由の地盤を欠いたところに真の社会科学の生長する道理はないのであ」(60)り、その意味で「八・一五以前の日本に政治学というような学問が成長する地盤が果して存在したかどうかということは問わずして明らか」(61)なのである。それは前年に書かれた論文「超国家主義の論理と心理」における「国家が「国体」に於て真善美の内容的価値を占有するところには、学問も芸術もそうした価値的実体への依存よりほかに存立しえないことは当然である」(62)という指摘と対応している。「一方では国権の唯一の正統的な主体としての天皇及びそれをめぐる実質的な政治権力が一切の科学的分析の彼岸に置かれ、他方、議会における政争が戯画化したとするならば、そもそも日本の政治的現実において政治学的把握の対象に値すべき何が残るであろうか」(63)と述べられるように、明治憲法体制下の「政治学の不妊性」は対象化すべき当の現実政治の性格に起因すると考えられる。「(待合政治!)とかいった全く偶然的な人間関係を通じて行われる」非合理的な政治的統合に対して、「通常の目的合理的な組織化過程を前提した政治学的認識はその場合殆ど用をなさない」(64)のである。このあたりの批判は痛烈を極める。その点、日本の戦前における政党政治を評価し直そうとする最近の動向とは著しい開きがある。

しかるにこの論文の書かれた当時の丸山の予想とは裏腹に、戦後日本のとりわけ保守党の政治的土壌には一貫して戦前からの持続性が認められる。ここにも形態としての制度の変化と、それを担う現実的行動様式の同一性というコントラストが見られるのであるが、他方われわれは現行憲法下において相対的に政治的自由のなかにいる。学問の自由が、これを不断に支えて行く努力によって獲得されるものである以上、われわれは一方で学問成立の客観的条件としての政治的自由の確保に努めるとともに、他方その条件の下に「政治的現実の科学的な分析」(65)を推し進めて行かなければならない。両者は「政治」の場において、これを変革しようという立場と、冷静なる分析者としてこれを観察しようとする立場との交錯として現れる。ここに象徴される政治学の本質的性格に丸山は説き及ぶ。彼は高畠通敏との対談において、「政治学は「よい社会」という目標、いいかえれば「社会的正義」という価値の問題に必然的にかかわり合う」(66)と述べている。つまり「主体の認識作用の前に対象が予め凝固した形象として存在しているのではなく、認識作用自体を通じて客観的現実が一定の方向づけを与えられる」(67)結果、「一つの問題の設定の仕方乃至一つの範疇の提出自体がすでに客観的現実のなかに動いている諸々の力に対するある評価づけを含んでいるのである」(68)。ここにおいて政治学者は、「理念としての客観性と事実としての存在制約性との二元のたたかいを不断に克服せねばならぬ」(69)のである。すなわちそれは往々理解されているような、現実政治の変革乃至は維持の手段として構築される政治学の排除というだけではなく、丸山のよく引用するカール・シュミット述べるところの、あらゆる政治概念が本来論争的概念であるという命題に含まれる真理性の自覚でなければならない。

そこにおいて政治学者に方法としての科学を担保するものは、「政治的現実の認識に際して、希望や意欲による認識のくもりを不断に警戒」(70)する「禁欲」の精神である。このように言えばただちにマックス・ウェーバーが想起されるが、丸山はその点特に註を加えている。すなわち、「ウェーバーの価値判断排除論がとかく(中略)傍観的実証主義者の隠れ蓑となっているが」(71)、ウェーバー自身「研究者の理想」の完全な実現は「むしろ人格の統一性と矛盾すると考えていた」(72)こと、さらに「そもそも禁欲は欲望の存在を前提としてはじめて意味をもつ」(73)のであり、この点無欲を標榜する実証主義者が「小出しに価値判断を潜入させる結果に陥り易い」(74)のに比して、自らのイデオロギー的立場による存在拘束性を不断に自覚している者の方が、偏向(バイアス)をコントロールすることによって「却って事象(ザッヘ)の内奥に迫る結果となる」(75)とされるのである(76)。ここに示されるダイナミックスは、まさに言うは易く、具体的研究において行うことは困難な問題である。しかし歴史上多くのすぐれた著作がここに内在するエネルギーから生まれていることは確かである。丸山はトクヴィルを挙げてその例を示している。いわく「眼前に渦まく七月王制下の政治的社会的諸潮流に対して自身きわめて明確な好悪と選択を持ちながら、一たび「観察」の平面に立つと、そのような価値判断と実践的意欲とをいわばそっくり棚上げして、薄気味悪いほどの冷徹さで全局面の正確な展望を与える」(77)。

ところで現代において政治を動かす諸々の要因が錯雑として来るに伴って、政治学の対象はますます曖昧になって来ている。このことは政治的無関心層(78)が現実において果たす政治的役割を考えてみるならば明らかであろう。すなわち制度機構を所与のものとしてこれを静的(スタティック)に研究する立場によっては、現実政治の変動の要因を解明することは困難である。そこに政治学者がそもそも何を対象化するかということがいよいよ多様化する理由があるのである。丸山の場合それはあくまで制度そのものよりは、制度を担う具体的状況への注目となって現れる。「議会制度そのものが実際は一定の抽象であって、具体的には日々の無数の人間の実に多様な行動または不行動によって織りなされる政治的状況が議会制度というものを作っている」(79)という発言のなかに見られる制度観は、実に彼において一貫しているのである。さらに丸山は同じ対談において、「市民の立場から状況を操作する技術としての政治学」を「将来の政治学の方向」として打ち出している(80)が、それはこの対談のなされた時期(一九六〇年春)を考える時意味深いものがあると同時に、彼においてこの方向はその後充分な展開を試みられていないと言わざるをえない。

なお、制度観に関連して一言付け加えるならば、「制度論や機構論が政治過程論として動態化され」、集団の機能や人間の行動様式からする多様なアプローチを生み出した近代政治学は、これを欧米において歴史的に見るならば、「二十世紀初頭の世界の構造的変化」、「大衆デモクラシーの現実」に対する「応答(レスポンス)」として出発した(81)のであって、それはたとえば永井陽之助の言うような、「市民(ミドル・クラス)の「定見と良識」の上にきずかれた近代政治学」(82)という場合とは、いささか範疇を異にするように思われる。したがって丸山が「政治」の主体として、大塚久雄の言葉で言うところのある種の「人間類型」を表象する場合、それは抽象された普遍概念であって、西欧の古典的近代における「市民」と同一のものではない。この点においても、われわれは概念の歴史性と、そこから普遍性を抽出する努力とを見誤ってはならないのである。

間奏曲

丸山眞男の伝記的素描については、筆者においてその詳しいことを知る由もない。彼がいかにして自らの学問的領域に入って行ったかという経緯は興味ある問題であるが、現在の筆者はこれを断片的な記述から知るに過ぎない。

鶴見俊輔の対談、編集した『語り継ぐ戦後史』(講談社文庫)の「語り手の横顔」によれば、「父の丸山幹治は、米騒動の時の筆禍事件で長谷川如是閑らとともに大阪朝日を退社した大正時代の硬骨の新聞記者。

その縁で少年時代から長谷川の影響をうけた。東大では南原繁に師事。長谷川如是閑の学風に見られる柔軟な状況把握と、南原繁の学風に見られる戦時下の日本においてもゆるがぬ普遍化への指向とが、氏の学風の中に、逆説的なくみあわせを見せる」(83)とある。今井壽一郎の『丸山眞男著作ノート』には、「母方の伯父(井上亀六。政教社々主、のち大日社を興す)の関係などから雑誌『我等』の同人や、いわゆる日本主義の人々とも自然接する機会が多」(84)かったと記されている。さらに前掲の高畠通敏との対談において丸山は、家庭環境の影響もあって現実の政治への関心は早くからあったが、もっぱら観察する興味で動くことは昔も今も苦手であること、高等学校から大学にかけて主に勉強したのはむしろ哲学と経済学と歴史であったこと、ファシズムに対するデモクラシーの危機という問題には興味を持ったこと、非実践的でありながら、唯物論を勉強していたという理由で特高と憲兵につけ廻された経験、総じて昭和一〇年前後の時代的状況について語っている(85)。

彼がジャーナリストの家庭に育ちながら、六〇年安保前後を除けばジャーナリズムに乗ることを好まない傾向にあるのは興味深い。また、毎日新聞の「余録」を二〇年間書き続けた父から、丸山の圧縮された流麗な文章はどこか影響を受けているのであろうか。なお南原繁との関係については、「南原先生を師として」(『国家学会雑誌』第八八巻第七・八号)、「断想」(『回想の南原繁』)において彼自身述べているところである。

2　丸山「思想史学」の構造

1

東京大学法学部において西洋政治思想を対象とする講座は「政治学史」という名称を持つのに対して、日本のそれは「日本政治思想史」と呼ばれる（丸山の時代は「東洋政治思想史」と言ったが、少なくとも講義の直接的対象は日本であった）。この名称の差違はある事実を象徴しているように思える。西洋の政治思想においては、プラトン、アリストテレス以来、多少とも学的に体系的に形象化された「政治学」の伝統が存在している。それに比して日本の場合はどうか。政治的思惟の系譜はより多くその姿を自覚化の地表の下に没せしめていると言えるのではないだろうか。したがってそれを掘り起こすためには、きわめて認識論的な観点に立った操作が要求されると思われるのである。もとより認識論自体の限界性を不問に付するわけではない。若き日の丸山が主としてマルクス主義的な影響の下に新カント派の方法論を批判したという事実は、たとえば「日本の思想」の行論に一貫して流れている彼の認識者としての視点と、一見矛盾するようにも思われる。しかし筆者は、日本の思想史とりわけ政治思想史を研究する場合において丸山のとった方法は、ある程度まで研究者と研究対象との交互規定の所産であると考えるのである。そこにはいわば方法を特徴づける客観的要因があると思われる。

これに対し、最近この方面でも言うなれば存在論的な見方とでもいうような研究志向が見られる。思想が言葉としての形態をとる以前の段階において、民衆の生活のなかにむしろ研究者の視点をこれと一体化させるという方向のうちに、その土着的な観念を把握するという立場である。筆者はこれら二つの見方がそれほど排他的な関係にあるとは考えない。思想史というような分野が、およそ一つの方法によって画されるとは思えないからである。ここでは丸山のとった方法に即して彼の思想史研究のあり方を探って行きたいと考える。そのことは、後者の立場と言えどロゴスの完全なる拒否にまで至るとは考えられない以上、広くわれわれに示唆を与えるものであると信ずる。

丸山の視点は極めて明晰である。彼が「認識として対象化する」と述べる時、そこにはマテリアルとしての第一次的な「対象」を再構成してその意味連関を構造化して行くという一連のプロセスが含まれているのである。「対象を認識する」と言うのに比して、この過程には明確な認識「主体」の意識が介在する。われわれはこのような操作主体の視点を「日本の思想」の行論のうちに見出すのである。筆者が丸山の思想史研究を検討するにあたってまず「日本の思想」をとり上げるのは、そこに彼の問題意識が集約化されていると考えるからである。そのことは、『戦中と戦後の間』の刊行によってますます強められるのである。『日本政治思想史研究』から「日本の思想」を経て「歴史意識の「古層」」へと至る丸山の日本思想史研究のさまざまな断面から生み出された珠玉の作品を網羅したのがこの論文集なのである。

それはともあれ、さしあたってわれわれは岩波新書『日本の思想』の「あとがき」にある丸山の次のような記述に注目しなければならない。すなわち岩波講座『現代思想』第一一巻「現代日本の思想」の編集の段階で、「戦後思想の歴史的な、論理的な背景をまず最初に一般的に述べる」(86)という役目を課され、

「すくなくも論理的には古事記の時代から総力戦の時代までを内包する『日本の思想』を、一体どんなふうに総括」するか「ほとほと途方に暮れたことが、これまでいくつか併行的に自分の内部で育てて来た問題なり視角なりをとにもかくにも統一的に関連づける試みへと跳躍させる機縁ともなった」[87]というのであり、さらに「ここには、よかれ悪しかれ、私が大学卒業以来当面したさまざまの学問的課題と、それを追求する過程で不可避的に刻みつけられた私の思想的道程とが流れ込んで」[88]いると述べられる。丸山の思想史研究の方法を考察するためには、問題史としてその最も大きな具体的成果である『日本政治思想史研究』があり[89]、筆者も後にこれを検討するが、それに入る前に、彼が前記の引用にもあるように、その問題意識や視角を自覚的に集約させたところの「日本の思想」論文を、検討の対象にしたいと考える。

ところで内容に進む前に、丸山の文体について少しく述べておかなければならない。およそ政治学者の論文に際して、その文体を論ずる必要などというものは、研究論文がその性格上ある一定の型を要求するものであることから、一般的にはあまり問題になりえないのが普通である。それは声楽家が厳密な発声法の修得を要求される点において、歌謡曲の歌手のような「個性」を持ちえないことに似ている。だがなお偉大な声楽家はその独特の音色を持っているものである。一方、思想家にとっては、己れの思想を言葉として表現するに際して、その文体の持つ重要性を絶えず意識していなければならない。福沢諭吉が偉大なる啓蒙思想家でありえたのは、その独自の確立された文体を縦横に駆使しえたということに大きく起因する。丸山はその研究の対象とした明治の思想家達の文章から影響を受けるところがあったのかもしれない。彼の「日本の思想」に典型的に見られるような高度に圧縮されたダイナミックな文体は、「理論の形をとったエモーショナルなエッセイ」(90)だという錯覚を生じさせる一つの要因となるとも思われるが、丸山の文体について最も適確な指摘をしているのはおそらく藤田省三であろう。彼は次のように述べる。

認識の面で、あるいは科学の領域で、大塚とか丸山はレトリックをつかいこなそうとして、一方従来の論文に見かけるような冗漫を排除して、極端に緊密なスタイルをとりながら、他方論文の中に西欧音楽的な構成的リズムと日本的雄弁の方法である講談の断片的文句を組み合せて、持ちこんできた。難しい中味の西欧音楽的高等講談のようなものができ上った(91)。

丸山の音楽好きは有名だそうだし、また彼自身「天下国家論よりは音楽なんか聞いてるほうが、楽しいね」(92)などと、そこだけ抜き出すと誤解を招きそうなことを言っているが、そのような先入観がなくとも彼の論文には、全体の構成の点においてもまたしばしば音楽用語が登場する(93)点でも、彼の音楽好きを想像させるものがある。しかしながら藤田も述べているように、「感性的説得力があり過ぎる」(94)点や、またこれは彼の対談形式の論文で「編集者」なる人物が藤田をさして述べるくだりの、「大体君の議論は言葉の経済が過剰で逆に論理の不経済がまた過剰で両極端が一しょになっているもんだから、すぐ忘れてしまうんだよ」(95)といったような傾向が、丸山の文体にあることもあながち否定はできまい。

さて以上の点に留意した上で「日本の思想」の検討に移ろう。この論文は「無限定なタイトル」がついているが、明らかに政治思想史的枠組みの下に書かれたものであり、また日本の思想史の「非歴史性」を歴史的に考察したものではあるが、決して通史ではない。この論文において丸山が一貫して強調するのは、わが国においては「『思想』が歴史的に構造化されない」(96)という点である。彼はそのいわば無構造の構造を次のように示す。「あらゆる時代の観念や思想に否応なく相互連関性を与え」るような「座標軸に当る思想的伝統」(97)が形成されず、山を成す外来思想はその「歴史的構造性を解体され、あるいは思想史的前提からきりはなされて部品としてドシドシ取入れられる」(98)ことによって「本当に『交』わらずにただ空間的に同時存在している」(99)。このようにストックとしてはおよそありとあらゆる思想を持ちながら、その時々の状況によってあるものは噴出しあるものは沈降するのである。この「無限抱擁」性と思想的雑居性(雑種にまで至らない)を頂点において示すものは神道であり天皇制であって、最下部にあるのは固有信仰の世界である。これらの背景にあるものとしてまず指摘されるのは、日本における宗教のあり方という問題である。丸山が宗教をどのようにとらえているかについては後述することにして、ここでは諸々の思想を思想史としてこれらを相互連関の下において捉える認識者の不在という問題を考察することにする。

ここでいう「認識」とは何か。丸山は「日本におけるマルクス主義の思想史的意義」として、「直接的な所与としての現実から、認識主体をひとたび隔離し、これと鋭い緊張関係に立つことによって世界を論理的に再構成すればこそ、理論が現実を動かすテコになるという」(100)論理を初めて大規模によび醒したという点を指摘する。この論理は、「凡そデカルト、ベーコン以来近代的知性に当然内在しているはず」(101)という彼の言葉によって示されるように、明らかにマルクスが近世合理主義の伝統を受け継いでいることの一つの証左なのであるが、日本においてはマルクス主義が初めてそれをもたらしたという点が重要なのである。「自由な主体が厳密な方法的自覚にたって、対象を概念的に整序し、不断の検証を通じてこれを再構成してゆく精神」(102)を確立したのは言うまでもなくデカルトである。これを政治思想との関連で見るならば、丸山の指摘にあるように、「ホッブスからロックを経てルソーに至って完成される近代国家の政治理論は、近世認識論の発展と併行し、それぞれに大きな相違を含みながらも、ひとしく経験世界の主体的作為による組織化という発想を受けついで」(103)いるということになる。

ところでボルケナウが、「デカルトが基礎をすえたような、認識論的傾向を持つ近代哲学は、近代の数学的―機械論的世界像の基礎である、新しい数学および物理学とともに成立した」(104)と言うように、デカルト哲学はまさに近代自然科学と「内的に連関しあって」(105)形成されたものである。「主体」と「対象」という二元的定立は、何よりも自然の法則的認識に際して画期的な有効性をもたらした。この方法が広く社会認識の面にも大きな影響を与えたことは、前述の丸山の指摘のみならず歴史の示す通りである。近代の思想家は皆多かれ少かれその洗礼を受けていると言ってよい。「自然科学の発展はつねに同一方向に前進していく経験の集積という外観を呈」(106)するというのは、そこに客観的価値の蓄積がなされるからである。それに比して、政治理論においては明らかに事情が異なる。そこにおいて蓄積され得るものは何か。歴史上、またさまざまな社会において生み出された政治理論は相互にどのような連関を持つのであろうか。この途方もない問いかけに対して、たとえば一八世紀以降のヨーロッパ近代政治思想の発展をたどることは、それがもしなし得たとすれば、人間の精神史に一つの光を当てることになるであろう。筆者は、西欧近代を一つのモデルとして理論を構築しているではないかという批判の安易さに比して、その批判通りの作業をなすことの困難さをむしろ感ずるのである。そしてこのような理論乃至思想の内在的な相互連関を探るという思想史的営為の伝統が日本に希薄であることは否定できない。

しかるに一般的に「思想」と言っても、それにはさまざまのレヴェルが存在する。丸山によれば、それは、

(i) 最も高度に抽象化された体系的な理論、学説、教義。
(ii) (i)より包括的な世界観、世界像。世界、世の中についてのイメージ。
(iii) 具体的な問題に対する具体的な対応としての意見、態度。
(iv) 生活感情、生活ムード、実感。

というように次第に下降して行くものと考えられる(107)。ここで注意しなければならないのは(i)から(iv)までは階層構造をなしているのであって、並立関係にあるのではない。しかしだからと言って、(i)は(iv)に無条件に優越するというのでもない。ピラミッドの頂点は優越性の印ではなくて、まさに下層によって支えられている証しである。したがって(i)は、(iv)→(iii)→(ii)→(i)といういわば抽象の階段を上って形成されて来るものなのである。なまの現実や不定形の実感からそのエネルギーを受けつつ抽象する(「抽象的」ではない!)過程を経るところに、世界像の構成乃至理論としての「思想」がわれわれに働きかけ、方向性を与える動因が生まれるのである。しかるに抽象化を経た「思想」は普遍性へのステップを獲得する。「如何なる思想にもせよ、それがいやしくも思想であって、一定の具体的状勢における行動の単なる指針や綱

領にとどまらぬかぎり、それ自身のうちに普遍化への契機を蔵していないものはない」(108)というのは、若き日の丸山の一つの宣言とも言える命題であるが、この「思想」における「普遍化への契機」という問題こそ、彼がその学的生涯をかけて追求する根本テーマに他ならない。

理論家の問題意識は彼の置かれたContemporary Situationと交互規定の関係にある。そこには存在拘束性の問題がある。またそもそも理論とは何か。次の指摘を見よ。

本来、理論家の任務は現実と一挙に融合するのではなくて、一定の価値基準に照らして複雑多様な現実を方法的に整序するところにあり、従って整序された認識はいかに完璧なものでも無限に複雑多様な現実をすっぽりと包みこむものでもなければ、いわんや現実の代用をするものではない。それはいわば、理論家みずからの責任において、現実から、いや現実の微細な一部から意識的にもぎとられてきたものである。従って、理論家の眼は、一方厳密な抽象の操作に注がれながら、他方自己の対象の外辺に無限の荒野をなし、その涯は薄明の中に消えてゆく現実に対するある断念と、操作の過程からこぼれ落ちてゆく素材に対するいとおしみがそこに絶えず伴っている。この断念と残されたものへの感覚が自己の知的操作に対する厳しい倫理意識を培養し、さらにエネルギッシュに理論化を推し進めてゆこうとする衝動を喚び起すのである(109)。

このほとんど詩的とも言える記述のなかに、丸山の意図する「厳密な抽象の操作」の使命とその作動する場の与件とが鮮やかに描き出されている。そしてひとたびは特定の歴史的現実から飛翔すればこそ、そこに逆説的に普遍化への契機が生まれるのである。神島二郎の言葉を再び思い出すならば、こういう普遍と抽象の学問はまさに西欧の伝統であった(110)。しかるに抽象化がどこまで普遍性を担保するかは、一方抽象化の限界とからんで、他方歴史的社会的制約乃至広い意味での存在拘束性の問題と関連して、われわれに大きな限界を提供する。たとえば、「歴史は繰り返す」という命題を、それが厳密には妥当しないことを承知の上でわれわれがなおも歴史認識にあたってしばしば述べるということのうちには、およそ特殊的なものと一般的なものとの間にある関係が、素朴な形において内在している(111)。

認識に際しての普遍と特殊との関係について丸山は、「心理的な、また教育上の順序としてはそういえても、論理的には、普遍的なものが特殊に先行して前提されていなければ、特殊から普遍へ突きぬけようがない」(112)と述べている。これはたとえば、われわれの名付けの行為におけるプロセスを考えてみれば理解される(113)が、政治学的認識における普遍的なものとは何を意味するのであろうか。

> お前はヨーロッパの過去を理念化してそれを普遍化している、といわれたら、私は、まったくそのとおりというほかない。他の文化に普遍性がないというんじゃもちろんないですよ。ただ私の思想のなかにヨーロッパ文化の抽象化があるということを承認します。私は、それは人類普遍の遺産だと思います。かたくそう信じています(114)。

とにかく、唯物論者と観念論者と話しあって了解しあえるということを、どこまで信じられますか。この問題は人間性をどこまで信ずるか、人間の理性の普遍性をどこまで信ずるかの問題だ(115)。

という丸山の発言のなかにはその一つの解答が暗示されていると思われるが、それを具体的に検証するのは筆者の今後の課題である。

さて以上その一端を示したように、先の(i)のレヴェルにまで思想が上昇するとともに自らを定立して行く過程にはさまざまの問題が存在している。ここからしてわれわれは、そもそも思想史構築の目的と意味はどこにあるのかを問わなければならない。一面では思想史は、いわゆるトップ・レヴェルの思想家において体現されているとも言える。そもそもすぐれた思想家には、彼が生きた時代、社会の現実と取り組み新しい理論を形成して行く過程において、それまでに至る思想史的遺産が流れ込んでいるものである。そのことは歴史上大きな転換期に生きた思想家にあってなお妥当すると言ってよい。たとえばマルクスがドイツ観念論の鬼子であるとしても、彼のなかにはあまたの思想史的鉱脈が存在している。あるいはホッブスからロックを経てルソーに至る社会契約説↓人民主権の政治思想の歴史的展開のみならず論理的展開を追うことは、両者は必ずしも同一ではないからこそ、そこに思想史研究の一つの意味が存在する。だが丸山は「日本の思想」に、このように思想が歴史的に蓄積されて行くという伝統の欠如を見たのであった。ヨーロッパにあったものが日本になければならないと言うよりは、彼はヨーロッパ思想史に「人類普遍の遺産」を形成する伝統を見たのであった。

思想の変化――――――――思　想――――――――思想家

↑ 思想の機能を問う。浸透範囲、多産性を問う。

↑ 内在的批判。重さ、幅、強度を問う。geschlossen なものとして。ここからさらに思想を可能性において捉えるという方向が生まれる。

↑ イデオロギー批判。

丸山眞男の思想史研究の重点は、相対的に言えば神島も指摘するように、「トップ・レベルの思想家を対象とした思想史的分析」(116)に置かれている。彼のなした研究には、さまざまの角度から思想が問われているその実例を見ることができる。今それらを筆者の理解に基づいて抽象的に図示してみると上のようになると思われる(補註5)。

これらの研究に臨む際の丸山の思想史家としての根本的姿勢はどのようなものであろうか。彼は、「歴史叙述者による主体的構成の契機を全く排除した「実証」主義というものは実際にはありえ」(117)ないことを前提した上で、一方「史料的考証によって厳密に確定され」(118)る必要を強調しながら、「思想史の研究者乃至思想史家の仕事というものを、この思想論乃至歴史的思想を素材として自分の哲学を展開することと、一般的歴史叙述とのちょうど中間に位するものと考え」(119)ると述べている。そして彼は次のような興味ある比喩を用いる。「思想史家の仕事は音楽における演奏家の仕事と似ているのではないでしょうか」(120)。

楽譜は演奏されることによってその芸術的な意味がわれわれに開陳される。これを再現芸術家としての演奏家の立場から見れば、彼は基本的に楽譜に制約されながら、その「演奏が芸術的であるためには必然に自分の責任による創造という契機を含」めなければならない。そもそも楽譜の機械的な再現、「客観的」な解釈というものは事実上ありえないのである。その意味で演奏とは追創造である(121)。本稿の標題である「思想の「演奏」」というのは実にこの記述に由来する。これがあくまでも比喩である以上、このような表現をもって丸山「思想史学」の本領となすことは厳密性を欠くものである。しかしながら、「解釈をするにはその作品の形式的な構造とかそれに先行する形式あるいはそれが受け継いだ形式、その中に盛られているイデーあるいはその作品の時代的な背景といったものを無視することはできません」(122)という彼の言葉は、これだけを引用すれば思想史研究のエッセンスとして通用するのではないだろうか。

音楽談義になることをかまわずに続ければ、音楽界において現代ほど演奏家が前面に登場する時代はおそらくないと言ってよいだろう。たとえばR・シュトラウスやマーラーに至るまで指揮者は同時にと言うよりその本分において作曲家であった。それはフルトヴェングラーにおいてもあてはまる。だが今世紀の後半になって、指揮者はもっぱら再現芸術家として現れる傾向が強くなった。その反面われわれにとっての現代音楽とは無調音楽やシンセサイザーではなく、むしろバッハやベートーヴェンであるということが少なからず認められるという事実は、「政治理論はまだ存在するか」というバーリンの問いかけを想起させる事情がここにも存在するのではないかと思わせる。

もとより演奏家を論ずることは、作曲家乃至はその作品を論ずるに比してより困難であると言える。ある演奏に対する最良の批判は、自らの演奏を提出することであるという側面があるのを否定できないからである。これが思想史家についてもある程度まであてはまることは、以上述べたことから推察されるであろう。ともあれ、楽譜の読めない者の演奏批評になることは免れぬとして、丸山の若き日の「演奏」にふれてみることにしよう。

2

『日本政治思想史研究』に収められている三つの論文が書かれたのは昭和一五年から一九年にかけてであるから、丸山の二〇代後半の研究であることになる。同著の「あとがき」にも述べられているように、これらの論文はいずれも問題史であって、対象となっているのは徳川時代である。昭和一四年に設置された「東洋政治思想史」という名の講座に当時の大学内外の国家主義者たちが何を期待したかは想像するに余りある。だが丸山の研究が、「時局的な学問対象であった日本思想史に対しておよそ非時局的なアプローチ」[123]であったことは彼の述べるところである。

ところで敗戦後まもない一九四五年一二月三〇日の日付を持つ「近代的思惟」[124]と題された彼の短文には、「客観的情勢の激変にも拘わらず私の問題意識にはなんら変化がないと云っていい」[125]とされながら、「日本に於ける近代的思惟の成熟過程の究明に愈々腰をすえて取り組んで行きたい」[126]と述べられている。そして「思想的近代化が封建権力に対する華々しい反抗の形をとらずに、むしろ支配的社会意識の自己分解として進行し来ったところにこの国の著るしい特殊性がある」[127]とされ、「日本思想の近代化の解明のためには、明治時代もさる事ながら、徳川時代の思想史がもっと注目されて然るべき」[128]と述べられるところから、われわれは彼の問題関心の所在とその持続性を知ることができよう。

さて『日本政治思想史研究』の第一章と第二章をなしている二つの論文、「近世儒教の発展における徂徠学の特質並にその国学との関連」と「近世日本政治思想における「自然」と「作為」——制度観の対立としての——」とは、相互に密接に関連し合い補完し合っている。徳川幕藩体制の創業確立期に、封建秩序の固定化の使命を帯びて思想界をリードしたのは朱子学であった。これを表面的な政治論の奥深くに潜む思惟方法の特性として捉え、それが漸次解体して行く過程を、時代を追って登場した幾人かの思想家の思想構造の連続と非連続として、「まさに全く異質的な要素を自己の中から芽ぐんで行く過程」[129]を宣長学まで辿ったものが第一章であり、それが「思惟様式の全体としての内在的な推移に重点を置」[130]くのに対し、第二章は「封建的社会秩序の観方乃至は基礎づけ方」[131]の変化として、制度観における「自然」と「作為」、言い換えれば「自然的秩序思想」と「作為的秩序思想」との対立を幕末に至るまでの政治思想のうちに検出して行くものである。後者の論文に最もよく示されている丸山の制度観は、およそ制度を論ずる時にはその制度を時々の状況において実際に担っている人間の意識を別にしては語れない、という形においてその後も彼のなかに一貫して存在するものである。

ところでこれら二つの論文の中心となっているのは徂徠学の検討である。この点に、吉本隆明も指摘するように、丸山「思想史学」が政治思想史であるということが典型的に示されている。これをしも当然と言うなかれ。丸山による政治的思惟の系譜の画期としての徂徠学への注目は、その抽出の鋳型としての丸山「政治学」のフレームワークの存在をわれわれに提示するものであるからである。さらにここには思想の「演奏」のうちに主体性の曲想のメロディーが重なり合っている。

物理が同時に道理であり、自然が同時に当然であり[132]、修身斉家がそのまま治国平天下の基礎とされる[133]ようなオプティミスティックな連続的思惟が、朱子学的思惟の特性であった。その連続性のゆえに、政治を語ることはすなわちリゴリスティックな道学の教えとなることを意味した。「思想の変革も社会のそれと同じく、いな社会変革にもまして、唐突には起らない。現象的にはいかに唐突に見える場合でも内奥に於ては必ず旧きものの漸次的な解体によって先行されている」[134]とされるように、このような朱子学的思惟は、素行、仁斎、益軒等によって漸次に変容を受け、またその変容の背景には商品経済の浸透、武士をして「旅宿の境界」に陥らしめるに至った元禄より享保にかけての社会情勢の推移があった。

およそ思想史の方法において単なる「反映論」に陥らずいわゆる下部構造と上部構造の関連を具体的に解明して行くことは最も困難な問題であり、(中略)思想の内在的な自己運動の抽象的な否定でなく、そうした自己運動自体を具体的普遍たる全社会体系の変動の契機として積極的に把える努力を試みない限り、思想史研究と社会史研究とは徒らに相交わらぬ平行線を描くのみであろう[135]。

後年この書物の「あとがき」で述べられるように、これらの論文の行論には、あくまで社会経済構造の推移を無視しない視点と、思想の歴史的展開を下部構造から相対的に自立的にまたそれを内在的に把えようとする視点と、さらには日本近代思想形成の独自性を指摘する視点とが、あたかも三点から照明を当てるかのように徳川期政治思想の動きを追い続ける丸山の一貫した方法にうかがわれる。そうでなければ、「朱子学も徂徠学も封建的支配関係そのものを絶対視していることに於て何等の相違もない。しかしその絶対視する論理的道程に至ってはまさに正反対に対立する」(136)というような指摘は出て来ないであろう。

　それでは「徂徠学における旋回」として丸山の見るものは何か。徂徠は道を、自然法則ではなくもっぱら人間規範となす。そしてそれは聖人(137)によって治国平天下を旨として作為されたものであり、徂徠にあってこのような道の作為者としての聖人は絶対化される。絶対化された聖人は彼岸性を帯びる。「「人皆聖人たるべし」という宋学の命題はいまや「聖人は学びて至るべからず」(弁道)という逆の命題と取って代えられた」(138)。と同時に、道＝規範は人性への内在性を否定され外面化される。すなわち徂徠の道は政治性に存し、そこから道学的制約は排除されるのである。ここに政治は己れの固有の領域を持つに至ったのである。このようにして儒教の規範主義が自然主義的制約から純化された結果として、逆に人欲の自然性を容認する方向が生まれる。そこに徂徠学における公私の分岐という根本的特質が存在するのである。

　規範と自然の連続的構成の分解過程は、徂徠学に至って規範(道)の公的＝政治的なものへまでの昇華によって、私的＝内面的生活の一切のリゴリズムよりの解放となって現われたのである(139)。

　ここに横たわる問題は極めて重要である。すなわち、自然的秩序思想が作為的秩序思想へと転換を遂げるためには、丸山の述べるようにイデーのペルゾーンに対する優位という思惟構造が逆転されなければならない。「自然的秩序の論理の完全な克服には、自らの背後にはなんらの規範を前提とせずに逆に規範を作り出しこれにはじめて妥当性を賦与する人格を思惟の出発点に置くよりほかにはない」(140)。そしてこのような人格がまず絶対化されるのはいわば論理的必然であるとされるのである。ここにヨーロッパ絶対主義の思想史的意味がある。だが一切の制度を聖人の作為とすることは明らかに非合理である。一般に中世的政治思想は、その体系の完結性と整合性において一種の合理主義的側面を備えている。たとえば蕃山や素行は、「士・農・工・商の発生を人類生活の必要から漸次的に生成したものとして説明している」(141)。しかし彼らにおいては、「歴史的発生を語ることは同時に自然的発生を語ることであり、その限りに於て歴史を作る主体は遂に問われる事がない」(142)。

丸山は、「一見思想的逆転のごとく映ずる「合理主義」より「非合理主義」への進展が、実は近代的合理主義成立のための不可欠の地盤であった」(143)という立場を一貫してとりながら、その思想史的意味の解明をヨーロッパの歴史に求める。

自然的秩序の論理の主体的作為のそれへの転換に際してその主体的人格がまず絶対化された聖人として現われたことになんらかの客観的必然性があるのだろうか。この疑問に対する暗示を得べく我々は再び眼を欧州思想史に転じなければならない(144)。

中世から近代への過渡期にあたって、絶対主義国家形成の持つ意味は、さまざまの観点から説明が試みられ得る。それは国王が封建諸侯、貴族等の中間権力を官僚制と常備軍として己れのうちに吸収し、領域国家を形成して行く過程であり、また商業資本を基盤とした都市の新興ブルジョワジーが自らの利益の擁護者として絶対君主を見出し、国王も彼らに財政的支持を求めて両者の結託した時代であった。一方封建時代の face to face の人間関係が次第に失われ、底辺における社会関係は可視性を喪失して抽象化して行ったのである。さらに絶対主義の形成確立はルネッサンスや宗教改革における新しい人間像を前提としており、またとりわけ宗教戦争の悲惨な戦いと同時進行の関係にあるのであって、国王はその権力の妥当性を次第に形式的実定性に求めて行くという意味で、国家と宗教との分離が開始されて行く時代でもあったことが注意されねばならない。

そのなかで丸山は絶対的人格の意義を哲学史のうちに探る。「聖トマスによって代表される盛期スコラ哲学からいわゆる近世哲学の最初の樹立者といわれるデカルトに至るまでの哲学史は神の絶対性＝超越性の強化の歴史であるということは一つの逆説的な真理である」(145)。日本においては科学と宗教は水と油の関係のように考えられているが、たとえばデカルトにおいては神が徹底的に超越化されることによってかえってそのことが認識の科学性を担保する結果となっているのである。筆者はここにヨーロッパの文化的伝統の最も大きな特質を見る。丸山が「日本の思想」において「日本にいろいろな個別的思想の座標軸の役割を果すような思想的伝統が形成されなかった」(146)というとき、その座標軸として彼が第一に考えているのは宗教なのである。そのことは「日本の思想」論文の結びの部分において、「私達の伝統的宗教がいずれも、新たな時代に流入したイデオロギーに思想的に対決し、その対決を通じて伝統を自覚的に再生させるような役割を果しえ」(147)なかったという指摘によっても明らかである。「世界に対して絶対無差別に超越する神の映像がはじめて秩序に対して完全な主体性をもった政治的人格の表象を可能にしたのである」(148)と述べられるように、丸山はヨーロッパ世界における超越神の存在に重ねて注目すると同時に、この点においてあくまでも宗教を機能的に把えようとする立場をとっているように思われる。

ひとたび眼を日本に移せば、そこには神島の言葉で言うところの「神人隔絶教」と「神人合一教」の風土の相違が浮かび上がって来る。「日本の近代天皇制はまさに権力の核心を同時に精神的「機軸」として」(149)、「精神的雑居性」に対処しようとしたが、「明治維新に於て精神的権威が政治的権力と合一した際、それはただ「神武創業の古」への復帰とされたのであ」(150)って、天皇という「中心からの価値の無限の流出は、縦軸の無限性(天壌無窮の皇運)によって担保され」(151)ることによって、「自らの妥当根拠を内容的正当性に基礎づけることによっていかなる精神領域にも自在に浸透し」(152)たにもかかわらず、歴史を作る主体は依然としてぼかされたままであった。このことは大日本帝国の戦争遂行の過程において集約的に示されることになったのである。

ヨーロッパにおいては、「クリスト教的創造神の観念が有機的思惟乃至自然的秩序思想の徹底化を絶えず制約していた」(153)という指摘が、三〇年の後に「歴史意識の『古層』」において、「つくる」に対する「なる」の史観として、日本における歴史観の特質を神話にまでさかのぼって考察するという形で再び問われる時、筆者は丸山の学的生涯を通じる問題意識の一貫性に驚嘆するのである。

『日本政治思想史研究』において丸山の考察は国学にまで及ぶ。徂徠によって打ち樹てられた絶対的人格の概念は、宣長に至って再転倒されたのであった。「かしこには聖人の作為なるが故に絶対的とされた道はここにまさしく聖人の作為なるが故に排撃される」(154)。すなわち、「国学は徂徠学の公的な側面を全く排しつつ、その私的、非政治的なそれを概ね継承することとなった」(155)。徂徠学による公私の分岐は、徂徠という極めて傑出した才能においてのみかろうじて統一を保ち得たのであった(156)。したがって彼の門人たちが大きく分けて公的な面と私的な面とをそれぞれ徂徠学そのものとして継承して行ったのは、思想史上よく見られる一類型としてあながち不思議ではないだろう。

たとえば前者の代表は太宰春台とされる。「外面に君子の容儀を具えたる者を君子とす。其の人の内心は如何にと問わず」とか、「美女を見て其色を心に愛するは人情にて候。比情に任て礼法を犯て、妄に他の婦女に戯るる者は小人にて候。……是非の有無は戯るると戯れざるとの上にて定り候。情の起る所をば咎めず候」(157)というような表現には、政治固有の領域の確立と、その外在化によってもたらされる内面の自由の宣言がうかがわれる。「ともかく徂徠学において政治的思惟の道学的制約がこの程度にまで排除されている以上、近世欧州における科学としての政治学の樹立者の栄誉を『君主論』の著者が担っている様に、我が徳川封建制下における「政治の発見」を徂徠学に帰せしめることはさまで不当ではなかろう」(158)という丸山の指摘をうなづかせしめるものがある。

国学はもとより茂睡、契沖らによって独自の展開を遂げて来たものであるが、その大成者である宣長が徂徠学以後の人間であるところから、宣長学はその構造において徂徠学と密接な関連を持つというのが丸山の見方である。聖人を排斥し、一切の規範化を漢意（カラゴコロ）として斥けた宣長は、人欲の自然性を肯定し、「内面的心情をそのまま道として積極化した」(159)のであった。「穏（オダヒ）しく楽しく世をわたろうほかなかりし」(160)上代を賛美した彼は、このような古道の創始者としての皇祖神に対する絶対的帰依を説く。同時に時代の変遷の自然性に反して古道そのものを強化することも排されることからして、現状の肯定であるとともに一切の政治的変革の肯定ともなると丸山は述べる(161)。そこには「宣長の神と徂徠の聖人との体系的地位の類似」(162)が指摘される一方、「機会主義的な相対主義」(163)として、後年「日本の思想」において再び次のように問われるのである。

「神道」はいわば縦にのっぺらぼうにのびた布筒のように、その時代時代に有力な宗教と「習合」してその教義内容を埋めて来た。この神道の「無限抱擁」性と思想的雑居性が、さきにのべた日本の思想的「伝統」を集約的に表現していることはいうまでもなかろう。絶対者がなく独自な仕方で世界を論理的規範的に整序する「道」が形成されなかったからこそ、それは外来イデオロギーの感染にたいして無装備だったのであり、国学が試みた、「布筒」の中味を清掃する作業——漢意（からごころ）、仏意（ほとけごころ）の排除——はこの分ちがたい両契機のうちの前者（すなわち「道」のないこと）を賞揚して後者（すなわち思想的感染性）を慨嘆するという矛盾に必然当面せざるをえない(164)。

ここに見られるのは、そもそも絶対者の作為という規定が日本の思想的土壌にいかに根着かないかという点であり、したがってそれを契機とする主体の論理はもとより社会契約説にまで至らないという事情であって、一方秩序の自然承認性は不断に再生産されるのである。「徂徠学的「作為」の理論的制約——作為する主体が聖人或は徳川将軍という如き特定の人格に限定されていること——」(165)は、その後その制約を抜け出ないまでか、それ自体が風化して行くことを免れなかったのである。

「国民が己れの構成する秩序に対する主体的自覚なくして、単に所与の秩序に運命的に「由らしめ」られているところ、そこには強靭な外敵防衛は期しえない——こうした自覚の成長は、必然に尊皇攘夷論をして、ヒエラルヒッシュな形態から一君万民的なそれへと転化せしめずにはやまない」(166)という指摘に見られるように、徳川時代に一大転換をもたらしたのは鎖国政策の破綻＝外圧であった。そのことは思想史においても妥当する。社会経済的、政治的、思想的側面で「自主的近代化」を発展させることの充分でなかった日本は、いまや「対抗的近代化」(167)を急速に推し進めることになった。近代国家建設の作業は言うまでもなく自然の論理ではなしえない。そこにイデオロギー的意味を持って登場して来たのがまた近代天皇制であった。

3　丸山「主義」の意味

ひとのことをいう前に、私の基本的な態度をいうべきかもしれない。私は無力ですけれども、戦後ずっと考えつづけてきたことは、日本という状況のなかでリベラルであるということはどういうことなのか、行動によってリベラルであることを実証してゆくには、どういう選択をすべきなのか、ということです。それには当然、自分もふくめて戦前の大日本帝国のリベラルはどういうものだったかということへの反省があるわけです(168)。

この発言には、多くのすぐれた研究を生み出した丸山眞男を支える基調が集約されている。そしてこの基調からは二つのテーマが引き出されて来るものと筆者は考える。一つは、「およそ権力が立ち入ってよい事柄と立ち入るべからざる事柄との弁別の意識を欠落してしまったら、自由主義者のミニマムの条件を欠くことになる」(169)という問題意識であり、もう一つは、「僕は少くも政治的判断の世界においては高度のプラグマティストでありたい。だからいかなる政治的イデオロギーにせよ、政治的=社会的諸勢力にせよ、内在的先天的に絶対真理を容認せず、その具体的な政治的状況における具体的な役割によって是非の判断を下すのだ」(170)という態度である。前者は天皇制や日本ファシズムを論ずるときの彼の基本的な視角であり、後者は一連の福沢研究を通じて彼が福沢をして語らしめている点である。

戦時中の研究において、徂徠学における公私の分岐にかくまで注目した丸山は、「ヨーロッパ近代国家は（中略）真理とか道徳とかの内容的価値に関して中立的立場をとり、そうした価値の選択と判断はもっぱら他の社会的集団（例えば教会）乃至は個人の良心に委ね、国家主権の基礎をば、かかる内容的価値から捨象された純粋に形式的な法機構の上に置いているのである」(171)という視点から、「超国家主義の論理と心理」を白日の下に曝すことによって戦後の研究を開始した。いわく「日本の国家主義は内容的価値の実体たることにどこまでも自己の支配根拠を置こうとした」(172)。一九四六年、『世界』五月号の巻頭を飾ったこの論文が多大の反響を持ったというのも、ひとえに「客観的情勢の激変」によるものであって、彼の「問題意識にはなんら変化がな」かったということが、彼自身の表明にもましてこの論文からうかがわれるのである。

それでは「いかなる精神領域にも自在に浸透し」た日本超国家主義は、世界史上稀に見る露骨な強権支配を一般民衆に対して行ったかというと、決してそうではない。左翼、後には自由主義者に対する弾圧は激しかったが、「国家主権が倫理性と実力性の究極的源泉であり両者の即自的統一である処では」(173)、「倫理が権力化されると同時に、権力もまた絶えず倫理的なるものによって中和されつつ現われる」(174)。ここに述べられる倫理とは主として儒教倫理のことである。教育勅語の機能的役割は、藤田省三の述べるように、その「発布形式の非政治的超越化」(175)に象徴されるごとく、「家に政治が拒否されるように、国家からもまた政治は排除される」(176)ことをねらったところにあった。この際に「儒教は、それが思想として有していたミニマムな抽象性を殆ど放棄することによって、たんなる思想の素材としてあらゆる思考のあらゆる部分に浸潤することになった」(177)ことが注意されなくてはならない。

明治憲法と教育勅語という密教と顕教を巧みに使い分けた明治国家体制のイデオロギーは、それが明らかに伊藤や井上らによって作為されたものであるにかかわらず、臣民層に対しては限りなく自然的なものとして教化されたのであった。国家と宗教との全面的衝突の経験を中世から近世にかけて持たぬままに、逆に天皇制の官製宗教的側面として国家と宗教の分離は回避されたのであった。「神社は宗教にあらず」の下での信仰の自由が、例外状況においてたちまちノミナルなものとなるのも必至である。しかも藩閥官僚の世代交代が行われ、「政治家上りの官僚はやがて官僚上りの政治家となり、ついに官僚のままの政治家（実は政治家ではない）が氾濫する」(178)に従って作為の意識は稀薄となる。「絶対君主と立憲君主とのヤヌスの頭をもった天皇は矮小化と併行して神格化されて行ったので、ますますもってその下には小心翼々たる「臣下」意識が蔓延した」(179)と丸山は指摘するのである。

彼が「日本ファシズム支配の膨大なる『無責任の体系』」(180)を弾劾する時、それは責任意識がありさえすれば何をやってもよいというのではもちろんない。権力の個人の内面への干渉を身をもって体験した彼は、当の権力者たちに状況追随主義を認めるに及んで、これら国家主義者たちに対する二重の批判となるのである。ここからして、ことは必然に戦争責任のあり方という問題に及ぶ。丸山の戦争責任論は、その所在を天皇及び重臣、陸軍や革新官僚にのみ帰して、彼らを排除すればよいという議論でもなければ、まいわゆる一億総懺悔でもない。彼は治者と被治者との責任の質的相違を前提とした上で、「問題は白か黒かということよりも、日本のそれぞれの階層、集団、職業およびその中での個々人が一九三一年から四五年に至る日本の道程の進行をどのような作為もしくは不作為によって助けたかという観点から各人の誤謬・過失・錯誤の性質と程度をえり分けて行くことにある」(181)となしている。彼が共産党に対しても、「日本政治の指導権をファシズムに明け渡した点につき」(182)、党としての責任を問うていることは、「政治的責任は峻厳な結果責任である」(183)るという見地に立つものとして注目される。

戦争責任の問題は、戦後変転する内外の状況に伴って、とりわけ知識人たちがさまざまの態度決定を迫られる際に常に原点としての意味を持った。ここからわれわれは丸山が戦後発表した諸論文において一貫して示している基本的姿勢、彼の principle、すなわち先の第二のテーマへと移って行くことにする。そしてそれはまず彼の福沢諭吉に関する論文を読む時、われわれの前に浮かび上がって来るのである。

丸山は福沢を高く評価する。そしてそれは家永三郎も述べるように、「福沢の卓越したプラグマティストとしての思想的特色の描写が、そのまま著者自らの卓越したプラグマティズムの宣言ともなっているように思われ」(184)るものがある。国権論者か民権論者かということをめぐって、福沢に対する評価にはさまざまな相違が見られる。だが丸山はその福沢研究において、「思想史をみてもすぐれた「認識人」の著作は、彼の「敵」の思想的武器としても有効性を発揮しうるような両刃的性格をもつものらしい。（中略）こういうタイプの思想家に対しては、進歩的とか反動的とかいった政治的な規定を下すよりも、要するにそこから吸いとれるだけの養分を吸いとった方が勝ちなのだ」(185)ということを実践しているように思える。

丸山は福沢における「実学」の意味を次のように述べる。

　宋学なり古学なり、心学なり、水戸学なりの「実学」から、福沢の「実学」への飛躍は、そこでの中核的学問領域の推移から見るならば実に倫理学より物理学への転回として現われるのである(186)。

そして福沢が物理学を重視したのは、「近代自然科学をその成果よりはむしろそれを産み出す「精神」から捉えて行った」(187)からである。つまり「物理学を学問の原型に置いたことは、「倫理」と「精神」の軽視ではなくして、逆に、新たなる倫理と精神の確立の前提なのである」(188)。ここには再びデカルトの論理がその姿を現している。「自然を精神から完全に疏外し之に外部的客観性を承認することが同時に、精神が社会的位階への内在から脱出して主体的な独立性を自覚する契機となったのである」(189)という認識が、実は丸山における「近代」の意味なのであり、それが彼の思想史研究の基本主題であることは第二節で述べた通りである。

そこで注意しなければならないのは、他ならぬボルケナウも言うように、一七世紀は「人類史上もっとも陰惨な時代の一つであ」り、「まだ宗教が大多数の人心を確実に支配している。しかもこの宗教は、その柔和な宥和的な相貌をかなぐりすてて、ただおそろしい相貌のみをとどめていた」(190)時代であったことである。丸山は「近代化」の概念規定に際して、都市化や工業化というようなある程度まで可視的なメルクマールを指標とするのではなく、またマルクス主義的にこれを封建制から資本制への特定の歴史過程と見なすのでもなく、何よりもそれを生み出すエトスの創出の契機として把えようとする視点をとっている(191)。したがってこの概念は、歴史的段階からもまたイデオロギーからも抽象されたものとして用いられているのである。類似の概念としては、「開国とはある象徴的な事態の表現としても、また一定の歴史的現実を指示する言葉としても理解される」(192)という記述に見られる「開国」がある。

しかるに「近代精神」の誕生は当然に陣痛を伴う。神の徹底的な超越化は人間の神の国からの疎外に通じるし、またいわゆる外圧にしてもそれは当該国民にとってのっぴきならぬインパクトであることを意味する。「人間が己れをとりまく社会的環境との乖離を自覚したとき、彼ははじめて無媒介に客観的自然と対決している自分を見出す」(193)という状況は、「精神的単独者」としておだやかならぬ孤独なものであるということが注目されなければならない。

かくして生み出された主体的理性は実験精神として現れる。論をもどせば、丸山は福沢にそれを見たのであった。すなわち、「彼の前には事物であれ、制度であれ、その人間生活にとっての「働き」（機能）の検証をまたずしてそれ自体絶対的価値を主張しうるものは何一つ存在しなかった」(194)。そしてそのような検証を行う観点というものは本来的に複数であり、「いかなる観点をとるかということはその時々の具体的状況における実践的目的によって決定されるということになるのである」(195)。これが機会主義に陥らない保証はどこにあるのか。それはまさに「福沢の場合、価値判断の相対性の強調は、人間精神の主体的能動性の尊重とコロラリーをなしている」(196)ことによるのである。ここに「主体性の曲想」はフォルテとなって再現されるのである。

丸山は、「人格的主体」ということに三つの意味を賦与している。すなわち、

自由な認識主体

倫理的な責任主体

秩序形成の主体

というのがそれである(197)。そして「主体性」とは、われわれが日々それであろうとする努力を示すものに他ならない。しかしこれがわれわれにとっていかに困難な課題であるかは、ひとたびわれわれが具体的状況に直面した場合を考えてみれば明らかである。丸山はしかし戦後の六〇年安保に至るいわゆる逆コースの時代に、一貫して国民一人ひとりの主体的自覚を促し続けて来た。再軍備が既成事実化するなかにあって、「再軍備是非論の具体的内容それ自体よりもそうした論議の底に流れる人々の思惟方法なり態度

なり」(198)を問題としながら、

私達は観念論という非難にたじろがず、なによりもこうした特殊の「現実」観に真向から挑戦しようではありませんか。そうして既成事実へのこれ以上の屈服を拒絶しようではありませんか。そうした「拒絶」がたとえ一つ一つはどんなにささやかでも、それだけ私達の選択する現実をヨリ推進し、ヨリ有力にするのです。これを信じない者は人間の歴史を信じない者です(199)。

と述べる彼は、まさに戦後民主主義の代表的思想家と言うにふさわしい。「科学としての政治学」において、「我国の過去の政治学者で、その学説を以て最も大きな影響を時代に与えたのは、いうまでもなく吉野作造博士である。大正時代のデモクラシー運動は吉野博士の名を離れて考えることは出来ない。しかし吉野博士の民本主義に関する諸論文は理論的というよりむしろ多分に啓蒙的なものであり、博士の学問的業績としては政治史とくに日本政治史の方が重要である」(200)と述べられているところは、必要な変更を加えてそのまま他ならぬ彼自身の戦後の活動にあてはまると言ってもよいが、丸山はまたその研究において啓蒙ということの意義も限界も、誰よりもこれを認識していたと言ってもよいだろう。

彼は一九六〇年の安保条約強行採決の後の「民主政治を守る講演会」において、「アイゼンハワーは台風が来るのと同じような意味で（笑声）日本に来るのではありません。（中略）呼ぶから来るわけでありますす」(201)とか、「日本には、存在するものはただ存在するがゆえに存在するという俗流哲学がかなり根強いようであります（笑声）」(202)と述べているが、このようななかにも彼の基本的な姿勢——行為の主体を問い存在の意味を問う——が鮮やかに盛り込まれている。

「僕は日本のような社会の、現在の情況において共産党が社会党と並んで、民主化——しかり西欧的意味での民主化に果す役割を認めるから、これを権力で弾圧し、弱化する方向こそ実質的に全体主義化の危険を包蔵することを強く指摘したいのだ」(203)という表現には、丸山の「政治的プラグマティズムの立場」(204)がよく示されている。そしてそこには彼のマルクス主義に対する見方も同時に織り込まれていると思われる。彼が学生時代に書いた「政治学に於ける国家の概念」(205)を読むと、そこには一人のマルクス主義者がいると言っても過言ではないような印象を持つ。その後の彼は、学問の領域では「「思想の存在拘束性」という考え方では思想史はダメだな」(206)という南原繁の意見を十二分に吸収し生かして来たのであろうし、また続出する左翼からの転向者のなかにあって、確固とした自己イメージを持ち続けるリベラリストに、改めて自由における抵抗の精神を認めたのかもしれない。

福沢は、「価値基準を抽象的に絶対化してしまい、当初の状況が変化し、あるいはその規準の実践的前提が意味を失った後にも、これを金科玉条として墨守する」(207)現象を「惑溺」と呼んだ。そして丸山によれば、「公式主義と機会主義とは一見相反するごとくにして、実は同じ「惑溺」の異なった表現様式にほかならない」(208)とされる。また、「「正しい実践」が理論からいわば内在的必然的に出て来るという想定が作用しているところには、人格的決断はつねに一般的＝普遍的なもの——プロレタリアートとか人民大衆とか世界観とか——に還元されるから、それだけ政治的責任の意識は退行するし、状況を自己の責任において操作する可能性も見失われてしまうのである」(209)という指摘はコミュニズムの盲点を突いたものであると言えよう。思想の自由競争ということを主張する丸山の立場は、一つの思想の独占という事態が非寛容的に成立することを許さないと思われる。と同時に「弁証法的な全体主義を今日の全体主義から区別する必要」(210)という視点は、彼の日本ファシズム論を一貫して、さらに「「スターリン批判」における政治の論理」(211)のなかにおいてさえ持続していると思われるのである。

丸山眞男は、「知は力なり」ということをその研究を通じてわれわれに語り告げる。知性は知性のままにおいてわれわれの理想を支える力となるのである。

知識人の困難な、しかし光栄ある現代的課題は、このディレンマを回避せず、まるごとのコミットとまるごとの「無責任」のはざまに立ちながら、内側を通じて内側をこえる展望をめざすところにしか存在しない。そうしてそれは「リベラリズム」という特定の歴史的イデオロギーの問題ではなくて、およそいかなる信条に立ち、そのためにたたかうにせよ、「知性」をもってそれに奉仕するということの意味である。なぜなら知性の機能とは、つまるところ他者をあくまで他者としながらしかも他者をその他在において理解することをおいてはありえないからである(212)。

という表明のうちに彼の態度は余すところなく示されている。政治を学的対象としながら、「他者をその他在において理解する」ことをもって知性の機能となす、「政治的者」よりも「知者」であろうとする姿勢がうかがわれるからである。

丸山は福沢を「およそ本来の宗教的体験には無縁であった」(213)典型的にタフ・マインドな思想家であるとしながら、自身をテンダー・マインドだと述べている(214)。絶対的超越神の存在にあれほど注目する彼が信仰を持つのかどうかはわからない。青年期の思想的体験からするならば否とも言えそうである。彼にとっては「殆ど生きることと同様に愛している」(215)ミューズの神が支えなのであろうか。

あとがき

何かの問題意識を持って部分的に掘り下げるというならまだしも、丸山の全体像をつかまえようとするなど今の私にはどう頑張ったってできない相談であることはわかっているつもりである。わかりきったことをそれでもやってみてできなかったとするのがよいのか、ともかく彼の論文の切り抜きだけでも並べてみるのがよいのか正直のところ最後まで迷った。結論はと言えば、今私は「あとがき」とやらを書いている。

私が丸山の存在を初めて知ったのは一九六九年ごろのことだった。その翌年、私が高校三年の時には、現代国語の教科書に「「である」ことと「する」こと」が載っていた。時あたかも東大闘争の渦中で、私の高校でも学園紛争のミニチュア版をやっていた。いわゆる「一般生徒」ではなかった私は、何も知らぬまま東大のそれも法学部の教授は石頭の権化であると思っていた。だから「身分社会を打破し、概念実在論を唯名論に転回させ、あらゆるドグマを実験のふるいにかけ、政治・経済・文化などいろいろな領域で「先天的」に通用していた権威にたいして、現実的な機能と効用を「問う」近代精神のダイナミックスは、……」と書かれてあった時の私の驚きは、今でもこれをはっきり思い出せるほどのものであった。そのころの私たちはいわゆるセクト活動とは無縁で、そのゆえもあってか政治活動（高校生は政治活動をしてはならないことになっていた）と言うよりは、大げさに言えばもっと実存的な問いかけを当人たちは発しているつもりであったのだが、いずれにしても例外状況の箱庭的現出を前にして、私には主体性ということが強く意識されたのであった。

その後も私は、サボったおかげで数学がまったくできなくなったにもかかわらず、小さいころから自分も周囲もそうすると思い込んでいた医師という職業を選ぶつもりで浪人生活を繰り返していた。そんなある日、ふと思い立って『日本政治思想史研究』を買い込み、何の予備知識もないまま、この本が読めてしまったのである。時間はかかったが一気に読んだと言ってもよく、私は大へん感激したのである。二浪目の受験で幸か不幸かまたもや落ちた時、私は東大法学部へ行こうと決心した。丸山はその時すでに大学を去っていたのであるが。

丸山の書いたものを集めるという趣味も始まった。このようにして私は、影響されると言うよりは傾倒し心酔してしまった。私の世代の一般的雰囲気である「丸山の時代は終わった」という主張も、私の熱を冷ますものではなかったのである。

そのうちに私は丸山を曲がりなりにも対象化したいと考えるようになった。通るとか乗り越えるとかいうことでは全然なく、むしろ私がこれから政治学を勉強して行くとするならば、それこそ私の所与（ほとんど丸山だけと言ってもよいのだが）をまとめておきたい、それはこれからの指針ともなるだろう、と思ったのである。京極先生の、「何をやってもよい」という御指示をこれ幸いと思って、この演習をその機会とさせていただくことにした。

今までずっと敬称を略して来たが、その著作を通じて、丸山は私の先生であった。最後になってしまったが、丸山先生の御健康を心から願わずにはいられない。

（一九七七年一月二九日）

15　一研究者の精神の遍歴

この本は、私が前著『戦後日本の知識人――丸山眞男とその時代――』（世織書房、一九九五年）を刊行して以来、丸山眞男に関して今日までに発表した長短一三本の文章と、学部学生時代に京極純一先生の演習に参加させていただいて提出したいわゆる演習論文とを収めたものである。一研究者（となった者）が丸山をどのように読んで来たかということの資料を作るのがねらいなので、学生時代に書いた未熟なレポートを含めて、明らかな字句の誤りを除き、今日からの修整は一切施さなかった。

最初に、初出の掲載誌紙と発表年月日を掲げる。これらの文章を書く機会を与えて下さった方々に、改めて深く感謝する。

第Ⅰ部

1 「丸山眞男における政治と市民――戦後思想の転換点――」高畠通敏編『現代市民政治論』世織書房、二〇〇三年。

2 「丸山眞男論の現在」『政治思想研究』創刊号、政治思想学会、二〇〇〇年。

3 「政治社会の内部と外部――丸山眞男の位置をめぐって――」『思想』二〇〇六年八月号。

4 「丸山眞男との出会い方――石田雄『丸山眞男との対話』、飯田泰三『戦後精神の光芒』、苅部直『丸山眞男』書評――」『政治思想研究』第七号、政治思想学会、二〇〇七年。

5 「隠れたる市民社会――引き延ばされた社会契約の結び直し――」東京大学社会科学研究所紀要『社会科学研究』第五八巻第一号、二〇〇六年。

第Ⅱ部

6 「日本知識人の特質――福沢諭吉・吉野作造・丸山眞男――」『神奈川大学評論』第二一号、一九九五年。

7 「国民的ということ――知識人はつらいか――」『神奈川大学評論』第二六号、一九九七年。

8 「驚くべき問題限定能力――思想と学問の独特な結合の仕方――」『図書新聞』一九九五年一一月四日号。

9 「人間論の上に築かれた政治学――自己と社会の関係の問い直しを迫る――」『週刊読書人』一九

九六年九月六日号。

10 「平和問題談話会の遺産――「平和への問い」再考――」『毎日新聞』一九九五年八月一三日。

11 「「超国家主義」から「国民主主義」まで」『世界』一九九六年五月号。

12 「再評価盛ん＝丸山眞男を読み直す――「発展段階説」から政治固有の論理へ――」『朝日新聞』一九九九年六月八日夕刊。

13 「誤読の可能性」『信州大学学報』第五六三号、二〇〇一年。

第Ⅲ部

14 「思想の「演奏」と主体性の曲想――丸山眞男研究序説」東京大学法学部京極純一教授演習論文、一九七七年、未発表。

以下、各々の文章の執筆経緯と、そのときの私の問題関心について、記録としてここに書き留めておいた方がよいと思われる事柄を補足する。できるだけ簡潔を心がけるが、最初と最後の文章については、執筆の背景について、やや詳しい説明を加える。

＊

1の「丸山眞男における政治と市民――戦後思想の転換点――」は、高畠通敏先生が一九九九年三月に立教大学法学部を定年で退職されるのを記念して計画された論文集に寄稿したものである。世代的に幅がある多数の執筆者たちのほとんどは、かつて立教大学法学部で助手を務めた経験があり、この助手の主な仕事は一年生向けの「基礎文献講読」という少人数の授業に教授とともに列席することだった。私が助手だったのは八二年から八四年までの二年間だが、当時の立教大学法学部の政治学系にはカリスマ的な教授が多くおられ、そうした先生方の本の読み方にじかにふれることは、他では得られない経験になった。私は高畠先生と組んだことはなかったのだが、戦後日本の政治思想を勉強する者には、先生は同じ分野のはるか先輩の研究者であるばかりでなく、その御活躍の跡を通じてすでに研究対象でもあったという意味で、特別な存在だった。何とか高畠先生と違うことを言わなければというのが、私の長い間の課題だった。

記念論文集の出版のために高畠先生を中心に研究会が組織され、九八年七月から九九年七月にかけて、参加者による執筆予定内容の報告が行われた。それを基に原稿の提出が求められたが、諸般の事情により、最終的に刊行が実現したのは二〇〇三年二月である。これでお祝いができると喜んだ矢先に、思いがけず高畠先生の御病気が伝えられ、それから一年半後の七夕の日に先生は亡くなられた。私は、いただいた学恩に何もお返しをすることができなかったように思う。私が報告のときに、まだマルクス主義への期待が強かった一九五〇年代初頭の「ある自由主義者への手紙」を書いた頃と比べて、六〇年安保の状況を規定する丸山の視座はより「保守的」になったのではないかと述べると、高畠先生は、いやあのとき丸山は研究室から出て街頭にいる自分たちの方へ来たのだとおっしゃった。「五・一九」のことを思わず「ごてんいちきゅう」と言うと、「「てん」じゃないよ、中丸だよ、「にてんにろく事件」と言うかい」とたしなめられた。基本的な知識の不確かさを突かれて、私はうろたえた。

研究会の段階からも原稿が人目にふれるまでには相当の時間を要したが、私が選んだテーマについては、自分のなかでもいわば前史があった。それは前著『戦後日本の知識人——丸山眞男とその時代——』の草稿を書き終えた九二年までさかのぼる。あることをきっかけに、それまで何度か途中で挫折した日本の戦後思想史を書く試みに改めて挑戦したのは八九年七月だった。ともかくも九一年五月に第一稿を書き終え、続いてワープロに第二稿を入力し終えたのは九二年二月だった（このときの私にとってワープロはあたかも清書用の和文タイプにすぎなかった）。発表するあてもないままに大量の原稿を作成した私は、とりあえず手持ち無沙汰になった（前著の場合も一応の原稿完成から出版まで三年かかっている）。その直後の六月に、筑摩書房から丸山眞男の論文集『忠誠と反逆』が刊行された。

そこに収められたすべての論文を私は読んでいたが、かつての丸山の論文集が常にそうだったように、改めて一書になってみると、それらは個々の論文を読んだときとは別の印象を私に与えた。そこで、この書物の刊行直後に「開国」と「忠誠と反逆」論文を中心に書評を試みようとしたのが、本書の第一論文「丸山眞男における政治と市民」の原型である。そのときは毎年一回刊行される勤務先の紀要の締め切りに間に合わず、発表には至らなかった。

『丸山眞男集』が刊行されてからは、該当する巻を開くたびに驚きを新たにするのだが、「忠誠と反逆」論文は、「選択のとき」や「復初の説」などの六〇年安保関連の発言と並んで、一九六〇年の作品群のなかに収められている。この著作集は発表年代順に編集されているから、当然なのだが、それにしても「忠誠と反逆」はこの時期の丸山の著作のなかでも異彩を放っている。にもかかわらず、ほぼ同じ時期の「日本の思想」（一九五七年）、「近代日本の思想と文学」（五九年）、「思想のあり方について」（五七年）、「「である」ことと「する」こと」（五九年）がいちはやく六一年に岩波新書の『日本の思想』として刊行されたのに比して、五九年の「開国」論文もそうだが、「忠誠と反逆」も、六〇年安保関連の発言も、長い間一書にまとめられることがなかった。もちろん同時代に読んだ人びとはさまざまな衝撃を受けたと思われるが、その後の歴史のなかでは隠れた存在だったのである。一九五〇年代後半の丸山の転換を告げる重要な作品と思われる「反動の概念」（五七年）などは、丸山の生前には、ついにどの論文集にも収められなかった。

こうして九二年に論文集『忠誠と反逆』が出版されてみると、表題の論文に改めて強い照明が当てられただけでなく、そこに集められた諸論文が、四九年の「近代日本思想史における国家理性の問題」から七二年の「歴史意識の「古層」」に至る、いずれも初出を筑摩書房の刊行物とする、独特の系列を形作ることが否応なく明らかになった。私に言わせれば、望んでも得られないという意味で歴史の進歩について懐疑的な、「保守的」な丸山の姿である。彼自身が『日本の思想』の「あとがき」などで述べていることでもあるが、以前から五〇年代後半に丸山の思想と学問の一つの転機があると考えていた私は、六〇年安保に先立って生じていたその転換の意味を、さらに深く探りたいと思った。

「丸山眞男における政治と市民」を書いたときに私が言いたかったことは、とりあえずその文章で尽きているから、繰り返さない。それは、六〇年安保前後の丸山の思想的転換について言及した前著の第四章第一節の註（30）（四九七頁）、及び第六章第三節の註（27）（五三八～五三九頁）に対して、新たに長い註を付け加えるような作業だった。しかし、こう書くといかにも弁解がましく聞こえるかもしれないが、私のこの稿に関する前史があまりにも長かったために、その間に丸山の著作集ばかりか六〇年代の東大での日本政治思想史の講義録などが出され、参照すべき文献は雪だるま式に増えた。

論じ終えたと思った問題は、またふくらんで来た。丸山が六〇年安保の直前に「忠誠と反逆」論文を執筆していることと、この運動のなかで彼が「選択のとき」や「復初の説」などを通じていわゆる「市民派」知識人に分類されたこととは、思想的にいかにつながるのだろうか。清水幾太郎や吉本隆明らは、強行採決以後の丸山の言説を、もっぱら運動の幅を広げようとする戦術的意図に由来するものと決め付けたが、そういう問題だろうか。そもそも丸山は当時の状況をどのように見ていたのだろうか。これらのことについては、本書の2、3、4の論文でも論じているが、いずれも言葉足らずの観を否めない。そこで、なお補足を試みたい。

「開国」や「忠誠と反逆」で丸山がいわゆる中間団体の再評価を試みていることは、多くの論者が指摘しているし、私自身も過去に述べた。特にその近代版である自発的結社が専制政治を防止する役割を担うというのが丸山も注目したトクヴィルのテーゼであり、今日の「新しい市民社会論」が一つの拠り所にするのもそれである。これに対して、丸山のなかに自発的結社への期待が存在したのは事実だが、それらが活動する世界を「市民社会」として構想したことはなく、丸山の「市民社会」はあくまでヘーゲル流のブルジョワ社会にすぎなかったというのが、本書の4の論文で紹介した石田雄教授の御指摘である。石田教授は「中間層」の形成という意味で「市民社会」の成立という表現を用いることにも、そこにある多様性を見失うおそれがあるという見地から、疑問を呈しておられる。

しかし、丸山は「忠誠と反逆」において「中間勢力」のみならず「中間層」そのものの歴史的動向の分析にも多くの紙数を費やしている。そこでの言い方に従えば「ダイナミックな中間層」であり、「イギリスの十五、六世紀のヨーマンリー、一八三二年の選挙法改正前後の「ミドルクラス」、ワイマール・ドイツにおいて勃興期ナチ運動の担い手になった下層中産階級など」がそれに当たる。そしてワイマール・ドイツの例が示すように、「そのダイナミズムの政治的役割は具体的な社会的条件によって異なり、必ずしも「進歩的」とは限らない」と言われる（ちくま学芸文庫版、六一〜六二頁）。その上で、このように設定された比較史的観点から明治の自由民権運動を見た場合に、「こうしたダイナミックな中間層が国家権力にたいして、「国民」を代表して、自主性を保っていたかぎりにおいて、またその期間だけ、民権運動が現実的な社会的基盤を持ちえた」と診断される（同前、六二頁）。

「忠誠と反逆」論文の趣旨は、日清・日露の両戦争後の官僚化と都市化のなかで生じた前述のような中間層の自主性の衰微こそが、天皇制国家に対する積極的な忠誠心を、したがってそれに対する反逆の精神をも、希薄にさせたと見るところにあった。大正時代以後、こうした浮遊化した中間層を取り込むことに成功したのは右翼や革新官僚の側であって、革命の勢力ではなかった（同前、二二四頁）。

中間層こそがファシズムの担い手だという見方は、処女作と言える「政治学に於ける国家の概念」から敗戦直後の「日本ファシズムの思想と運動」などに至るまでの丸山を貫いている。しかしここで注目したいのは中間層のダイナミズムが示す左右のベクトルの向きではなく、丸山の中間層に対する政治学的関心の持続である。4の論文でも短く論じたが、『丸山眞男回顧談』においても、流通過程ではなく生産過程を重視する大塚史学の影響を戦時期に強く受けたと振り返りながら、大塚との違いとして、経済学者大塚が、「ユダヤ的資本主義」を攻撃して生産者である中間層を取り込もうとするナチに一定の理解を示したのに対して、政治学の立場からは、ナチによる立憲制と議会制の否定はまったく評価できなかったと述べている（上巻、一三、一九五〜一九七頁）。さらにそのような違いが生まれた理由として、大塚がもっぱらウェーバーの経済社会学的な側面だけを見ていることを挙げ、同じウェーバーの国家論や政治学をもっと参照すべきだとしている。ここで留意すべきは、丸山が終始一貫中間層総体の政治的役割に注目している点である。

敗戦直後の「日本ファシズムの思想と運動」で、丸山が戦前の日本の中間層を本来のインテリと擬似インテリに分け、両者の隔絶を指摘しつつ、後者こそが日本ファシズムを支えたと言っているのは有名な事実である。しかしこの論文が『現代政治の思想と行動』に収められたとき、彼は補註を付け、両グループ間の断層は連続するようになったと述べた。それはこの書物が公刊された時代の大衆社会状況を反映する認識の変化だった。われわれの問題関心にとっては、そのような丸山の認識の変化が六〇年安保をはさんでどのように維持、強化されたか、あるいはされなかったかが重要である。

丸山が六〇年安保の過程で生起した岸内閣に対する抗議行動を強く支持し、それにあたかも思想的な意味を付与する作業に従事したことについては、すでに前著などで縷々論じた。抗議行動への参加者は丸山の目からも「市民」として表象され、そうした「市民」は、ふだんは職業（主婦やお年寄りや学生を含む）

を持ちながら、パートタイム的に政治に参加する人びととして規定された。「在家仏教主義」とか「非政治的な市民の政治的関心」と言われたものである。このような人びととの行動様式が、五〇年代末の大衆社会論や中間文化論が指摘したような中間層の増大という事実に支えられていたことは明らかである。六〇年安保に対する丸山の意味付与は、どこまでがそうした行動様式に関する事実の認識であり、どこからが理念の提示もしくは精神的鼓舞だったのか。

「戦後民主主義の「虚妄」の方に賭ける」という有名な言葉はあるものの、六〇年代の丸山からは届けられる時事的発言の数が減るので、彼が六〇年安保以後の状況をどのように見ていたかにはわからない部分がある。どちらかと言えば、政治主義批判というか過政治化に対する警戒が目立つようにも思う。そのなかで、日本語では六八年（原著は六五年）に発表された「個人析出のさまざまなパターン」において、近代日本のケースとして日露戦争前後と関東大震災直後の時期が選ばれながら、いずれも自立化や民主化よりも私化や原子化が進んだと言われていることが、われわれの関心を引く。「大恐慌のもたらした原子化の急増が、左翼運動を助長するよりはむしろ超国家主義への道をきり開く方向に働いた」という指摘などは、先述した「忠誠と反逆」のリフレインというよりも、本来の持論の再現と見るべきかもしれない。

この論文には戦後の分析はない。「民主革命」は私化を正当化したが、保守政権はそれを政治的安定の手段にしたという註の記述があるぐらいである。しかし、先の戦前の事例についてテクノロジーの発展や早熟な大衆化が指摘されているところからは、戦後との二重写しの意図もうかがえる。そうだとすると、丸山の中間層の政治的役割に対する見通しは悲観論に逆もどりしたのだろうか。戦後における私化の正統化にしても、それと革新運動との出会いに二つの「民」の間の相互交通の意義を認めたのが、「八・一五と五・一九」の趣旨ではなかったか。

九〇年代末にかつての丸山の六〇年代の日本政治思想史の講義録が刊行され、そのなかで鎌倉時代の仏教のみならず武士のエートスに高い評価が与えられているのを知ったとき、率直に言って、私はある種の感慨を禁じえなかった。そのような評価が「忠誠と反逆」の主題の展開であったことは言うまでもない。そして五〇年代後半以後の丸山が単純な発展段階論から脱却していたことも、百も承知のつもりである。しかしそれにしても、鎌倉時代の武士は市民か、いや、市民はかの武士のようでなければならないのか。ここで高度成長の要因の一半がかえって「つぎつぎになりゆくいきほひ」に身を任せる日本人の歴史意識の「「古層」の隆起」であることをうかがわせる一文（ちくま学芸文庫版『忠誠と反逆』の四〇六頁を四二三頁と併せ読む）を思い起こせば、丸山における戦後日本の中間層への期待の後退と、むしろ封建的なものの再評価との鋏状差は明白だったのかもしれない。次の2の論文の末尾にも記したように、「思想史家丸山眞男は、冷徹な政治学者丸山眞男を呑み込んで、立ちはだかる」のだろうか。

●

次の2、3、4の論稿は、いずれも丸山眞男を論じた著作について、あくまでも私の問題関心から論点の整理を試みたり、論評を加えたりしたものである。たまたま依頼をいただいたことがこれらの文章を書くきっかけであり、もともと私のなかにこうした文章を発表する強い意図があったわけではなかった。しかし幸いなことに、依頼をして下さる方があり、結果として、各方面からの多くの丸山論を展望することができた。依頼が続いたのは、検討に際しての私のよく言えばできるだけ公平であろうとする態度、わるく言えばどれにも一理ありとする優柔不断な性格によると勝手に思っている。

演奏者は他人の演奏を聞くものだろうか、まして他人の演奏にコメントを加えたりするだろうか、というのは思想の解釈に当たって私がいつも考えることである。演奏者を自負するならば、自分の演奏をすればよいのではないか。さしあたり自分の問題意識を位置づけるためには、先行研究の参照が必要だろう。しかしそれを超えて、ある解釈が正しいとか正しくないとか言うことは、もっぱら超越的な観点に立つか、逆に相手の土俵で相撲を取ることになりかねない。それよりは自分の解釈を提示したいというのが、私の率直な気持ちである。自分が関心を持つ存在を、他人がどう解釈するかに興味を抱くのは当然だとしても。

●

2の「丸山眞男論の現在」は、政治思想学会が二〇〇〇年五月に学会誌『政治思想研究』を創刊するに当たり、編集責任者の平石直昭先生から、当時輩出していた丸山眞男論の論点整理を行うようにお勧めをいただいたことに基づく。九九年の夏から秋にかけて、該当する多くの著書や論文を読んで執筆した。私としては、最終的にあたためていた1の原稿をとりあえず脇に置いて取りかかり、結果的に1よりも先に発表の機会を得た。冒頭で丸山の政治観の解明という自分の検討の視角にこだわっているのも、年来の関心の表明ではあったが、1の論文の執筆が並行して念頭にあったからである。なお平石先生は草稿をお読みになり、多くの貴重な助言を与えて下さった。ここに記して、改めて深く感謝申し上げたい。

2の論文の検討対象には幾人かの思想史の研究者は含まれるが、いわゆる政治学者のものは少ない。この点は、4の書評がいずれも日本政治思想史を専攻する三人の研究者の著書を論じているのと、好対照である。アカデミックな丸山論の草分けである笹倉秀夫氏も本来の専門はドイツ法制史並びに法哲学であり、間宮陽介氏はつとに経済思想史家として知られている。こういうところにも初期の丸山論の生産の特徴がよく現れている。すなわち丸山の著作がそれだけ多くの分野の研究者に読まれていたということと、かえってお膝元とも言うべき日本政治思想史の領域では、当然と言えば当然だが、丸山論が学問的課題になるのには時間がかかったということである。

ところで九〇年代の丸山論の一つの特徴は、カルチュラル・スタディーズの観点から、丸山の国民主義的バイアスを指摘する論調が現れたことだった。私はそうした批判は文化論的には当たっていると思う。日本人の精神構造を論ずるという問題設定は、たとえ病理学的診断を施す場合でも、時間的な変化と空間的な多様性を捨象する効果を伴ったからである。それは日本ファシズムの原因の解明という丸山の課題選択が支払わねばならぬ代償だった。しかし政治認識においては、丸山の国民主義は作為的秩序観、換言すれば社会契約説に基づいており、いささかも宿命論的な性質を帯びるものではない。また仮に丸山が国家主義や超国家主義の代わりに国民主義という概念を用いても、それで自由主義や民主主義の原理が尽くされるわけではなかった。政治認識の次元で国民主義者丸山を言うならば、同様に自由主義者丸山、民主主義者丸山を言わなければ、丸山の全体像には至らない。

●

3の「政治社会の内部と外部――丸山眞男の位置をめぐって――」も、岩波書店の『思想』の編集者の方から、丸山の没後一〇年における特集「丸山眞男を読み直す」のために最初にお話をいただいたときは、2の論稿の続編をということだった。私はすぐにいわゆる総力戦論と小熊英二氏の『〈民主〉と〈愛国〉』を中心に論じようと思った。総力戦論は、戦争中の大河内一男の生産力論がそうだったように、元来戦時体制への批判と協力の両面を持つ。大河内の場合は総労働力の維持を唱える科学主義的な傾向が強く、むしろ精神主義批判の側面を備えていた。それでも戦争への協力という姿勢は免れず、そうだからこそ戦時期に論陣を張ることが可能だった。山之内靖氏や中野敏男氏は科学の名におけるそうした大河内の戦争への貢献を指摘するだけでなく、同じくウェーバーに依拠しながら生産力の担い手の倫理に注目する大塚久雄の観点にも、参加ではなく動員の思想があることを指摘した。そこにはボランティアが果たして自発的かという周知の問題が存在する。

広い意味での政治学者丸山の視座は、ちょうどウェーバーのなかでの政治論集の位置がそうであるように、大河内の科学と大塚の倫理が交わる位置に設定されている。人間が人間を動かす政治は常に動員と参加、ハーバーマスの言葉で大くくりに言えばシステムと生活世界のせめぎ合いのなかで展開する。すでに述べた中間層の性格規定も国民主義の内実もすべてこの問題に関わるわけで、山之内、中野両氏の問題提起を受けて改めて考えてみようと思った次第である。

二〇〇二年に刊行された小熊英二氏の『〈民主〉と〈愛国〉』に接したとき、私は一種の爽快感を感じたのを覚えている。自分の研究が先行研究の一つとして使われた、多少とも役に立ったという思いである。それは個々の論点に対する認識の違いとは別の次元で訪れた。同様の問題を論じても評価が異なることがあるのは当然で、その場合でも小熊氏は詳細な注を付けて先行研究との違いを明確にしている。私が機会があれば反論したいと思ったのは、3の論文でも述べたように、小熊氏が戦中と戦後の連続性を指摘される反面で、戦後一〇年して現れる「第二の戦後」とそれまでの「第一の戦後」の断絶をことさらに強調するという叙述の枠組みについてだった。小熊氏によれば「国民」という言葉の使用が前者の連続性を象徴するのに対して、「市民」という言葉の登場が後者の新しい時代の開幕を告げる。私も一九五〇年代後半に転換があることを認めるにやぶさかでないが、その場合でも「市民」の精神のルーツは少なくとも昭和戦前期にまでさかのぼり、敗戦を契機に成長したと考える。マルクス主義の影響が強かった「第一の戦後」においては、革命の担い手は労働者「階級」であり、そのような陣営に対する「主体性論」の提起こそが丸山たち「市民社会青年」の自己主張だったのである。

なお初出のときのこの論文には誤植がある。掲載号の一四八頁下段一〇行目から一一行目（本書、八五頁）にかけて「山之内は一方で丸山がウェーバーと並んで「リッターリッヒカイト」（「武士のエートス」）の精神を認めて評価する」とあるのは、正しくは「山之内は一方で丸山にはウェーバーと並んで「リッターリッヒカイト」（「武士のエートス」）の精神を認めて評価する」（傍点引用者）である。この号の『思想』は増刷されたために、後の版では後者のように訂正された。

●

4の「丸山眞男との出会い方――石田雄『丸山眞男との対話』、飯田泰三『戦後精神の光芒』、苅部直『丸山眞男』――」も、2の論稿と同様、政治思想学会の学会誌『政治思想研究』に寄稿したものである。

この三冊の本の書評をするように依頼して下さったのは第七号の編集主任の川崎修教授である。ここに収めたもののなかでは最も最近の文章になる。このたびは日本政治思想史の専門の研究者による丸山論が対象であり、大きな地図を描くよりも議論の細部を鮮明に浮かび上がらせることが必要と思われた。お話をいただいた段階でまもなく岩波書店から『丸山眞男回顧談』が刊行されることが案内されており、幸いそれをも参照し、いくつかのヒントを得て、執筆することができた。

●

5の「隠れたる市民社会——引き延ばされた社会契約の結び直し——」は、この本のなかでは他の文章と少し異なる由来と性格を持つ。これは元来、東京大学社会科学研究所の全所的プロジェクト「失われた九〇年?:九〇年代の日本をとらえなおす」の一環として、平石直昭教授を研究代表者として立ち上げられた共同研究「九〇年代日本の思想変容」に参加させていただき、私の分担部分の成果報告として執筆したものである。共同研究は二〇〇三年四月に始められ、〇四年度と〇五年度の科学研究費(基盤研究(C)(2))の交付を受け、〇六年三月に終了した。この間、各分担者が報告したり、ゲストの方を招いての研究会が合計二九回開催されているから、ほぼ毎月一回顔を会わせたことになる。このように長期にわたる密度の濃い共同研究は私は初めてで、あたかもこの三年間、学校に入り直したように勉強になった。平石先生をはじめ、メンバーの松本礼二、苅部直、宇野重規、佐藤美奈子の諸氏、さらにゲストの方々から、あふれるばかりの知的刺激をいただいたことに深く感謝したい。

この論文では、丸山眞男の名前は最初に出て来るだけで、もちろん丸山論ではない。八九年の冷戦の終焉を受けて日本の安全保障政策がいかに変化したか、あるいは変化しなかったかを、政府の対応についてではなく、政府を作る市民社会の態度決定という観点から、具体的には同時期の知識人の発言を資料にして、フォローした。この原稿を書く私の頭に絶えずあったのは、丸山なら事態をどう見るだろうかということだった。ことが起きたのは丸山の晩年だったが、原稿執筆の時点ではわれわれはもはや丸山のいない時代を生きていた。冷戦の終焉というトンネルの出口の状況には、冷戦の激化直前のトンネルの入口の状況に通ずるものがあり、そうであればこそ、かつての平和問題談話会の活動などを思い起こす必要があった。それだけでなく、私にとっては丸山から学んだものを自分が生きる時代にあてはめたらどうなるかという試みを、どんなに貧しくてもやるべきだという思いがあった。

現在の私は、憲法第九条がこれでも自衛隊の増強や海外派兵の歯止めになっている、その意味で国家権力の暴走を防ぐ立憲主義の役割を果たしているという意見よりも、憲法の規定とPKO協力法以来の現実とのギャップがはなはだしくなっている今日においては、日本の市民社会が支持する平和主義のためにも、そのずれを埋めなければかえって立憲主義（憲法に基づく政治）の原理に反するという見方に立っている。この私の判断の根拠を丸山に求めることには疑問ないしは批判もあると思うが、ともかく私はそう考える。

＊

第Ⅱ部に収めた諸論稿は、いずれも短文だが、その都度の求めに応じて寄稿した。これらの文章は、第Ⅰ部のものに比べると依頼から発表までの期間が短く、それだけ掲載誌紙の側の当時の問題関心やそれへの私の応答という時代的背景がよく現れていると思う。

●6の「日本知識人の特質――福沢諭吉・吉野作造・丸山眞男――」と7の「国民的ということ――知識人はつらいか――」は、私の前著を読んで下さった（と思われる）『神奈川大学評論』の編集専門委員会の方から、それぞれ特集「知の場の変容」と「戦後知識人の肖像」のために依頼をいただいて執筆した。楽聖と比べて恐縮だが、ベートーヴェンは八番の交響曲に至るまで、二曲ずつ作曲するのを常としたという。偶然だが、本書に収めた私の文章も、二つずつペアになるような気がする。第Ⅰ部はやや複雑だが、1と2は執筆時期が重なるだけでなく、自分の解釈と他の解釈への論評という関係になっている。2と3、2と4は執筆の経緯や掲載誌において連続性がある。そして3と5はテーマは違うが、やはり同時期にあたためられたものである。第Ⅱ部の6と7は同じ雑誌から声をかけていただいた結果であり、8と9はともに書評紙の丸山特集に寄せたもの、10と11は戦後思想の回顧を掲げた企画への寄稿である。そして12と13は想定される読者の数はまったく異なるが、そのときに自分の書きたいことを書いたという思いが共通する。

●6は、福沢、吉野、丸山という近代以後の日本の代表的な政治思想家を取り上げた。今さら言うまでもなく有名な人たちだが、この三人を並べて検討する試みは意外に少ないように思う。ここで私は彼らがいずれも政治の「診察医」であって「開業医」でないという自覚を持っていたことに注目した。そしてそのこととの関連で、あたかも病気の認識のように、政治に普遍的・客観的な認識はあるか、あることを前提に「科学としての政治学」を論ずることができるかについて考えた。これもウェーバー以来よく知られている問題だが、それに対してウェーバーのように社会科学における「科学」を極めて限定的に位置づける方向から接近するのではなく、政治についての深い洞察が立場の違いを超えて共有される可能性に着目した。丸山の言葉で言えば、「すぐれた「認識人」の著作は、彼の「敵」の思想的武器としても有効性を発揮しうる」(「断想」)ということである。人は直ちにマキアヴェリやホッブス、トクヴィルやバジョットの指摘を思い起こすだろう。

いわゆる総力戦論もこの問題のヴァリエーションの一つである。そしてこの文章を書いたときの私には、特に二〇世紀の戦争について論ずる日本の知識人たちがそうした普遍的な認識の成立に最後の拠り所を見出そうとしていたのではないかと思われた。そこでも述べたことだが、吉野作造の認識はバジョットのそれに十分に匹敵する。明治国家の構造は福沢の時代と比べてすでに相当に複雑化していた。吉野はそのからくりを見抜く力を持ち、そのような国家構造を普通選挙と責任内閣制の導入によって合理化することを提唱した。しかしその吉野も人民主権の原理の前では立ち止まらざるをえなかった。二〇世紀的な国家は普通選挙を要求するというのは後の総力戦論の先取りのような議論だが、そしてその意味では普遍的な認識だが、吉野の提案はそこまでで、天皇制との妥協は免れなかった。

●

7も、文章の構成は三題噺になっている。今度は丸山を、たまたま同じ年に亡くなった司馬遼太郎、渥美清の二人と比べている。司馬については「国民文学」とか「国民的作家」ということがよく言われる。

そうだとしたら、その特徴はどのようなところにあるのか。司馬も渥美も丸山も、亡くなった直後には各方面からの哀惜の声に包まれた。広く受け容れられていたことはまちがいない。そしてそれは決して彼らの作品の一義性や標準性によるのではなく、むしろ多義性や相矛盾する要素の包括性によると考えた。つまりもし国民的統合ということが可能だとしたら、多様性を通じての統合となるほかはない。

そのような多義性は、近代日本の歴史に対する肯定・否定の評価、定住や定職の選択、既成の権威や権力への服従などをめぐって生じうる。国民文化の成立にはさしあたり言語の共有が必要だが、その上でその社会に住む多様な人びとの心に同時に届くメッセージが求められよう。たとえば定住の拒否は、定住者にとっては反発と憐憫と憧憬の対象だろう。それらのすべてを見渡した上での個人のいずれかの決断が、それとして他の多くの人びとによっても尊重されるに違いない。文学と芸術と思想と表現方法は違っても、そうした人間の存在の仕方に迫ることができる作品が、国民的に享受されるのではあるまいか。

●

8の「驚くべき問題限定能力——思想と学問の独特な結合の仕方——」は『図書新聞』が九五年九月の『丸山眞男集』の刊行開始を受けて編んだ特集に、9の「人間論の上に築かれた政治学——自己と社会の関係の問い直しを迫る——」は『週刊読書人』が九六年八月の丸山の逝去を悼んで編んだ特集に、それぞれ寄稿したものである。逝去はもちろんだが、著作集の刊行も、私の丸山体験にとっては大きな出来事だった。そうした機会に執筆の機会を与えて下さったこれらの書評紙に感謝したい。自分で言うのも変だが、そのときに抱いた感想について、比較的よく書けていると思う。

●10の「平和問題談話会の遺産――「平和への問い」再考――」は、戦後五〇年目に『毎日新聞』が「岩波書店と文芸春秋」という連載企画を編んだときの一環として、11の「「超国家主義」から「一国民主主義」まで」は、岩波書店の雑誌『世界』が創刊五〇年を記念して『『世界』主要論文選』を刊行したのに対して感想を求められて、執筆した。執筆の目的からして、解説的な性格が強い文章である。それにもかかわらず、10ではいつの時代にも必要な国際環境の多次元的な認識について、11では自己立法という意味での自由について、それぞれ最後に短く記しているのは、その後も明確な見通しは立っていないものの、自分の問題関心の表明である。

●12の「再評価盛ん＝丸山眞男を読み直す――「発展段階説」から政治固有の論理へ――」は、ちょうど私が九八年四月から二年間、『朝日新聞』の論壇時評の「私が選んだ3点」の委員をしていたときに、同紙に求められて執筆した。このときの経験と、二〇〇一年四月から二年間、『信濃毎日新聞』の書評委員をさせていただいたときの経験は、その後の私にとって大きな財産になった。前者の論壇時評の経験は、毎月の会合で各分野のすぐれた方々を通じて私を啓発したばかりでなく、たとえば第I部の5の論文を書くときの重要な土台になったし、後者の期間中に刊行された何冊かの丸山論や戦後思想史の文献について書評を試みたことは、（それらはこの本には収めなかったが）この本に収めたいくつかの論文を書くときの布石になった。

●13の「誤読の可能性」は、勤務先の信州大学の学報に随想を寄せる役目が、年齢順か何かのローテーションで回って来たときのものである。学報には人事異動などが記載されているが、私自身はそれまでもそれからもまず読んだことがないし、学内でもどれだけの人がふだん目を通しているのかわからない。

私は政治及び政治学についてのほとんどすべての知識を丸山眞男から学んだが、音楽については丸山から学ばなかった。音楽との出会いの方が、丸山の著作との出会いよりも早かったということである。だから『日本政治思想史研究』を読んだときに、これを書いた人は音楽が好きに違いないと思った。私に音楽の魅力を教えたのは、丸山が嫌いなヘルベルト・フォン・カラヤンである。六六年の来日公演をテレビで見たときだった。そしてこう書けば、怒りのあまり丸山がよみがえって来そうだし、それを望むが、私にはカラヤンと丸山の姿はしばしばだぶって見えた。カラヤンがいいなどと言っては音楽通を名乗れないのと同様に、いつまでも丸山びいきでは一人前の政治学者とはみなされないという問題もあるが、カラヤンの演奏と丸山の文章からは、ともに新幹線が走るような推進力を感じたし、今でも感ずるのである。逆に私にはフルトヴェングラーのテンポの不安定さがだめである。それにフルヴェンだけがいいというのは少し狭くないか。カラヤンはだめでも、ワルターもクナッパーツブッシュもベームも朝比奈隆もいるではないか。

というわけで、私は八九年七月一六日にカラヤンが亡くなったとき、それまで試験に際してや落ち込んだときに元気を与えてくれたカラヤン（初めて実演に接したのは七〇年の来日公演でチャイコフスキーの五番、浪人三年目の七三年のときもブルックナーの七番を聴いた）に感謝をするつもりで、『戦後日本の知識人——丸山眞男とその時代——』の原稿を書き始めた。そしてこのたびは書き終えたのである。

＊

この本の本文は以上であり、14は付録である。このような文章をここに載せるべきかどうか、正直に言って最後まで迷った。しかし「丸山眞男とその時代」にとってはどう見ても「遅れて来た青年」である私が七〇年代前半という時期に丸山にはまった経緯は、一読者が提供する資料になるのではないかと思った。それにこの文章は私に大学院で京極純一先生の御指導を受けるきっかけを作ってくれたものである。そうした出会いを語ることも、私だけの思い出ではなくて、戦後日本の政治学の歴史を語るときの一つの小さな資料になるのではないか、丸山を研究対象にしたいと考えるような学生だった自分を研究者の卵の一サンプルとして位置づけたいというのが、このような稚拙な文章を収録することにした理由である。そのように本人である自分を客観視することの大切さを、かつて京極先生から学んだのだから。

以下に、私の個人史にふれることになるが、私の丸山との出会いとその後について述べておきたい。

＊

私の手元にある『日本政治思想史研究』は、七二年一二月二五日付けの一八刷である。この書物の初版が私の生まれた五二年なのも因縁を感ずるが、この一八刷の日付けを見るたびにわれながら驚いてしまう。買ってすぐに夢中になって読んだ記憶があるが、入試まであと二カ月ぐらいのときにこんな本を読んでいたことになる。それまでは医学部を受けていたのだが、甘い期待に反して落ちたその日に、私は（合格祝いにするために前もって買ってあった）当時四〇歳のクラウディオ・アバドが指揮をするウィーンフィルの演奏会に行ったのだが、ブラームスの三番とベートーヴェンの三番というプログラムを聴きながら、医学ではなく、政治思想史というものを勉強したいと思った。

もちろん伏線はあった。日比谷高校の二年生だった六九年の九月から一〇月にかけて、高校生の政治活動の是非（簡単に言えば、デモに参加してよいかどうか）をめぐって、生徒側と学校側が対立した。全国の大学紛争の影響を受けていたことは確かである。授業をボイコットし、生徒と教師が「大衆会見」というものを開くところまでこぎつけた。私は特に「活動家」ではなかったが、その場の議長を務めた。授業ボイコット派は最初は少数派だったが、この段階では多数の「一般生徒」が加わって、講堂は熱気にあふれていた。議事を進めるうちに、どのようなタイム・スケジュールでやるかが問題になった。さて、多数決で決めてよいか。すでに「実力」で授業をボイコットしているのに、多数決の原理を採用するのか。そうでなければ議長が独断で決めることになる。困った私は、今となってはよく覚えていないが、一日何時間かにすることを提案し、受け容れられなければ辞任すると申し出た。議場は混乱し、収拾がつかないままその会は閉じられたと記憶する。この出来事は私のトラウマになった。「政治」というものの形にふれたと思った一瞬だった。

後に『丸山眞男回顧談』を読み、丸山が一高時代に寮の自治に加わって「非常に大きな挫折」を経験し、一〇代の子どもには処罰権を伴う自治は重荷ではないかと述べている（上、六二〜六四頁）のを知った。丸山の一高時代の経験では、長谷川如是閑が登壇する唯物論研究会の講演会に行き、思想犯の嫌疑で検挙されたこと（『回顧談』では、上、六四頁以下）がこれまでもよく知られているが、それ以前にそうした挫折の経験があったことがわかり、改めて親近感を覚えた。

私の高校生当時は、丸山はアカデミズムの、ということは大学側の象徴的人物だった。私のなかにも漠然とそうしたイメージがあったように思う。しかし現代国語の教科書（！）に載っていた「「である」ことと「する」こと」の読後感は爽快だった。推進力を感じたのである。それで『増補版現代政治の思想と行動』（これは七一年一一月三〇日付けの五〇刷。ちなみに岩波新書『日本の思想』は六九年六月三〇日付けの一七刷。丸山の本はおそらく半年か一年ごとに増刷されているから、奥付から大体の自分の購入時期がわかる）も購入したのだが、なかなか読み進めなかった。その後に『日本政治思想史研究』に出会ったのである。この出会いに続き、たまたま当時出たばかりの「歴史意識の「古層」」（筑摩書房から七二年一一月二五日刊行の『歴史思想集』の解説）も読んだが、こちらはわからなかったというか、つまらなかった。交響曲ではなくて、「執拗低音」だけの前衛音楽のように思えた。ともかく偶然だが、二〇年の間隔を置いて公刊された丸山の思想史研究の成果に相次いでふれたことになる。

＊

というわけで、七四年に東大の文科Ⅰ類に入学したときは、政治学を勉強したいと思っていた。京極純一先生のお名前を初めて知ったのは、佐藤誠三郎先生の一年生の政治学の講義においてである。岩波書店の『世界』に頻繁に登場する先生方のお名前は大学に入る前から知っていたが、京極先生のことは知らなかった。ついでに言うと、岡義達先生の『政治』（岩波新書、一九七一年）も買って持っていたが、読んでも全然わからなかった。何となく自然科学的な本に思えたのが、今日から考えるとおもしろい。

佐藤先生は京極先生の『政治意識の分析』（東京大学出版会、一九六八年）と『現代民主政と政治学』（岩波書店、一九六九年）を参考文献として挙げられ、むずかしいから後者の後ろの方から読むように勧められた。それで「「入試問題」の根底に横たわるもの」を読んでみたら、「長期の浪人は社会的浪費」だの（ただし今度読み返したら「それもいわば一種の人権」とも書いてあった）、文科系でも数学を勉強しろだのと書いてあって、むっとした。どうせコンピューターが洋服を着たような人だろうと想像した。だから二年生になった四月に政治過程論の講義に出てびっくりした。何しろあの丸い眼鏡である。それで「一寸の虫にも五分の魂」とかおっしゃる。いったいこの先生の頭のなかはどうなっているんだろうと思った。

毎週一回、一年間の講義は欠かさず出席した。今でも私にしては珍しく三冊のノートが残っている。最後の方で、本郷で開講される三年生向けの演習では英語で数学の本を読む（実際に読んだのは、Gerald M. Weinberg の *An Introduction to General Systems Thinking* という本である）というようなことをおっしゃったので、私はむろん躊躇したが、もっと近くで見たいという関心は抑えられず、参加を希望した。つまらないことに一々驚いているようで恥ずかしいが、京極先生は学生を呼び捨てにされるのだった。私の記憶では、東大の先生でそういう方はほかにいなかった。ただし後年私が東大の政治理論研究会で修士論文の報告をしたとき、ふだんはこの研究会に出て来られない京極先生が福田歓一先生と同席されて、お互いに福田、京極と呼び交わしているのを聞いて、自分が報告すべきことを忘れるほどびっくりした。閻魔大王と大審問官が実は友達であるのを知ったときのような気がした。

コンパをやったのはいつだったろうか。先生はみんながやるからといってやることはないとおっしゃったが、お茶とケーキでならと、学士会館分館の一室である日の午後ずっと付き合って下さった。私は勇ましかったので、講義でうかがって気になっていたことを質問した。先生は講義で、福沢諭吉が子どもの頃にお稲荷様の御神体を見たら木の札だったことを『福翁自伝』で得意げに語っているのにふれて、「悪しき啓蒙主義者だ」と言われたのである。「そんなことはみんな知ってるんだよ」というお話だった。私は中身が木の札であることと、みんながありがたく思っていることと、どちらが事実なのでしょうかと詰め寄った。先生は「どちらも事実だ」とお答えになった。

これは教室のなかでだったが、私には京極先生の政治学が一方で統計学を、他方で民俗学や心理学を用いることで、先生がおっしゃる「文芸的印象記述的な方法」に基づく思想史研究を批判するもののように思えた（この点に関する先生御自身の説明は『政治意識の分析』の「あとがき」にある）ので、先生は言葉というものをあまり信じていらっしゃらないのではないかと言ってみた。それに対するお答えは、「数式も言葉だからね」というものだった。

二つのエピソードを挙げた理由は、偉そうに言えば、京極ゼミに入ったときの私が丸山眞男の著作にまいっている立場から、京極先生の批判者だったことを示すためである。その意気込みを見ていただくために、それからもちろん丸山への思いを自分で確認するためにも、通年の演習の後半は参加者がそれぞれの問題関心に従って報告をすることになったのを幸い、私は丸山眞男研究をやることにした。そのときのレジュメを確かめたら、七六年一二月一五日に報告をしたらしい。そして七七年一月二九日付で本書に収めた演習論文を提出している。四〇〇字詰めの原稿用紙で本文一〇一枚、註二一枚で、献辞やエピグラムまで付いている。

私はずっと丸山の著作を集めていた。今と違って、三冊しか丸山の本がなかった時代である。もう一つの『政治の世界』はどこにもなく、かろうじて国会図書館（だったと思う）にコピーを綴じたものがあった。丸山の東大での最後の年のガリ版刷りの講義録を入手したのはずっと後だった。今井壽一郎氏の『丸山眞男著作ノート』（図書新聞社、一九六四年）は東大の総合図書館にあって、これはとても便利だった。そこへ四冊（五冊）目に当たる『戦中と戦後の間』が出たのが七六年一一月三〇日だから、報告を間近にして私は、あまり記憶がないのだが、あわてたはずである。「政治学に於ける国家の概念」などはもちろん読んでいなかった。

演習論文を書くまでの勉強でぜひここに記しておきたいのは、二年生のときに一年間、村上泰亮先生の全学一般教育演習に参加させていただいたことである。村上先生は『産業社会の病理』（中央公論社、一九七五年）を出されたばかりで、戦後思想史のサーヴェイをするというのがテーマだった。私はそこで多くの友人に恵まれたばかりでなく、基本的な文献を読む機会を得た。村上先生といい京極先生といい、私は計量的手法に精通しておられる先生方から、計量分析以外の知識を多く授かった。お二人の御関心がいかに多岐にわたり、私がいかにその一面しか知らないかを痛感する。

報告に際して、私が丸山はと言うと、京極先生は「丸山先生と言いなさい。あんたの先生ではないかもしれんが、私の先生だから」とおっしゃった。先生という言葉を付けると、文末が敬語になるので困った記憶がある。報告では大したことは言えなかったが、A3の用紙六枚に丸山の著作からのアンソロジーを作ったのを御覧になって、先生は「これは」とおっしゃって、驚かれた（ように見えた）。私の報告に対するコメントは、「丸山先生も歴史的研究の対象になったか」ということに尽きたと思う。

演習論文を提出してまもなく、京極先生からお電話をいただいた。研究室にうかがうと、「紹介するから、丸山先生にお目にかかってはどうか」とおっしゃられた。「まず演習論文をお届けして読んでいただき、その後にお目にかかりなさい」という御指示だった。私がひるんでいると、「鬼や蛇ではないから、大丈夫だ」と言って下さった。こうして私は丸山に会う機会を得た。七四年に南原繁の追悼講演が行われたとき、遠くから姿を見たことはあったが、御自宅へうかがったこのときは緊張のしっぱなしで、相当長い時間いたのに、私が声を出したのはほんのわずかだった。近付くと、飲み込まれるか、吹き飛ばされるかして、研究対象にできなくなると思った。丸山が「自分のことについては弁解になるおそれがあるので話しにくい」と述べたことと、「知性というのは弱いものです」とつぶやくように言ったことを覚えている。老獪に見える顔のなかに、ときどき青年のような表情が現れるのが印象的だった。その後は、大学院に入ったときと修士論文を書いたときに御挨拶にうかがった。そのほかにももちろん研究会や講演会で何度か謦咳に接することはあったし、何年もして『戦後日本の知識人――丸山眞男とその時代――』をお送りしたときは、お返事をいただいた。（修士論文に丸山をテーマにする学生――私のことである――が現れたときの丸山の感想は、「『著作ノート』から長野オリンピックまで――丸山眞男先生を囲む会」丸山眞男手帖の会編『丸山眞男話文集』続2、みすず書房、二〇一四年、七頁、にある。二〇一七年追記）

*

演習論文の提出後に京極先生にお目にかかったとき、私は大学院で政治学の勉強をしたいと申し上げた。そのとき先生は「知的なものと政治との関係について勉強してみるか」とおっしゃった。私は丸山を中心に戦後思想史の勉強をするつもりだったが、戦後は日本政治外交史や日本政治思想史の分野ではまだ研究対象ではなかった。思想といえども、戦後は政治過程論の領域である。なお都合がよいことに、京極先生は研究テーマの選択は「おのがデモンに聞いて」のお立場である。先生がいらっしゃらなければ、丸山研究をするつもりで大学院に行くなどということはできなかった。しかし、私はすぐに身にしみて知ったのだが、京極先生の学問的影響をひしひしと感じながら丸山研究を続けるということは、とてもむずかしいことだった。

ずっと後に『戦後日本の知識人――丸山眞男とその時代――』を出したとき、何人かの方から都築は吉本隆明の立場から丸山眞男を見ているとか、ここには丸山眞男がいないという批評をいただいたことがあった。私は勝手にそれをほめ言葉と受け取った。つまりそれだけ丸山を相対化できたということである。そして自分でもその本に「丸山眞男と吉本隆明」のような節を設けているけれども、私にとって本当の問題は「丸山眞男と京極純一」だった。京極先生は吉本と同じ一九二四年のお生まれである。かつて先生に吉本のことをお話したら、「読んだことがないから知らない」と言われたので、私が共通する部分があると思うのはもっぱら世代的要因によるものなのかもしれない。

ともかく「丸山政治学」と「京極政治学」を足して二で割ることはできない。両方を視野に入れるためには、自分の政治学、それは無理でも自分の政治観を作るしかない。しかしそうしたことは少なくとも二年間では不可能である。それで私は修士論文のテーマに六〇年安保を選んだのだが、惨憺たる結果に終わった。私は丸山を批判する清水幾太郎や吉本の背後に京極先生がいるような気さえした。よくある話だが、演習論文は恐いもの知らずだったから書けたのである。そして政治観の本質は保守か革新か、右か左かというような単純なものではない。人間が何によって動くか、政治が何によって動くかの見極めにある。丸山が自らの日本政治分析を「病理学」にたとえていることもあって、よく「丸山政治学」は「病理学」だが、「京極政治学」は「生理学」で現状肯定的だと言われることがある。だが、これほど安易な結論はない。京極先生にとっては、もしかしたら「地の国」は「神の国」に比べたら何の価値もないものかもしれないのである。丸山の方が、晩年を除けば、まだこの世の改善の余地に対して楽観的だったとも言える。大学院に入って、専門的なツールの習得に励むよりもこうした問題に頭を悩ませていた私は、今でもそうだが、相当に鈍くさかったに違いない。しかし、この経験から言うと、しばしば言及される「戦後政治学」から「レヴァイアサン学派」へのパラダイム転換など、大した問題ではないように思える。

博士課程に進んで二年間彷徨したところで、立教大学法学部の助手になった。そしてそこで身近に接触させていただくようになった高畠通敏先生こそは、いわば第三の政治学を構築しようとされている方だった。しかし、そのことを知っても、そういうことが確かに可能だとわかっただけで、その後ろに着くわけには行かず、私の旅はなお時間がかかった。八五年に信州大学教養部に就職して落ち着いた環境を得てからも、なかなか筆は進まず、すでに述べたように、九五年になってようやく刊行にこぎつけた。

この本に収録したいくつかの文章や『戦後日本の知識人――丸山眞男とその時代――』をお読みになった方で、もし私のかつての拙くも勇ましい演習論文とのトーンの違いにお気づきになった方があれば、そこには以上に述べたような一研究者の精神の遍歴が存在したことを謹んで申し上げたいと思う。

＊

演習論文を書いたのはちょうど今から三〇年前だが、『戦後日本の知識人――丸山眞男とその時代――』を刊行してからも、一二年が経つ。世織書房の伊藤晶宣さんから演習論文の献辞にある「H」とは誰ですかと聞かれ、妻ですと答えて、口を開けさせてしまった。カラヤンと丸山眞男だけでなく、京極純一先生と妻裕子に出会ってからも長い年月が経つ。この幸運をこれからも大切にしたい。（二〇〇七年三月二〇日記）

註

【1――丸山眞男における政治と市民】

1 平野「ブルジョワ民主主義運動史」『日本資本主義発達史講座』第三巻、岩波書店、一九三二年、所収。
2 清水「著者解題」『市民社会』創元文庫、一九五一年。
3 平野と同じく講座派の論客であった羽仁五郎の『ミケルアンヂェロ』岩波新書、一九三九年を参照。
4 『西洋事情』所収の福沢諭吉訳「アメリカ独立宣言」に一カ所ある。「翻訳の思想」『日本近代思想大系』15、岩波書店、一九九一年、四〇頁、参照。
5 中江兆民がルソーの『社会契約論』を訳した『民約訳解巻之一』「第六章民約」参照（『中江兆民全集』1、岩波書店、一九八三年、九二頁）。
6 この辺の事情については、拙稿「丸山眞男論の現在」『政治思想研究』創刊号、政治思想学会、所収（本書に収録）を参照。

7 ポパー『開かれた社会とその敵』内田詔夫、小河原誠訳、未来社、一九八〇年と『歴史主義の貧困』久野収、市井三郎訳、中央公論社、一九六一年とが並行して構想された事情については、彼の自伝『果てしなき探求』森博訳、岩波書店、一九七八年を参照。

8 前掲ポパー『開かれた社会とその敵』第一部、特に三五頁。

9 ベルクソン『道徳と宗教の二源泉』平山高次訳、岩波文庫、一九五三年、三九～四〇頁。

10 代表的論者として、酒井直樹と姜尚中の名前を挙げておく。詳しくは前掲拙稿参照。なお、「開国」に先立つ「日本の思想」では丸山は、「開国という意味には、自己を外、つまり国際社会に開くと同時に、国際社会にたいして自己を国＝統一国家として画するという両面性が内包されている」（傍点原文、以下同。『丸山眞男集』第七巻、岩波書店、一九九五～九七年〔以下、「『集』七」と記す〕、一九七頁）と述べている。

11 『歴史主義の貧困』の訳者による「あとがき」参照。ポパーのマルクス評価は『開かれた社会とその敵』第二部、八一～八二頁などを見よ。

12 『ハーバート・ノーマン全集』第四巻、岩波書店、一九七八年、所収。

13 丸山他「革命の論理と平和の論理」『世界』一九五七年五月号。このあたりのことについては、拙著『戦後日本の知識人――丸山眞男とその時代――』世織書房、一九九五年、二〇九～二一五頁、参照。

14 「反動の概念」『集』七、一〇八頁。

15 同右、一〇九～一一〇頁、及び「忠誠と反逆」『集』八、一九九～二〇六頁。

16 「『日本の思想』あとがき」『集』九、一一四～一一五頁や、「原型・古層・執拗低音」『集』一二、一一三頁以下など。

17 「戦争責任論の盲点」『集』六、一六一～一六五頁。

18 「『進歩派』の政治感覚」『集』六、六五〜六六頁、「現代政治の思想と行動第三部追記」『集』七、三八頁。これに関連して、丸山が一九五七年の前半に発表した「思想のあり方について」の末尾で、「階級的組織化」と異なる次元の組織化の可能性について述べている（『集』七、一七二頁）のも注目される。そこには、後述することの時期の丸山の中間団体の役割についての新たな認識の萌芽が、あくまでも萌芽として、認められる。
19 「近代日本の思想と文学」『集』八、一二七〜一三三頁。
20 「人間と政治」『集』三、二〇九〜二一一頁。
21 「「スターリン批判」における政治の論理」『集』六、二四五頁。
22 「現代における態度決定」『集』八、三〇七〜三〇八頁。
23 「政治学に於ける国家の概念」『集』一、三一頁。
24 同右、一二〜一三、二〇頁。
25 同、三一頁。
26 「日本ファシズムの思想と運動」『集』三、二九六〜二九七頁。
27 同右論文への補註（11）、『集』六、二五六頁。
28 「政治の世界」『集』五、一九〇頁。
29 「現代政治の思想と行動第一部追記および補註」『集』六、二七二頁。
30 「ある自由主義者への手紙」『集』四、三二九〜三三〇頁。
31 「福沢諭吉選集第四巻解題」『集』五、二三六頁。
32 同右、二一八頁。
33 同、二二五〜二二六頁。

34 「断想」『集』六、一四七頁。
35 前掲拙稿「丸山眞男の現在」参照。
36 「政治学に於ける国家の概念」『集』一、一四頁。
37 「ラッセル『西洋哲学史』(近世)を読む」『集』三、七二頁。
38 トクヴィル『旧体制と大革命』小山勉訳、ちくま学芸文庫、一九九八年。
39 トクヴィル『アメリカの民主政治』下、井伊玄太郎訳、講談社学術文庫、一九八七年、一九三頁。
40 前掲トクヴィル『旧体制と大革命』八八頁。
41 前掲トクヴィル『アメリカの民主政治』中、五一頁。
42 同右、下、一九五、一九六頁。
43 同、二〇〇～二〇一頁。
44 同、上、七〇～七一、一二六頁。
45 ハーバーマス『〔第二版〕公共性の構造転換』細谷貞雄、山田正行訳、未来社、一九九四年、xxxviii頁。
46 前掲トクヴィル『アメリカの民主政治』上、一五五、一六四頁。
47 建国当初のアメリカ合衆国の共和主義と後の利益政治とが異なるという議論については、松本礼二『トクヴィル研究』東京大学出版会、一九九一年、二八～二九頁を参照。
48 「忠誠と反逆」『集』八、二七五～二七六頁。
49 同右、一九九～二〇六頁。
50 「開国」『集』八、八三頁。
51 「川崎」「『忠誠と反逆』を読む」『思想』一九九八年六月号。

52 「「である」ことと「する」こと」『集』八、三八頁。
53 同右、三九頁。
54 同、四二～四四頁。
55 同、四四頁。
56 「日本の思想」『集』七、二二〇頁、「「である」ことと「する」こと」『集』八、二五～二六頁など。
57 トクヴィル『フランス二月革命の日々』喜安朗訳、岩波文庫、一九八八年、二九～三〇、一三〇～一三四頁。
58 「断想」『集』六、一五〇、一四八頁。
59 マルクス『ルイ・ボナパルトのブリュメール十八日』伊藤新一、北条元一訳、岩波文庫、一九五四年、一四二～一四四頁。
60 『フランス二月革命の日々』一四四、一四三頁。
61 同右、六二頁。
62 同、六三、六六頁。
63 そうした発言は、丸山他「擬似プログラムからの脱却」『丸山眞男座談』四（以下、「『座談』四」と記す）、岩波書店、一九九八年、一二〇～一二一頁、「五・一九と知識人の軌跡」『集』十六、三〇頁などに見られる。
64 「擬似プログラムからの脱却」『座談』四、一一七頁。
65 マルクス前掲書、二二頁。
66 『資料戦後二十年史』第一巻、日本評論社、一九六六年、一三三～一三四頁。
67 同右、一四四～一四五頁。
68 加藤「中間文化論」『中央公論』一九五七年三月号。

69 松下「『市民』的人間型の現代的可能性」『思想』一九六六年六月号。
70 松下「忘れられた抵抗権」『中央公論』一九五八年一一月号。
71 「現代における態度決定」『集』八、三〇三～三〇六、三一四頁。
72 「選択のとき」『集』八、三四七～三五〇頁。
73 久野「市民主義の成立」『思想の科学』一九六〇年七月号。
74 『朝日新聞』一九六〇年六月一日。ちなみにこの質疑応答の部分は初出誌や著作集には収められていない。
75 丸山、佐藤「現代における革命の論理」『座談』四、一五〇頁。
76 同右。
77 同、一四二頁。
78 同、一四三頁。
79 同、一四六頁。
80 同。
81 丸山、高畠「政治学の研究案内」『座談』四、九四頁。
82 同右、九三～九四頁。
83 同、九九頁。
84 鶴見俊輔「ひとつのはじまり」『資料・「べ平連」運動』上巻、河出書房新社、一九七四年、所収参照。
85 小田『何でも見てやろう』初出一九六一年、講談社文庫、一九七九年。
86 前掲『資料・「べ平連」運動』上巻、六頁。
87 小田「ふつうの市民のできること」同右、一一頁。

88 高畠「市民運動の組織原理」『政治の論理と市民』筑摩書房、一九七一年、二二八〜二二九頁。
89 丸谷才一『たった一人の反乱』上、講談社文庫、一九七二年、二二二頁。
90 同右、下、二五一頁。

【2――丸山眞男論の現在】

1 ここでは、ただ一つだけ、「戦後日本は丸山眞男から始まった」という加藤周一の言葉を挙げておく。加藤周一、日高六郎『同時代人丸山眞男を語る』世織書房、一九九八年、三〇頁。
2 『吉本隆明全著作集』一二、勁草書房、一九六九年、五頁。
3 間宮陽介『丸山眞男』筑摩書房、一九九九年、三五、七六〜七七、二五九頁。
4 同右、七八〜八〇頁。
5 同、七三、七七頁。
6 同、二五九頁。
7 同、二一八〜二一九頁。
8 同、二三九頁。
9 石田雄、姜尚中『丸山眞男と市民社会』世織書房、一九九七年、九頁。
10 間宮（前掲書、二三一頁）は、丸山が『自己内対話』でアレントの一節を引いて、最後に「これは私的内面性イコール自由という考え方とまさに逆である！」と書いている（一〇六〜一〇七頁）のに対して、「この最後の感嘆符はもちろん「わが意を得たり」の感嘆符である」と解釈する。私はこれは丸山の率直な驚きだと思うが、それよりも、このような断片的な言葉をもとに丸山の思想を理解しようとすることに躊躇を覚える。
11 笹倉秀夫『丸山眞男論ノート』みすず書房、一九八八年、一、二頁。なお、一九、二三頁も参照。
12 「福沢諭吉の哲学」『丸山眞男集』第三巻、岩波書店、一九九五～一九九七年（以下、「『集』三」と記す）、一六四、一六九頁。
13 同右、一六七頁。
14 「福沢諭吉について」『集』七、三七九頁。
15 前掲笹倉「複合的な思考――丸山眞男の場合」（一）『法学雑誌』第四二巻第四号、大阪市立大学、八八八頁。
16 前掲笹倉論文の標題。なお、笹倉「丸山眞男における〈生と形式〉」歴史と方法編集委員会『方法としての丸山眞男』青木書店、一九九八年も、同様の観点から著されている。
17 石田雄「日本政治思想史学における丸山眞男の位置――『緊張』という視角を中心として――」『思想』一九九八年一月号、二七頁。
18 前掲笹倉『丸山眞男論ノート』二〇九頁。
19 同右、三二八～三二九頁。
20 同、二一七頁。
21 笹倉「複合的な思考」（二）『法学雑誌』第四三巻第一号、六七頁。
22 前掲笹倉『丸山眞男論ノート』二三九～二四〇頁。
23 同右、三三〇頁。
24 トーマス・クーン『科学革命の構造』中山茂訳、みすず書房、一九七一年を参照。
25 もっとも有名なのは、「日本の思想」の一節（『集』七、二三九頁）であろう。

26 酒井直樹「丸山真男と忠誠」『現代思想』一九九四年一月号、一八四頁。
27 前掲酒井「丸山眞男と戦後日本」『丸山真男を読む』情況出版、一九九七年、七四頁。
28 前掲石田、姜『丸山眞男と市民社会』九五〜九六頁の住谷発言を参照。
29 丸山が『増補版現代政治の思想と行動』の「増補版への後記」で、「戦後民主主義の「虚妄」の方に賭ける」と書いたときに、彼が意識していたものの一つは大熊信行の「日本民族について」(『世界』一九六四年一月号)だったと思われる。この点については、拙著『戦後日本の知識人——丸山眞男とその時代——』世織書房、一九九五年、四三一頁を参照。
30 葛西弘隆「丸山真男の「日本」」酒井直樹、ブレット・ド・バリー、伊豫谷登士翁『ナショナリティの脱構築』柏書房、一九九六年、二〇六頁。
31 エドワード・W・サイード『オリエンタリズム』上、今沢紀子訳、平凡社、一九九三年、二一一〜二一二頁。
32 姜尚中「丸山真男における〈国家理性〉の問題」前掲『丸山真男を読む』三〇頁。
33 前掲姜「丸山真男と「体系化の神話」の終焉」前掲『現代思想』二二七頁。
34 「陸羯南」『集』三、一〇五頁。
35 同右、一〇六頁。
36 前掲姜「丸山真男における〈国家理性〉の問題」『丸山真男を読む』二二頁。
37 前掲酒井「丸山真男と忠誠」『現代思想』一八四、一八五頁。
38 江原由美子「フェミニズムから見た丸山真男の「近代」」、同右、二二三頁。
39 この言葉は、丸山の「『現代政治の思想と行動』英語版への著者序文」(『集』十二、四二頁)にある。
40 米谷匡史「丸山真男の日本批判」『現代思想』一三七、一四四、一四七頁。

41 前掲酒井「丸山真男と戦後日本」『丸山真男を読む』七三頁。
42 梅本克己、佐藤昇、丸山眞男『現代日本の革新思想』『丸山眞男座談』第六巻（以下、「『座談』六」と記す）、岩波書店、一九九八年、一一頁。
43 區建英「丸山真男における国民国家と永久革命」『歴史学研究』第七〇八号、三一頁。
44 同右、三五頁。
45 同、三三頁。
46 前掲笹倉『丸山眞男論ノート』二七九頁。
47 斎藤純一「丸山眞男における多元化のエートス」『思想』一九九八年一月号、九頁。
48 前掲米谷「丸山真男の日本批判」『現代思想』一四五頁、平山朝治「丸山真男の脱冷戦思考——その批判的再評価」『丸山真男を読む』九二頁、前掲間宮『丸山眞男』一四七〜一四八頁など。
49 三宅芳夫「丸山真男における『主体』と『ナショナリズム』」『相関社会科学』第六号、五八頁以下。
50 「福沢諭吉選集第四巻解題」『集』五、二二六頁。
51 「忠誠と反逆」『集』八、二七五〜二七六頁。
52 特に、同右、二〇五〜二〇六頁。
53 「『日本の思想』あとがき」『集』九、一一五頁。
54 丸山は「『現代政治の思想と行動』英語版への著書序文」で、自分のなかには「実体論的」と「唯名論的」の「二つのあい矛盾する思考様式」が存在し、ルーツから言えば、後者は父親の、前者は南原繁を通じてのヘーゲルの影響だと述べている（『集』十二、四七〜四八頁）。「有意味な歴史的発展」への関心とは、前者についてのものである。

55 「反動の概念」『集』七、一〇八頁。

56 「開国」『集』八、八三～八四頁。

57 前掲斎藤「丸山眞男におけるエートス」『思想』七頁。

58 ちなみに、GreensteinとPolsbyの編集によるHandbook of Political Science（Addison-Wesley, 1975.）のシリーズでは、利益集団と政党についての記述が含まれる第四巻の標題は、Nongovernmental Politicsである。

59 「政治学一九六〇」『丸山眞男講義録』東京大学出版会、一九九八年、一三七頁以下。

60 この点に関して、六〇年安保直後のある対談で、丸山が「総評にしても、……多くの勤労国民から有力な圧力団体の一つとしか見られていない」と述べているのは、注目される（佐藤昇、丸山眞男「現代における革命の論理」『座談』四、一四六頁）。

61 前掲斎藤「丸山眞男におけるエートス」『思想』七頁。

62 「「である」ことと「する」こと」『集』八、四二～四四頁。

63 同右、四四頁。

64 丸山は、「武田泰淳『士魂商才』をめぐって」において、「一口に商売とか商才とかいうけれど、単純な商業と、ものを作る仕事に結びついた商売とは、区別していかなければならない」として、「日本の資本主義のまずい点は、非常に商業資本的だったということ」と述べている（『集』八、六～七頁）。

65 一般的な言葉であるが、同右、七頁にもある。

66 「近世儒教の発展における徂徠学の特質並にその国学との関連」『集』一、二四四～二四六、二五一頁。及び「近世日本政治思想における『自然』と『作為』」『集』二、一〇八頁。

67 内田義彦「知識青年の諸類型」『内田義彦著作集』第五巻、岩波書店、一九八八～一九八九年、一二七～一二八頁。なお、前掲拙著、第一章参照。
68 丸山が学生時代の論文「政治学に於ける国家の概念」で「市民社会の制約」を早々と批判していたのは有名な事実である（『集』一、三頁）。その後、一例を挙げれば、「福沢諭吉選集第四巻解題」で、「福沢はティピカルな市民社会の発展を我国にも予測していた」が、「ここにも亦、日本資本主義の性格に関する把握の甘さが窺われる」（『集』五、二二六頁）というような使い方がされている。
69 前掲石田、姜『丸山眞男と市民社会』三九頁。
70 丸山眞男、高畠通敏「政治学の研究案内」『座談』四、九四頁。
71 同右、九九頁。
72 前掲斎藤「丸山眞男におけるエートス」『思想』二三二頁。
73 同右。
74 同、二〇頁。
75 川崎修「『忠誠と反逆』を読む」『思想』一九九八年六月号、二四、二九頁。
76 同右、三一〜三二頁。
77 「福沢に於ける『実学』の転回」『集』三、一二一頁。
78 芦津丈夫、丸山眞男、脇圭平「フルトヴェングラーをめぐって」『座談』九、三三三頁。
79 大澤真幸「トカトントンをふりはらう」『大航海』第一八号、八二〜八三頁。
80 同右、八四〜八五頁。
81 「近代的思惟」『集』三、三頁。
82 古在由重、丸山眞男「一哲学徒の苦難の道」『座談』五、二一九〜二二〇頁。

83 前掲米谷「丸山真男の日本批判」『現代思想』一四四、一四七頁。
84 「現代政治の思想と行動第一部追記および補註」『集』六、二四九、二四八頁。
85 佐藤誠三郎「丸山眞男論――その近代日本観」『中央公論』一九九六年一二月号、一九五頁。
86 佐伯啓思『現代民主主義の病理』ＮＨＫブックス、一九九七年、九〇頁。
87 『藤田省三著作集』みすず書房、一九九七〜九八年、第四巻並びに第五巻所収。
88 典型的なのは、近代日本における知的共同体成立の第二の画期が大正デモクラシーよりも少し後の、マルクス主義による「思想問題」登場の時期に置かれていることであろう。「近代日本の知識人」『集』十、二四六頁。
89 家永三郎「思想家としての丸山眞男」今井壽一郎著、川口重雄補訂『増補版丸山眞男著作ノート』現代の理論社、一九八七年、四頁。なお、「講座派」系統の学者たちの福沢評価については、遠山茂樹『福沢諭吉』東京大学出版会、一九七〇年の第Ｉ章を参照。遠山自身は福沢を、「ブルジョワ自由主義」から出発して「天皇制絶対主義」との妥協に終わった思想家として見ている。
90 中野敏男「近代日本の躓きの石としての『啓蒙』」前掲『現代思想』九六頁。
91 この表現は、「福沢諭吉選集第四巻解題」『集』五、二三六頁から採った。
92 中野前掲論文、前掲『現代思想』九四〜九六頁。
93 『「文明論之概略」を読む』『集』十四、三三六〜三三八頁。
94 中野前掲論文、前掲『現代思想』九八〜一〇一頁。
95 「増補版現代政治の思想と行動後記」『集』九、一八四頁。
96 「増補版現代政治の思想と行動追記・附記」『集』九、一七〇頁。
97 前掲米谷「丸山真男と戦後日本」『丸山真男を読む』一三〇、一三二、一四二、一四八〜一四九頁。

98 「昭和天皇をめぐるきれぎれの回想」『集』十五、三三五頁。
99 「戦後民主主義の『原点』」『集』十五、六四～六五頁。
100 前掲丸山他「戦争と同時代」『座談』二、二〇六～二〇七頁。
101 『自己内対話』八～九頁。
102 吉野源三郎「『世界』創刊まで」『職業としての編集者』岩波新書、一九八九年、七八～八二頁。
103 前掲石田、姜『丸山眞男と市民社会』二九頁。
104 『丸山眞男講義録』「日本政治思想史一九六四」東京大学出版会、一九九八年の、特に二五二頁。
105 『丸山眞男講義録』「日本政治思想史一九六五」東京大学出版会、一九九九年の、特に四四頁。

【3――政治社会の内部と外部】

1 拙稿「丸山眞男論の現在」『政治思想研究』創刊号、政治思想学会、二〇〇〇年五月（本書収録）。
2 共同研究の成果は山之内他編『総力戦と現代化』柏書房、一九九五年と酒井直樹他編『ナショナリティの脱構築』柏書房、一九九六年。山之内によるそれらの位置付けについては、山之内『日本の社会科学とヴェーバー体験』筑摩書房、一九九九年、第一章、一〇～一一頁。
3 前掲山之内『日本の社会科学とヴェーバー体験』四頁。
4 ここでは大河内と大塚の著作については要約的な紹介にとどめる。私の議論は拙著『戦後日本の知識人――丸山眞男とその時代――』世織書房、一九九五年の第一章を参照。
5 高畠通敏「生産力理論」（初出は一九六〇年）『政治の論理と市民』筑摩書房、一九七一年、一二九頁。

6 前掲山之内『日本の社会科学とヴェーバー体験』第二章、五二〜五四頁。なお、大塚において戦争期の「生産力」の概念が戦後は「近代的人間類型」に変質したと見るのは、後述する中野敏男である（『大塚久雄と丸山眞男』青土社、二〇〇一年、七六頁以下）。しかし大塚の影響を受けた内田義彦が戦争末期に残した「覚え書」によれば、もともと二つの概念は密接に結び付いていた（『時代と学問　内田義彦著作集』補巻、岩波書店、二〇〇二年、七頁）。

7 前掲山之内『日本の社会科学とヴェーバー体験』第二章、四一〜四二頁。

8 同右、第一章、一七頁及び「まえがき」ⅱ頁。

9 同、第一四章、三一三〜三一四頁。

10 同、第一章、三三頁。

11 同、第二章、五七頁。

12 最後の側面について、戦後に丸山は「ある種のマルキストよりは、ある種の保守派のほうがまだ信用できるという、そういう思いが共通していた」と述べている（丸山他「「平和問題談話会」について」〔一九八五年〕『丸山眞男座談』九（以下、「『座談』九」と記す）、岩波書店、一九九八年、一一五〜一一六頁）。

13 前掲中野『大塚久雄と丸山眞男』一〇〇頁。

14 同右、二四六頁。

15 同、六七頁。

16 同、七二〜七三頁。

17 同、一〇八頁。

18 同、一七二頁。

19 同、一七三頁。
20 同、一九五〜二〇三頁。
21 同、一三三頁。
22 「一九三六〜三七年の英米及び独逸政治学界」（一九三八年）『丸山眞男集』第一巻（以下、「『集』一」と記す）、岩波書店、一九九五〜一九九七年、四三頁。
23 「新刊短評」への「後記」（一九七六年）同右、一二〇頁。
24 前掲「一九三六〜三七年の英米及び独逸政治学界」四四頁。
25 同、八二頁。
26 前掲中野『大塚久雄と丸山眞男』一三五〜一三七頁。
27 「『近代日本思想史における国家理性の問題』補注」（一九九二年）『集』一五、一七九〜一八〇頁。
28 「神皇正統記に現はれたる政治観」（一九四二年）『集』二、一七四頁。
29 「近世日本政治思想における「自然」と「作為」」（一九四一年）『集』二、一〇七頁。
30 同右、七四〜八三頁。なお、丸山「近世儒教の発展における徂徠学の特質並にその国学との関連」（一九四〇年）『集』一、の第四節をも参照。
31 「福沢に於ける秩序と人間」（一九四三年）『集』二、二二〇頁。
32 「国民主義の『前期的』形成」（一九四四年）『集』二、の第三節を参照。
33 同右、第一節の注（2）、二三〇頁。
34 小熊『〈民主〉と〈愛国〉』新曜社、二〇〇二年、二五頁。
35 小熊『対話の回路』新曜社、二〇〇五年、一九〇〜九五頁。

36　前掲小熊『〈民主〉と〈愛国〉』七〇、七四〜九〇頁。なお、七九六頁も参照。
37　同右、六七、九〇頁。
38　同、一〇一頁。
39　同、六九頁。
40　同、第二章の注（1）、八三七頁。
41　同、一七〜二一頁。
42　同、八二二頁。
43　このダワーの大著（『敗北を抱きしめて』上・下、三浦陽一他訳、岩波書店、二〇〇一年。John W. Dower, *Embracing Defeat*, W. W. Norton and Company, 1999.）において丸山の著作にふれられているのは本文では三カ所のみである。すなわち、翻訳の上巻の一九九頁（「肉体文学から肉体政治まで」）と三〇九〜三一一頁（「近代日本の知識人」）と下巻の三一九〜三二〇頁（「戦争責任論の盲点」）。
44　いずれもが紙数を割いて海軍少年兵だった渡辺清の手記（『砕かれた神』朝日選書、一九八三年、初出は一九七七年）に言及している点、及び孤児たちのエピソードを紹介している点が印象的である。
45　ダワー前掲書、下巻、三頁以下、及び四一八頁。
46　酒井直樹「丸山真男と忠誠」『現代思想』一九九四年一月号、一八四頁。
47　竹内「日本共産党論（その一）」（一九五〇年、原題は「日本共産党に与う」）『竹内好全集』第六巻、筑摩書房、一九八〇年、一三三頁。
48　前掲小熊『〈民主〉と〈愛国〉』四七三頁。
49　小熊の主題の考察にとって最も重要と私が思う清水幾太郎は、しかし小熊においては別冊（『清水幾太郎』御茶の水書房、二〇〇三年）扱いである。
50 前掲小熊『〈民主〉と〈愛国〉』一一頁。
51 同右、一六頁。
52 前掲拙著、第四章を参照。
53 『資料戦後二十年史』第一巻、日本評論社、一九六六年、一三三〜一三四、一四四〜一四五頁。これは、拙稿「丸山眞男における政治と市民」高畠通敏編『現代市民政治論』世織書房、二〇〇三年ですでに論じた（本書収録）。
54 前掲小熊『〈民主〉と〈愛国〉』第一三章の注（9）、九一一〜九一二頁。松下「忘れられた抵抗権」『増補版現代政治の条件』中央公論社、一九六九年、一九二頁。なお、この点も、前掲拙著、並びに拙稿「丸山眞男における政治と市民」で論じた。
55 丸山の言葉は丸山他「唯物史観と主体性」（一九四九年）『座談』一、一一六、一二六〜一二七、一四〇頁における彼の発言からとった。
56 内田「われら何を為すべきか」（一九四六年）前掲『内田義彦著作集』補巻、五三〜五四頁。これは、丸山の戦後の第一声である「近代的思惟」と同じ青年文化会議の機関紙『文化会議』第一号に載ったものである。
57 内田『経済学の生誕』一九五三年の「あとがき」の言葉。『内田義彦著作集』第一巻、岩波書店、一九八八年、二九七頁。
58 『丸山眞男講義録〔第三冊〕政治学一九六〇』東京大学出版会、一九九八年、三六頁。
59 拙稿「丸山眞男論の現在」。
60 「現代思想の思想と行動第一部追記及び補注」『集』六、二四八〜二四九頁。

61　前掲丸山他『現代日本の革新思想』一九六六年『座談』六、一一頁。
62　加藤典洋は日本とドイツを比較して、「ヤスパースのような知識人を日本の戦後がもたなかったとは、こういうことにほかならない。彼の中には、美濃部と丸山がいて、いってみれば丸山が美濃部に肩車され、立っている」と述べている（『戦後的思考』講談社、一九九九年、五〇頁）。ここで美濃部達吉はあたかも戦前の日本のナショナリズムを、丸山は戦後の日本のデモクラシーを象徴するだろう。加藤はさらに同書（一七九頁以下）で吉本隆明の『丸山真男論』に依拠しながら、「丸山の戦後の思想の基部の浅さ」を指摘している。だが、果たしてそうだろうか。私は、小熊ではないが、丸山のなかに美濃部的要素は存在したと考える。一つだけ根拠を挙げれば、丸山は一九六七年の鶴見俊輔との対談（「普遍的原理の立場」『座談』七、一〇四頁）で、「新憲法自体に批判的じゃなかった。にもかかわらず、「憲法普及会」に参加するということは、やっぱりいやだった」と述べている。これは丸山におけるデモクラシーとナショナリズムの結合がやはり容易ならぬ課題であったことを示すものである。
63　「八・一五と五・一九」『集』八、三七二頁。
64　吉本「擬制の終焉」（一九六〇年）『吉本隆明全著作集』第一三巻、勁草書房、一九六九年。
65　前掲小熊『〈民主〉と〈愛国〉』六四四頁。
66　「『増補版現代政治の思想と行動』後記」（一九六四年）『集』九、一八四頁。
67　『自己内対話』みすず書房、一九九八年、二四六頁。
68　「現代における人間と政治」（一九六一年）『集』九、四四頁。

【5——隠れたる市民社会】

1　丸山眞男他「現在の政治状況」『世界』一九六〇年八月号、二二一〜二二三頁。

2　坂本義和『相対化の時代』岩波新書、一九九七年、一四四〜一四五頁。この部分の初出は「平和主義の逆説と構想」として『世界』一九九四年七月号。

3　ロックによれば、人が協同体を作るのに同意する目的は、「彼らの所有権の享有を確保し、かつ協同体に属さない者による侵害に対してより強い安全保障を確立し、彼らに安全、安楽かつ平和な生活を相互の間で得させることにある」（鵜飼信成訳『市民政府論』岩波文庫、一九六八年、一〇〇頁）。また、ルソーによれば、社会契約の意義は、「各構成員の身体と財産を、共同の力のすべてをあげて守り保護するような、結合の一形式を見出すこと。そうしてそれによって各人が、すべての人々と結びつきながら、しかも自分自身にしか服従せず、以前と同じように自由であること」に求められる（『社会契約論』桑原武夫、前川貞次郎訳、岩波文庫、一九五四年、二九頁）。

4　ベラー『心の習慣』島薗進、中村圭志訳、みすず書房、一九九一年、九七頁以下、一八六頁以下など。原著の刊行は一九八五年。

5　ベラー「日本語訳に寄せて」『破られた契約［新装版］』松本滋、中川徹子訳、未来社、一九九八年、八〜一〇頁。原著の刊行は一九七五年。同「日本語版への序文」『心の習慣』v〜vii頁。

6　後述する（第2節　湾岸危機）ように、北岡伸一は「そもそも「貢献」という言葉自体、……当事者の使う言葉ではない」と述べている。この指摘については同感である。

7　「新しい市民社会論」については、山口定『市民社会論』有斐閣、二〇〇四年の整理が行き届いている。

8　前掲ベラー『心の習慣』x頁。
9　坂野潤治は歴史の総合的な研究のために、その当時を生きた知識人の見解を参照することの意義を説いている。坂野『昭和史の決定的瞬間』ちくま新書、二〇〇四年、二一四～二一六頁。その際、いろいろな立場がありうるとしても、カール・マンハイムが言うように、知識人が政府や本稿で言う社会的中間層から、相対的に「自由に浮動している」ことは想定してよいだろう。
10　栗原彬「市民社会の廃墟から――「心の習慣」と政治改革」『世界』一九九三年一〇月号。
11　中嶋嶺雄「鄧小平は勝ったのか」『中央公論』一九八九年七月号。
12　下斗米伸夫「新ロシア革命はどう展開するか――「世界を揺るがした三日間」後のソ連政治」『世界』一九九一年一〇月号。
13　武者小路公秀「〈インタビュー〉国際環境の変容をどうみるか」『世界』一九八九年六月号。
14　佐々木毅「二〇世紀的政治システムの融解」『世界』一九九〇年一月号。
15　『朝日新聞』一九八九年一二月二八日夕刊。
16　『戦後日米関係を読む――『フォーリン・アフェアーズ』の目』梅垣理郎編訳、中央公論社、一九九三年所収のサー・ジョージ・サンソムやジョン・フォスター・ダレスの論文を参照。ウォルフレンの「日本問題」論文の翻訳もここに収録されている。
17　佐々木毅『政治はどこへ向かうのか』中公新書、一九九二年参照。この本は、同時代的観察としても、また今日から見ても、湾岸危機と政治改革に揺れた日本の政治の非常にすぐれた解説書である。同書には日米構造協議における「アメリカ政府の対日提案項目」の要旨も資料として添付されている。
18　田中均、田原総一朗『国家と外交』講談社、二〇〇五年、一〇二～一〇四頁。

19 石川好「『日米構造協議』雑感」『中央公論』一九九〇年五月号。
20 湾岸危機の経過については、前掲佐々木『政治はどこへ向かうのか』、外岡秀俊、本田優、三浦俊章『日米同盟半世紀』朝日新聞社、二〇〇一年、第七章（本田執筆部分）、並びに『近代日本総合年表（第四版）』岩波書店、二〇〇一年を参照。
21 前掲佐々木『政治はどこへ向かうのか』六八頁、前掲外岡他『日米同盟半世紀』四一〇〜四一一頁。
22 前掲外岡他『日米同盟半世紀』四二一頁。
23 「トラウマ」という言葉を用いているのは、ジャーナリストでは上記の本田（前掲外岡他『日米同盟半世紀』四三四頁）、外交官では田中均（田中、田原前掲書、二一九頁）である。政治学者の佐々木毅は一連の過程について、「構造協議と同様、敗者はやはり日本の政治」（前掲佐々木『政治はどこへ向かうのか』九九頁）と述べている。
24 佐藤誠三郎「いまこそ安全保障戦略を転換せよ」『中央公論』一九九〇年一〇月号。
25 前掲佐々木『政治はどこへ向かうのか』九七頁、前掲外岡他『日米同盟半世紀』四三三頁。
26 前掲佐々木『政治はどこへ向かうのか』八〇頁、前掲外岡他『日米同盟半世紀』四三三〜四三四頁。
27 北岡伸一「協調の代価」『中央公論』一九九〇年一一月号。同『日米関係のリアリズム』中央公論社、一九九一年では、四七頁。
28 北岡「非軍事の貢献で何が可能か」『中央公論』一九九一年四月号、『日米関係のリアリズム』一六七頁。後者への収録時にタイトルから「貢献」が落ちている。当然だろう。
29 同右。前掲書、一六八頁。
30 北岡「反米意識のダイナミズム」（末尾に「91年1月稿、未発表」とあり、北岡前掲書に収録された）『日米関係のリアリズム』六五頁。

31 自民党政権の「平和ボケ」を指摘したのは、佐々木毅である（前掲佐々木『政治はどこへ向かうのか』八〇頁）。京極純一は、戦前と比べて戦後は、「日本全体としては、日米安保体制に守られて、超安全感が支配した時代だった」と述べている（京極、田勢康弘「〝金丸〟われらが民主政治の精華」『中央公論』一九九三年五月号）。

32 石川好「戦後処理せぬ報い」『朝日新聞』一九九〇年九月一七日夕刊。

33 田中直毅「日本国憲法体制『選び直し』のとき」『中央公論』一九九〇年一二月号。

34 五十嵐武士「湾岸戦争と日本——何ができるか、何をしてはならないか」『世界』一九九一年三月号。

35 この間の経緯は、前掲『近代日本総合年表（第四版）』による。なお、PKO協力法案の国会審議については、当時首相だった宮澤喜一の証言（御厨貴、中村隆英編『聞き書宮澤喜一回顧録』岩波書店、二〇〇五年、二九五頁以下）がある。

36 PKO協力法、周辺事態法、武力攻撃事態法などは、鎌田慧編『反憲法法令集』岩波現代文庫、二〇〇三年に収録されていて、参照しやすい。

37 古関彰一他「共同提言『平和基本法』をつくろう」『世界』一九九三年三月号。

38 平和問題討議会（後の平和問題談話会）の「東京地方法政部会報告」『世界』一九四九年三月号。なお、上述の「共同提言」に加わった山口二郎は、それに先立って、一九九三年一月号の『世界』に「戦後平和論の遺産」を書き、そのなかでこの言葉の由来についてふれている。

39 前掲古関他「共同提言『平和基本法』をつくろう」『世界』。

40 田中秀征「憲法の本格的な展開を」『世界』一九九三年六月号。

41 上田耕一郎「『立法改憲』めざす『創憲』論」同右。

42　北岡「歴史と憲法と平和の条件」『This is 読売』一九九三年二月号。同『政党政治の再生』中央公論社、一九九四年、一〇八頁。
43　前掲坂本『相対化の時代』七二、七四、七五頁。同名の論文（この部分を含む）の『世界』初出は九七年一月号。
44　前掲佐々木『政治はどこへ向かうのか』九九頁。
45　冷戦の終焉と湾岸危機から日米安保再定義までの九〇年代前半の日米安保体制について、「漂流」という形容は多くの論者によって用いられている。そのものずばりでしかも大著なのは、船橋洋一『同盟漂流』岩波書店、一九九七年。
46　佐々木毅「細川政権とは何だったのか」『中央公論』一九九四年六月号。
47　小沢一郎『日本改造計画』講談社、一九九三年、三三頁。
48　同右、一二二～一二五頁。
49　同、一三五頁。
50　同、一三五～一三六頁。
51　同、一一七頁。
52　同、三三頁。
53　この時期に結成された新しい政党の結党宣言や連立政権の合意文書は、朝日新聞政治部『政界再編』朝日新聞社、一九九三年に資料として収められている。なお、拙著『政治家の日本語』平凡社新書、二〇〇四年、八八～九六頁も参照。
54　平野貞夫『日本を呪縛した八人の政治家』講談社、二〇〇三年、七八頁、前掲拙著、九〇頁参照。

55 樋渡由美は九〇年代の日本の安全保障政策の変化を、国際的要因からではなく、日本国内の各政党の政策を「独立変数」として説明することを試みている（「政権運営――政党行動と安全保障――」樋渡展洋、三浦まり編『流動期の日本政治』東京大学出版会、二〇〇二年、所収）。すなわち、自社さの連立政権では日米安保再定義の裏側で普天間基地返還の合意が見られたのに対し、その後の自自連立では周辺事態法が成立した。自民党を中心にして保革連立ではよりハト派的、保保連立ではよりタカ派的な政策が実現されたと見るのである。しかし、私見によれば、周辺事態法の成立時には自由党として存在した小沢グループは、九三年当時は非自民の連立を、そして〇三年以後は民主党への吸収合併（樋渡論文の発表はこれ以前だが）を選択しているのであり、小沢そのものを不変の「独立変数」とみなせるかどうかは疑問である。二〇〇六年四月、小沢が民主党代表に就任したのをきっかけに、『日本改造計画』が内容を改めずに復刊された。同時に刊行された証言の中で小沢は日米同盟よりも国連を重視するかのような発言をしている（五百旗頭真他編『九〇年代の証言　小沢一郎　政権奪取論』朝日新聞社、二〇〇六年、一八八頁）。従来の姿勢が貫かれていると思われるが、彼が政権を取ったときにどうなるかはわからない。
56 武村正義『小さくともキラリと光る国・日本』光文社、一九九四年。
57 細川護熙編『日本新党・責任ある変革』東洋経済新報社、一九九三年、一九～二〇頁。
58 前掲武村『小さくともキラリと光る国・日本』一八三頁以下、田中秀征『さきがけと政権交代』東洋経済新報社、一九九四年、二〇二頁以下、前掲拙著、九七～一〇二頁参照。
59 日本経済新聞社編『「連立政権」の研究』（資料編）、日本経済新聞社、一九九四年、一九〇頁、前掲拙著、九三～九六頁参照。
60 米本昌平「震災が切断した戦後精神史」『中央公論』一九九五年四月号。同『知性学のすすめ』中央公論社、一九九八年には、「阪神大震災と安全保障概念」と改題されて、収録されている。
61 同右。
62 田中康夫『神戸震災日記』新潮文庫、一九九七年、一七頁。この部分の初出は『週刊SPA!』一九九五年二月一五日号。
63 村上春樹『アンダーグラウンド』講談社文庫、一九九九年、七五〇、七六六頁。
64 同右、七六六頁以下。
65 伊丹敬之「『安全保障不況』の日本」『中央公論』一九九五年九月号。
66 『朝日新聞』一九九五年六月一〇日、前掲拙著、一〇二〜一〇八頁参照。
67 『朝日新聞』一九九五年八月一五日夕刊。
68 同右。
69 前掲拙著では、この点は指摘したにとどまり、十分に論じることができなかった。
70 加藤典洋「敗戦後論」『敗戦後論』ちくま文庫、二〇〇五年、特に一六、三〇、三九〜四三、四六〜四七頁など。この論文の初出は『群像』一九九五年一月号。
71 同右、八四頁。
72 高橋哲哉「汚辱の記憶をめぐって」『戦後責任論』講談社学術文庫、二〇〇五年、二一五頁。この論文の初出は『群像』一九九五年三月号。
73 成田龍一他「対話の回路を閉ざした歴史観をどう克服するか?」『世界』一九九七年五月号。
74 西尾幹二他『新しい歴史教科書(市販本)』扶桑社、二〇〇一年、一八四頁。
75 小熊英二は網野善彦との対談で、すべての歴史叙述はその受容を含めて考えるとき、「物語」の機能を果たすことを指摘している。網野は「学問」と「物語」を峻別するが、本稿の立場は小熊に近い。小熊『対話の回路』新曜社、二〇〇五年、一七八頁以下。

76 日米安保再定義の政治過程については、前掲外岡他『日米同盟半世紀』第九章（本田執筆）、前掲船橋洋一『同盟漂流』、前掲『近代日本総合年表（第四版）』を参照。「日米安保共同宣言」と新ガイドラインは、外岡他、前掲書に資料として収録されている。

77 ナイたちアメリカ側の見方については、船橋前掲書、二五四頁を参照。なお、日本の「国民は『有事』を考えるより『祈り』に逃げたかった」ことについては、三二一頁、「九三年から間断なく続く政治の空白」については三二三頁、日米同盟に対する市民レベルでの関心は薄く、「事務方同盟」と揶揄されたことについては、四九五頁を参照。

78 水島朝穂「『有事法制』とは何か」『世界』一九九六年七月号。

79 前田哲男、竹田いさみ「アジア太平洋に多国間安保は可能か」同右。

80 田中均「新時代の日米安保体制を考える」『中央公論』一九九六年一二月号。

81 西原正「我々に同盟を守る気概があるのか」『中央公論』一九九九年八月号。

82 寺島実郎「柔らかい安全保障の試み」『中央公論』一九九八年一月号。同『国家の論理と企業の論理』中公新書、一九九八年では、一五六〜一五九頁。

【14——思想の「演奏」と主体性の曲想】

○丸山の著書名に関しては、註においては主として次のような略号で示した。

『日本政治思想史研究』（東京大学出版会、一九五二年）―A
『増補版現代政治の思想と行動』（未来社、一九六四年）―B
『日本の思想』（岩波新書、一九六一年）―C
『戦中と戦後の間』（みすず書房、一九七六年）―D
○著者名のない論文はすべて丸山のものである。

1 蠟山政道『日本の歴史』26「よみがえる日本」中公バックス、一九七一年、二三七頁。
2 C書「あとがき」一八五頁、同趣旨、B書、五二七頁。
3 今井『丸山眞男著作ノート』図書新聞社、一九六四年。一九六四年五月までの丸山の著作を年代順にリストアップしたものとして非常に参考になった。なお同『著作ノート』において名前だけ知られていた入手困難の丸山の著作が、ほとんど網羅されて出版されたものが最近刊行されたD書である。
4「思想史の考え方について」と「近代日本における思想史的方法の形成」。
5 丸山がオックスフォードから帰国したのは一九六三年四月である。ちなみにそれ以後の主要著作を挙げてみると次のようになる。
「憲法第九条をめぐる若干の考察」『世界』一九六五年六月号。

「戦前における日本のヴェーバー研究」大塚久雄編『マックス・ヴェーバー研究』東京大学出版会、一九六五年一一月。

梅本克己、佐藤昇、丸山眞男『現代日本の革新思想』河出書房新社、一九六六年一月（梅本克己、佐藤昇との鼎談で一九六四年九月と六五年四月に行われたと同書「あとがき」にある）。

細谷千博編訳「個人析出のさまざまなパターン」『日本における近代化の問題』岩波書店、一九六八年七月（この論文〔原文は英語〕は一九六二年四月の全米アジア学会における報告を基にしたものと附記にある）。「歴史意識の『古層』」及び加藤周一との対談「歴史意識と文化のパターン」『日本の思想』六「歴史思想集」筑摩書房、一九七二年一一月。

「『太平策』考」『日本思想体系』三六「荻生徂徠」岩波書店、一九七三年四月。

「南原繁著作集第4巻解説」岩波書店、一九七三年五月。

「南原先生を師として」『国家学会雑誌』第八八巻第七・八号、一九七五年七月。

「飯塚浩二著作集5解説」平凡社、一九七六年九月。

なおこの他に対談や小文がいくつかあることを付け加えておく。

6　内藤国夫「何が樺さんを殺したか」『世界』一九六〇年八月号。ちなみに氏は現在毎日新聞の記者であるが、当時は東大法学部四年となっている。

7　吉本隆明『情況』河出書房新社、一九七〇年、八頁。

8　吉本『丸山眞男論』『吉本隆明全著作集』一二、勁草書房、一九六九年、五頁。

9　『昭和思想史への証言』毎日新聞社、一九六八年、一八頁、「南原先生を師として」『国家学会雑誌』第八八巻第七・八号、一六頁。

10　大学における担当講座名と担当者の専攻領域とは必ずしも同一ではない。東洋政治思想史とは、西洋のそれに対する消極的な規定に過ぎないようである〔中島誠『丸山眞男論』第三文明社、一九七四年、四〇頁以下を参照〕。現在では日本政治思想史講座となっている。

11　神島二郎『近代日本の精神構造』岩波書店、一九六一年、九〇頁。ちなみに丸山は、今井編『著作ノート』による限り壮年期に至るまで応召による他は海外渡航の経験を持たぬようである。この点、南原をはじめ明治生まれの学者像とは異なっている。昭和一〇年代に学問的スタートを切ったという時代的背景を考えれば、その間の事情についてはおよその見当はつくだろう。その彼が方法論においていかにしてそれ程までに西欧的なるものを体現し得たのか。

12 彼は自らを「日本思想史との『兼業者』」と語っている。B書「第三部追記」五五八頁。
13 A書「あとがき」五頁。
14 『歴史思想集』「あとがき」四八五頁。
15 猪木正道「政治史政治思想史」『社会科学入門』みすず書房、一九五六年、六二頁。
16 同右。
17 石田雄『日本近代思想史における法と政治』「あとがき」岩波書店、一九七六年、二六三頁。
18 小室直樹「「社会科学」革新の方向」『戦後日本思想大系』一〇「学問の思想」筑摩書房、一九七一年、一五九頁。
19 前掲吉本『丸山眞男論』六頁。
20 村上泰亮教授の一九七五年度一般教育演習における発言。
21 この点を丸山がいかに考えているかは第一節においてふれる。
22 「科学としての政治学」B書、三五二頁。
23 「福沢諭吉の儒教批判」D書、九七頁、「日本の思想」C書、一七頁以下。なおこの点については第二節でふれる。
24 前掲小室「「社会科学」革新の方向」『戦後日本思想大系』一〇「学問の思想」一六〇頁。

25 最近刊行されたD書の「あとがき」によれば、何らかの形で再版される可能性はあるようである。
26 「政治学」前掲『社会科学入門』一三頁。
27 「人間と政治」B書、三六〇頁。
28 マルクス、エンゲルス『ドイツ・イデオロギー』古在由重訳、岩波文庫、一九五六年、三六頁以下。
29 座談会「唯物史観と主体性」『現代日本思想大系』三四「近代主義」筑摩書房、一九六四年、一四五頁。
30 たとえば、永井陽之助『政治意識の研究』岩波書店、一九七一年、六二頁以下。
31 一般に「近代主義者」と他称されている人々は、いわゆるマルクス主義とは一線を画しながらも、その理論形成にはマルクス主義理論の強い影響がうかがわれる。その彼らが、近代資本主義の成立に至る過程に対して鋭い分析を加えながらも、ひとたび西欧近代国家の確立した地点に立つと、そこから向き直って日本の前近代性を問い詰めるという傾向を持つということはあながち否定できない。川島武宜『所有権法の理論』岩波書店、一九四九年、「第二章近代的所有権の私的性質」参照。
32 『現代日本の革新思想』三二五頁。
33 『政治の世界』御茶の水書房、一九五二年、一頁。
34 同右、五頁。
35 同、七頁。
36 同、七一頁。
37 同。
38 彼の言う「機械化」とは生産の機械化だけでなく、むしろ組織の機械化を意味する。
39 『政治の世界』七九、七七頁。

40 同右、八一頁。
41 同、八頁。
42 同、一〇頁以下。
43 同、一三頁。
44 辻清明、丸山眞男、中村哲編『政治学事典』平凡社、一九五四年、丸山執筆の「政治」の項目、七一三頁。
45 『政治の世界』一四頁。
46 同右、一五頁。
47 同、一七頁。
48 同。ホッブスの『レヴァイアサン』からの引用。ただし原文は傍点付き。
49 以上、同、一九頁。
50 同、二三～二四頁。
51 同、二四～二五頁。
52 同、五九頁。
53 同、二八～二九頁。
54 同、三三頁以下。
55 同、四五頁以下。
56 同、六六頁以下。
57 前掲「政治学」『社会科学入門』一五頁。
58 『政治の世界』八三頁。

59 「科学としての政治学」B書、三四二頁。
60 同右、三四四頁。
61 同、三四五頁。
62 「超国家主義の論理と心理」B書、一五頁。
63 「科学としての政治学」B書、三四六～三四七頁。
64 同右、三四八頁。
65 同、三五二頁。
66 「政治学の研究案内」『経済セミナー』一九六〇年五月号、四五頁。
67 「科学としての政治学」B書、三五四頁。
68 同右、三五五頁。
69 同、三五七頁。
70 同。
71 同、三五八頁。
72 同。
73 同、三五六頁。
74 同、三五七頁。
75 同。
76 彼はこのような論理を自由について述べているところでも用いている。「「である」ことと「する」こと」C書、一五六頁参照。

77 「断想」D書、六〇八～六〇九頁。

78 政治的無関心と言う時、それは「伝統型のように静的な諦観でなく、焦燥と内憤をこめたいわば動的な無力感」であることが多い。前掲『政治学事典』の丸山執筆の「政治的無関心」の項目、七四七頁、参照。

79 「政治学の研究案内」前掲書、四五頁。

80 同右、四八頁。

81 以上、「政治学」前掲『社会科学入門』一八頁以下。

82 永井陽之助「I政治学とは何か」篠原一、永井陽之助編『現代政治学入門』有斐閣、一九六五年、一三頁。なお永井はこの書において参考文献の第一に丸山の前註81の執筆を挙げており、彼がこの範疇を混同していると言うのではない。ただ近代政治学と言われる時その意味に微妙なニュアンスがあり、その現代における通用性の限界を頭から規定してしまう傾向に対して筆者は注意を促したいと考えているのである。その意味で事態は近代経済学の場合と類似すると言ってもよいであろう。

83 鶴見俊輔対談、編集『語り継ぐ戦後史（上）』講談社文庫、一九七五年、八一頁。

84 『丸山眞男著作ノート』八～九頁。

85 「政治学の研究案内」前掲書、五〇～五一頁。

86 C書「あとがき」一八三頁。

87 以上、同右、一八四頁。

88 同。

89 吉本は、「その後の丸山のすべての展開は、この『研究』を基礎篇とする応用篇のような位置にある」と述べている。『丸山眞男論』前掲書、三一一頁。

90 「「悪書」でたどる戦後史」のなかの佐伯彰一の発言。『諸君！』一九七一年七月号、一四七頁。
91 久野収、鶴見俊輔、藤田省三『戦後日本の思想』講談社文庫、一九七六年における藤田による「社会科学者の思想」の報告、二〇九頁。なおこの報告（同書、二〇一～二一四頁）は全体として非常に示唆に富んでいる。
92 鶴見との対談「普遍的原理の立場」前掲『語り継ぐ戦後史（上）』八八頁。
93 不協和音、通奏低音、対位法の合唱、指導動機（ライトモティーフ）など。
94 前掲『戦後日本の思想』における藤田の報告、二一〇～二一一頁。
95 藤田省三「大衆崇拝主義批判の批判」『原初的条件』未来社、一九七五年、一八～一九頁。
96 「日本の思想」C書、六頁。
97 同右、五頁。
98 同、一四頁。
99 同、六四頁。
100 同、五六頁。
101 同。
102 同、五八頁。
103 同、四三～四四頁。
104 ボルケナウ『封建的世界像から市民的世界像へ』水田洋他訳、みすず書房、一九六五年、一四頁。
105 同右。
106 同。
107 「思想史の考え方について」武田清子編『思想史の方法と対象』創文社、一九六一年、一八～一九頁。

108 A書、八頁。
109 「日本の思想」C書、六〇頁。
110 本稿の註11を参照。
111 この問題が古今あらゆる領域で扱われて来ていることは言うまでもない。たとえば、E・H・カー『歴史とは何か』清水幾多郎訳、岩波新書、一九六二年、八九頁以下。
112 『現代日本の革新思想』四〇頁。
113 たとえば眼前の物体を指して「机」と言う時、それは他の物体との関係において特定しているのであるが、「机」的物体の内包する普遍性が抽象されない限り、あまたの物体の中にあって名付けの行為は意味を持たない。
114 鶴見との対談、前掲『語り継ぐ戦後史（上）』九五頁。
115 座談会「唯物史観と主体性」前掲書、一五三頁。
116 神島二郎前掲書、九〇頁。
117 「思想史の考え方について」前掲書、二四〜二五頁。
118 同右、二三頁。
119 同。
120 同。
121 以上、同、二四頁。
122 同。
123 A書「あとがき」一一頁。
124 D書所収。

125 「近代的思惟」D書、一八八頁。
126 同右。
127 同、一八九～一九〇頁。
128 同、一八九頁。
129 A書、一四頁。
130 同右、一九七頁。
131 同。
132 同、二五頁。
133 同、三〇頁。
134 同、一九六頁。
135 A書「あとがき」五～六頁。
136 A書、一九七頁。
137 徂徠における聖人とは、唐虞三代の君主をさす。
138 A書、八七頁。
139 同右、一一〇頁。ただし原文は傍点付き。
140 同、二一二頁。
141 同、二一六頁。
142 同。
143 同、二七頁。

144 同、二三三頁。
145 同、二三五頁。
146 C書「あとがき」一八七頁。
147 C書、六三頁。
148 A書、二三八頁。
149 同右。
150 「超国家主義の論理と心理」B書、二六〜二七頁。
151 同右、二七頁。
152 同、一五頁。
153 A書、二三八頁。
154 同右、一五四頁。
155 同、一七八頁。ただし原文は傍点付き。
156 同、一四三頁。
157 以上、A書、二四七頁における引用文。
158 A書、八四頁。
159 同右、一七八頁。ただし原文は傍点付き。
160 A書、一七〇頁の引用文による。
161 以上、A書、一八〇頁参照。
162 同右、二七三頁。

163 同、一八〇頁。
164 C書、二〇～二一頁。
165 A書、二九九頁。
166 同右、三〇七頁。
167 この用語は三谷太一郎教授の日本政治外交史の講義による。
168 『現代日本の革新思想』一七六頁。
169 同右。
170 「ある自由主義者への手紙」B書、一四九頁。
171 「超国家主義の論理と心理」B書、一三頁。
172 同右、一三～一四頁。
173 同、一八頁。
174 同、一九頁。
175 藤田省三『第二版天皇制国家の支配原理』未来社、一九七三年、二四頁。
176 同右、一九三頁。
177 同、一二五頁。
178 「軍国支配者の精神形態」B書、一二七～一二八頁。
179 同右、一二八頁。
180 同、一二九頁。
181 「戦争責任論の盲点」D書、五九七～五九八頁。

182 同右、六〇二頁。
183 同、六〇一頁。
184 家永三郎「思想家としての丸山眞男」前掲『丸山眞男著作ノート』四頁、所収。
185 「断想」D書、六一〇頁。
186 「福沢に於ける『実学』の転回」『近代日本思想大系』2「福沢諭吉集」五六八頁所収。
187 同右、五七六頁。
188 同、五六九頁。
189 同、五七二頁。
190 前掲ボルケナウ『封建的世界像から市民的世界像へ』二二頁。なお丸山もまた同様の指摘をしている。参照「ジョン・ロックと近代政治原理」D書、三九二頁。
191 「個人析出のさまざまなパターン」前掲『日本における近代化の問題』三六八頁以下参照。また「近代化」の一つの指標としてジョン・W・ホール「日本の近代化にかんする概念の変遷」同書、一六〜一七頁も参照。
192 「開国」前掲「近代主義」所収、二八二頁。
193 「福沢に於ける『実学』の転回」前掲書、五七二頁。
194 同右、五七三頁。
195 「福沢諭吉の哲学」前掲「近代主義」六四頁所収。
196 同右、六九頁。
197 「日本の思想」C書、六三三頁。
198 「『現実』主義の陥穽」B書、一七二頁。

199 同右、一七七頁。
200 「科学としての政治学」B書、三四四頁。
201 「復初の説」『世界』一九六〇年八月号、三六九頁。
202 同右。
203 「ある自由主義者への手紙」B書、一四九頁。
204 同右。
205 D書所収。
206 「南原先生を師として」『国家学会雑誌』第八八巻第七・八号、一六頁。
207 「福沢諭吉の哲学」前掲書、六九頁。
208 同右。ただし原文は傍点付き。
209 「近代日本の思想と文学」C書、九四頁。
210 「政治学に於ける国家の概念」D書、三三頁。
211 B書所収。
212 「現代における人間と政治」B書、四九二頁。
213 「福沢諭吉の哲学」前掲書、八五頁。
214 座談会「唯物史観と主体性」前掲書、一六二頁。
215 「盛り合せ音楽会」D書、三五五頁。

この文章には、今日の私から見ても、意味の通らないところがある。直せばきりがないし、それでは収録の趣旨が失われるので、最少限度補註を付けた。なお、文字の表記の仕方と、もともとの註における書名や論文名の表記の仕方については、改めた部分がある。

補註1 「言語モデルによる方法論としての科学性」

言語がある時代や社会の中で使われることから、別の時代や社会に住む人間はどうすればその解釈が可能かということを考えていたようである。徂徠の古文辞学をそのような関心の上に立つものとして理解していた。

補註2 「機能主義的色彩」

丸山にこのレポートを読んでもらったときに、一番たずねられたのがこの言葉の意味だった。言葉は定義してから使うように言われた。私はすぐ後に引用した猪木正道の指摘を勝手に解釈して用いたのだが、「機能主義」と言うとパーソンズの「構造・機能主義」を連想させるし、「思想の政治的機能」というのもふつうはイデオロギー的機能という意味だから、私の意図を表現するためには適切でない。私が言いたかったのは、ある思想の使い方、使われ方は様々にあると考える、主体的、操作的な観点のことだった。イデオロギー的機能という場合は、立場と思想との間に強い連関を想定するから、自由な意思が介在する余地はそれだけ少なくなる。

補註3 「『現代日本の革新思想』において丸山がなした発言の一部」

ここで私がこの鼎談中のどの発言を念頭に置いていたかは、今となってはわからない。悪名高い丸山の「「しがない」「評論家」」発言の可能性は高い。すぐ次に村上泰亮先生のゼミでの御指摘を引用している（こういう引用はルール違反だが、誘惑を禁じえなかった）が、私はこの本が丸山の評判を下げたと村上先生がおっしゃったのを興味深く聞いていた。

補註4 「「自由」とか「民主主義」とかいう概念の変貌ぶり」

これについては「変貌」ではなく、不断にその意義を追究して行くことの必要を、丸山は面会時に私に語った。

補註5 「思想の変化」「思想」「思想家」

ここではむしろ「思想」と「思想家」を同位置に置き、「思想家」の位置には彼の「政治的立場」なり「社会的環境」を置いた方が妥当だと思われる。「思想家」と「思想」は彼の「政治的立場」によって規定される(それを自明のものとして擁護しがちである)が、それ自体一個の体系として普遍性を持ちうるし、また他の観点から利用ないしは応用される可能性を秘めているというように。

あとがき

註の前に置かれた文章（「一研究者の精神の遍歴」）を書いたのは、今からちょうど一〇年前である。今となってはこの文章も一つの記録になってしまったので、手を入れずにそのまま残すことにした。それゆえにそれとは別に、その後の経緯を短くあとがきとして記したい。

一九九五年の『戦後日本の知識人――丸山眞男とその時代――』（世織書房）の発表以後、丸山眞男について書いた文章をまとめて刊行することは私の長年の望みだった。二〇一〇年八月に確か二校のゲラを郵送した記憶があるのだが、その後そのままになってしまった。ただ最初の読者である編集者の伊藤晶宣さんが積極的にならない限り、出す意味は乏しいと考え、特に懇願したり催促したりしなかったのは事実である。

もちろんその間ただボーっとしていたわけではない。二〇一〇年と言うと、民主党への政権交代に寄せた期待がみるみる失望に変わって行く時期であった。その前後に私は「言葉と政治」という問題に関心を寄せていたし、それに一区切りを付けた後は、これも長年のテーマであった小林秀雄に取り組んだ。日本政治学会の二〇一一年度前期の年報に寄せるべく、書いている自分も何やら暗い雰囲気のなかで「戦争と小林秀雄」という原稿を書き終えたのは、菅直人内閣が行き詰まりを見せた二〇一一年三月のことだった。その直後に東日本大震災が起きた。

津波と原発事故の現場にいなかった私にも、衝撃はボディー・ブローのように来た。大したことではないが、その後一年ぐらいの間に私はよく通っていた飲み屋さんや毎年一緒に旅行をしていた高校時代からの友人たちと縁遠くなってしまった。それまではまさにウィーク・タイズと言うべき気楽な仲間だったのだが、つい深刻な話になってしまい、意見の対立が生じたのだ。私は事故の原因についても今後の対応についても、歴代の政府だけでなく、市民社会の側つまりわれわれにも責任があると思った。

そのうちに授業の必要などのいくつかの理由が重なって、丸山眞男へのガイドブックのような本を書いてみたいと思うようになった。これは幸いなことに、二〇一三年に『丸山眞男への道案内』（吉田書店）となって実を結んだ。内容的には本書に収められた諸論文と重複するところもあるが、書き下ろしである。新たな気持ちで丸山の著作を読み、簡潔を心がけて書いた。そして今から振り返ると、本書のなかで最も新しい日付けを持つ二〇〇七年の文章を書いて以来、この『丸山眞男への道案内』以外に、私には丸山について書いたものはない（威張るわけではないが、他の論文はある）。

今回、刊行に向けて作業が再開された後も、熟慮の末に、基本的に初出のままとした。本書を丸山に

「ハマった」人間の小さな資料として提出したいと思ったからである。

一〇年の歳月が果たしてこの本を「気の抜けたビール」にしたか「芳醇な酒」にしたかはわからない。後者であることを祈る。ただ最後に付け加えた学生時代のレポートについては、一〇年前より今の方がお見せする恥ずかしさが増している。それは私が年齢とともに進歩したからなのか退歩したからなのか、これも自分ではわからない。恥ずかしさは増したが、しかし愛着はある。「一研究者の精神の遍歴」にも書いたことだが、このレポートはその後ずっと今日まで続くいくつかの大切な絆を作ってくれたからだ。わけても長い間京極純一先生からいただいた学恩は忘れられない。先生は昨年二月に九二歳で天国に召された。多くのお言葉が今も耳から離れない。おそらくはこれからも。

たまたま私は今年度限りで、勤務先の信州大学で定年を迎える。伊藤さんがこの時を待っていたかどうかはわからないが、よい記念品を作って下さった。感謝している。

妻の裕子とは来年、結婚四〇年を迎える。裕子がことのほか愛する、そして私も若い頃の進路変更を決めた日にウィーン・フィルとの実演を聴いた指揮者のクラウディオ・アバドも、二〇一四年に八〇歳で亡くなった。しかしわれわれはマーラーの復活やヴェルディのレクイエムやシューベルトのロザムンデの録音をこれからも繰り返し聴くだろう。最近活躍している指揮者にロシアやバルト三国の出身の人が多いのは、彼らがやはり長い間自由を待ち望んでいたからであろうか。

二〇一七年七月七日

都築　勉

〈著者紹介〉
都築　勉（つづき・つとむ）
1952年東京生まれ。1978年東京大学法学部卒業。1985年東京大学大学院法学政治学研究科博士課程単位修得退学。信州大学教養部専任講師、同経済学部助教授を経て、現在同経法学部教授。著書に『戦後日本の知識人——丸山眞男とその時代——』（世織書房、1995年）、『政治家の日本語』（平凡社新書、2004年）、『政治家の日本語力』（講談社＋α文庫、2009年）、『丸山眞男への道案内』（吉田書店、2013年）などがある。

丸山眞男、その人——歴史認識と政治思想

2017年11月22日　第1刷発行©

著　者　都築　勉
装幀者　M. 冠着
発行者　伊藤晶宣
発行所　(株)世織書房
印刷所　(株)ダイトー
製本所　協栄製本(株)

〒220-0042　神奈川県横浜市西区戸部町7丁目240番地　文教堂ビル
電話 045(317)3176　振替 00250-2-18694

落丁本・乱丁本はお取替いたします　Printed in Japan
ISBN978-4-902163-95-7